品德教育  校園營造

作者 李琪明

目次

圖目次

表目次

自序

　　道德／品德教育的理論與實踐，是筆者長期研究職志和積極推動的場域，迄今二十餘年來始終如一且甘之如飴。多年來一直期盼能針對我國當代道德教育在傳統與現代（甚而後現代）轉型之際，嘗試以學理為基礎將其脈絡與軌跡加以探究，並能統整為一有系統且兼具理論與實務的著作，以供各界分享與參考。對於我國國民中小學面對 21 世紀大環境變遷，以及因國內教育改革趨勢所導致之困境尤為關注。因而，藉由筆者近年主持國科會補助專案、教育部委託之道德教育實徵研究，以及二十餘篇發表於國內外相關論文（詳見附錄），作為本書之論述基礎與素材來源，成書歷程費時計約十年。

　　本書寫作目的有三：一是期以創新轉化理念做為當代道德教育發展之參考模式，亦即旨在提供我國轉型時期，國民中小學校園實施道德教育之多元創新整合參考模式，期以因應當前社會對於道德之重視與需求，並能適應教育改革後巨大變革與問題，且與相關政策相融合，以建立「學校為本」並結合家庭與社會力，彰顯綜合型的整體校園道德課程與氣氛營造；二是期以理念與實踐連結促成校園道德教育之轉型，亦即本書關注焦點與素材來源均為國民中小學校園生活與文化，其理論基礎並非深奧艱澀，而是可行性甚高的道德實踐。因此，筆者期望本書成為我國國民中小學擷精取華與自我反思之平台，並對於國民中小學校長與教師有所啟發，進而建構具有學校本身特色之當代品德校園；三是期以實徵研究成果奠定道德教育研究領域之深化契機，亦即希冀本書提供我國道德教育研究社群一本具有多元、系統且紮實基礎之書籍。藉由本書理念之揭櫫，以及兼具質量實徵研究之結果，期盼在這些基礎上有更多研究人才投入且永續發展，本書亦可運用於師資培育或通識教育相關課程教學之中。此外，本書可與其他中文使用地區或國家有所交流。

　　本書對於道德教育乃秉持三個基本理念：第一是強調道德教育需蘊含民主

精神，民主為當今主流思潮，其不僅為政治制度更是一種生活方式，道德教育亦應融入當代民主精神加以體現，是以諸多當代核心價值（如正義與關懷等倫理核心價值）須受重視，由下而上之程序精神亦應予以強化；易言之，當今道德教育不再侷限於修身面向，而應拓展至公共與專業領域規範層面，以培養自由、自主與自治、自律的精神，故道德教育廣義而言，亦是一種法治教育、人權教育、生命教育與公民資質教育，而不是一種順民管理、意識型態灌輸，更不是宗教傳教。

第二是強調道德教育需具備科學精神，當前道德教育既不是復古亦非反古，而是針對傳統文化之創造與科學轉化，擷取與統整我國與外國道德教育精華，並賦予時代新意且重構價值體系，使之兼具理想性與可行性。近年國內外道德教育相關課程方案紛紛推出，但其是否具有堅實的理論基礎？是否經實驗證明其有效性？是否真正含有教育的目的於其中？又是否具普遍適用性，足以用在每一種文化脈絡與對象？這些都需以科學的精神進行深入長期的探究。

第三是道德教育需定位為專業並掌握品質，此一理念乃源於若干社會大眾甚而包括教育人員，往往易將道德教育簡化為生活常規和集體管理，並以訓誡或教條方式行之；或是有些人以其自身經驗或是未經慎慮即擷取他人做法，導致誤用或濫用的情況。因而，正本清源之策就是肯定道德教育之專業性質，建立其道德哲學、道德社會學及道德心理學等多元堅實理論基礎，另亦針對道德教育本身之目標、內容、方法、評鑑等，構築其周全與深入之理念與實踐面向。此外，如何喚起與增強學校校長之道德領導，提升教師道德教育專業知能與認同，並強化親職教育中道德教育知能等，均為不可忽視之課題。

本書將品德教育視為道德教育的現代脈絡性用法，亦即品德教育與道德教育同義。因而，本書的核心精神乃結合品德教育與校園營造，提出「品德校園」之概念，其彰顯我國數十年來道德教育由單獨設科的傳統，轉為關注校園道德氣氛的一種綜合型多元實施模式的可能性探索。全書共分為三大部分，第一篇是論述品德校園之理念基礎與轉化，包括剖析與反思我國道德教育概況，並奠基正義社群、關懷倫理、正向紀律等理念與思潮，進而擷取美國當代品德教育推動經驗為他山之石，以開創轉化之契機；第二篇是有關校園道德氣氛之實徵

性探究，乃源自教育改革歷程中對於我國國中小校園道德氣氛之觀察，以及教師與學生所知覺校園道德氣氛之訪談與調查等；第三篇是校園營造與展望，包括在理念上品德校園文化營造之揭櫫，及其實驗歷程與結果，進而提出促進品質提升之品德校園評鑑之開創與展望。全書共十章，計約18萬字，深盼本書對於我國道德教育研究，以及校園推動實務發揮引玉之效。

最後，本書得以完成，筆者要感謝在進行研究與撰寫本書歷程中的各方支援、協助與鼓勵。首先要感謝國科會與教育部之補助與委託專案；其次各個研究中接受筆者諮詢請益之諸多專家學者、參與的國中小師長和大小朋友，以及研究期間協助的研究助理與諸多學生們，都是完成此書的最佳夥伴與見證者。再者，本書為求品質提升乃毅然接受審查制度的挑戰，因而十分感謝多位匿名審查者的高見與提醒，以及心理出版社的鼎力支持出版。當然，自執行相關專案迄今成書前後約十年，外子的鼓勵始終是我最大的動力來源，只是本書伴隨著小兒成長，他的評語竟是「枯燥的學術與微薄的影響力」，我無法向他辯解學海的豐富視野與教育的無限可能，只有請讀者與我共同品嚐此一心靈饗宴。

李琪明

2011 年 5 月

第一篇

理念基礎與轉化

第一章　我國道德教育概況與反思

　　本章針對我國近年道德教育之發展概況，進行綜觀性之簡介與剖析。首先指出道德教育所面臨諸多挑戰與社會各界之回應；其次乃嘗試解構既有道德教育理論與實踐之相關論述，藉以釐清其本質；再者，則提出重建我國道德教育之理想。

我國道德教育概況剖析

一、國中小道德教育面臨挑戰與出路尋覓

(一) 由戒嚴經解嚴至教改後的道德教育

　　道德教育在我國國中小教育一向位於五育（德、智、體、群、美）之首，且理想上扮演教育的基礎與核心地位。然而，究竟道德教育所指為何，在不同時空中所實施的情況乃多有所差異，即令在同一時空脈絡也會衍生因人而異的意涵與不同解讀。我國在戒嚴時期（1949 至 1987 年），因當時社會風氣的封閉與政治意識型態涉入，道德教育多半以教師樹立威權管理的思維加以實踐，以致常流於由上對下的訓誡或教條，縱有國小的「生活與倫理」與國中的「公民與道德」等相關正式課程，以及訓導處的訓育活動等，所謂的德育多著重於聽話與乖順學生的培訓。解嚴之後，台灣逐步邁向多元、民主與開放的異質社會，1990 年代國中小道德教育科目在課程標準修訂的趨勢中，將原本「生活與倫理」更名為「道德」課，課程目標與內容有了大幅調整，將道德教育中「人與己」、「人與人」、「人與社會」、「人與自然」等多面向關係加以彰顯，至於國中「公民與道德」課則確立了「社會科學」加「中心德目」的型模，且力求避免意識型態的宰制，這些改變都凸顯了教育逐漸由教師焦點轉變至學生主體，傳統的講述方式必須被多元活潑與生活化的教學所替代，而長期以來的訓導理念與訓育活動也面臨重新檢討的呼聲。

　　由戒嚴至解嚴，國中小校園道德教育的實施刻正面臨調整適應之際，1998 年 9 月教育部因應教育改革的迫切需求，公布了《國民教育階段九年一貫課程綱要課程總綱》（暫行）[1]，並陸續公布正式總綱及各學習領域課程（暫行與正

1　該綱要名稱於 2000 年更改為《國民中小學九年一貫課程綱要課程總綱》（暫行），
　　其正式綱要於 2003 年公布，2008 年修訂。

式）綱要，導致我國多年來在國民中小學道德教育單獨設科的模式，至 2004 年 8 月乃全面劃下句點，此對於轉型期的道德教育無異拋下巨幅的震撼。該綱要以十大基本能力與七大學習領域為主軸，並以能力指標取代以往課程標準陳列內涵的方式，對於道德教育的直接衝擊則是不在課表上單獨成科。道德教育單獨設科與其成效之關聯性雖有待進一步研究，但在課程改革具體政策中，「道德教育」一詞的消失卻可能產生兩種截然不同的解讀：一是以為在今日社會與教育場域中，道德教育無須再受到重視；二是認為道德教育雖未設科，但可融入各個學習領域與議題之中。針對前者之說值得商榷，乃因自教育理念、國內外歷史傳統、我國當前教育需求，及世界各國趨勢等角度而言，缺了道德便不成教育，且會造成個人與社會的共同損害，因此道德教育仍須受到關注。至於後者，亦即道德教育「由顯而隱」的方式固然有其價值與可行性，然而如何具體實施才不會導致消散甚或消失，顯然成為校園中亟需面對的考驗。

(二) 社會各界對道德教育的重視與推動

　　自九年一貫課程啟動至全面實施以來，道德教育雖自學校中的正式課表中褪去，但社會各界對道德教育的關注與討論反增無減[2]。首先，2003 年末《天下雜誌》選擇該刊認為較冷門之「品格」作為當年度教育特刊之主軸，標題為「品格決勝負——未來人才的秘密」，引發諸多迴響，甚而成為教育界熱門議題[3]。頓時，有關道德教育研討會時有所聞，以品德教育（品格教育或道德教育）為主題的期刊也陸續刊出，諸如《台灣教育》（625 期，2004 年出刊）、《教育研究月刊》（120 期，2004 年出刊）、《學生輔導》（92 期，2004 年出刊）、《課程與教學季刊》（9 卷 2 期，2006 年出刊）、《學生輔導》（107 期，2009 年出刊）等不勝枚舉。

　　其次，教育部於 2003 年 9 月舉辦「教育發展會議」，其中針對道德教育在教育改革中易受忽略的檢討後，順勢推出道德教育相關政策，例如該項會議決

2　雖是如此，但名稱有所調整，諸如品德教育、品格教育、德行教育、倫理教育等。
3　該刊於 2007 年再度出刊「教出品格力」專輯，2010 年《親子天下》又以「教出品格力——關鍵問答」為主題出版專輯。

議事項之一即是督促教育部必須設置「品格及道德教育推動小組」，於是同年
11 月該小組成立，並於其後擬訂了「品德教育推動五年計畫」，且於 2004 年
12 月公布「品德教育促進方案」。2006 年 11 月該方案經微幅修改後公告為「教
育部品德教育促進方案」[4]，2009 年 7 月與 12 月分別在前一期之基礎，兩度修
訂且推出「教育部品德教育促進方案」第二期方案。此外，教育部於 2009 年 6
月推出「台灣有品運動」，係以品德、品質、品味作為建立教育核心價值之基
礎，希冀可促進全民「**為人要有品德、做事要有品質及生活要有品味，以達到
品質、品德、品味兼具的現代公民社會**」[5]。各縣市教育局（處）也因應道德教
育政策，紛紛推出電子報（例如高雄市教育局品德教育電子報）、相關研究案
（例如台北市政府教育局委託關渡國小進行「北市國小品德教育實施現況調
查」），及建製網站（例如台北縣品德教育資源網）等。至於國中小校園，部
分學校道德教育的推動漸由單獨設科，改變為融入各科或校園生活中的樣態，
或是轉化與整合為其他名稱加以推動，例如品德教育、生命教育、人權教育、
公民教育、法治教育、性別教育、友善校園，及教訓輔三合一政策等。

再者，鑑於家庭、學校與社會均為教育之重要環節，故在道德教育找尋方
向與推動歷程中，社會力亦逐步發揮功能。若干民間團體（諸如文教基金會或
奠基於宗教的相關組織等），紛紛以協助學校推動道德教育之名進入校園，有
的提供現成課程方案與教材，有的則進一步培訓校長、教師及家長，以實施其
所謂的道德教學。又有若干非營利組織與教育機構或學校合作，齊力推動青少
年志工培訓與獎勵，或是推選品德教師等活動。

總之，在漸趨多元異質的台灣社會，新時代的道德教育理念彷彿有著各種
樣貌展現，諸多學者亦紛紛提出相應主張與論述。例如黃光雄教授與李奉儒教
授接受教育部委託，於 2001 至 2003 年主持「整合型學校道德教學改進方案」

4　有關 2004 年教育部品德教育促進方案之制定與 2006 年修訂，筆者皆有幸參與其中
　　且擔任主筆職責，第二期方案修訂歷程中，筆者亦協助文字潤飾工作。

5　2009 年 7 月 19 日取自台灣有品運動官網 http://tc.moe.gov.tw/tw3Q/good/pages/upintro.
　　html，其因藉由媒體高度宣傳且由總統親自推出，乃獲得社會各界正反不同的評價，
　　於是教育部長吳清基先生乃強調聚焦「品德」，對於有品運動一詞則未加持續推廣。

大型研究，主張以尊重和關懷作為當前道德教育實施的核心，且融入多個科目，藉以突破九年一貫課程中道德教育實施的困境（李奉儒，2004，2005）；簡成熙（2004）亦為文〈「缺德」的道德教育如何實施？〉，強調若教育工作者能重視德育的理性、情緒與習慣的複雜機制，而且各領域教師若能尋覓出該學科實踐與倫理道德關聯的特性，則其不認為缺少獨立設科後的德育會有隱憂；再者，但昭偉（2004）也指出：台灣今日的道德教育所需，不再是標舉儒家道德系統般的高規格標準，而應強調的是讓多元價值社會延續的「最低限度」道德要求，諸如強者對自己的限制、對弱者的容忍與關懷，以及相互的尊重等。當然，筆者多年來投注國內外道德教育研究，逢此道德教育轉型之際亦不容缺席，先是嘗試將研究焦點由科目中心轉至道德氣氛，進而逐步形塑道德校園文化理念的建構，試圖為我國當代道德教育提供另一參考路徑。凡此均顯示道德教育雖在正式課程中隱退，卻似在教育理論與實踐的舞台中重獲演出機會，只是能否將「危機」化為「轉機」，仍有待時間驗證。

二、道德教育現行政策剖析與省思

我國國中小階段道德單獨設科雖不復在，但在非正式課程與潛在課程，甚或正式課程的其他領域／科目中似仍可顯現。尤其近年來教育主管行政機關制定相關政策，均可謂與道德教育有著直接或間接關係，其包括前述「教育部品德教育促進方案」、「教育部 2005-2008 施政主軸」中強調的友善校園，另有「公民教育實踐方案」與正向管教等，甚而由九年一貫課程綱要中，亦可窺得其道德教育目標與意涵，茲分述如次 [6]。

(一) 教育部品德教育促進方案

教育部於 2004 年 12 月公布「品德教育促進方案」[7]，2006 年更名為「教

---

6 關於前述「台灣有品運動」，筆者界定為一活動宣傳性質，並未納入此處政策剖析。
7 該方案名稱定調為「品德教育」以取代傳統的道德教育，亦可謂品格與道德教育的合稱，故筆者曾建議教育部將品德教育英譯為"Character and/or Moral Education"。

育部品德教育促進方案」，該方案雖宣示性質強於政策推動，但在社會各界「缺德」疑慮中，確實發揮其影響力，且成為我國當前道德教育的重要政策依據。該方案共計九大部分，乃標示理念如何化為實踐的歷程，其中有兩個重點在理念上特別值得加以關注[8]：第一個重點是因應道德教育不再單獨設科，而提出「品德（本位）校園文化營造」[9]的新途徑與新概念，其意涵如在方案目標二所列，乃彰顯今後我國道德教育可資發展方向[10]：

> 引導並協助各級學校發展以「學校」結合學群／社區之「品德（本位）校園文化營造」予以推動，使全體成員（包括學生、教師、行政人員、家長或結合社區／民間人士等），於對話溝通與共識凝聚歷程中，建立其道德教育之核心價值、行為準則及其校園優質文化之方向與願景。

前述除提出「品德（本位）校園文化營造」概念外，亦強調當前道德教育宜由傳統以學生為對象的範圍加之擴大，且校園優質文化的形塑將是取代道德教育單獨設科的新取向。至於方案的第二個重點是強調實施理念，方案中明列五點重要實施理念[11]：

1. 民主過程

道德核心價值與行為準則（例如尊重與負責）之產生，宜考量各級學校／

8　就筆者於近年參與諸多政策制定與學校觀察的會議與活動中，發現這兩個重點（目標與理念）並未受到實質關注，該方案似乎是「一個品德教育方案，呈現各自表述狀態」。

9　「品德（本位）校園文化營造」一詞係在該方案擬訂之際的委員會議，由筆者提出相關構念經大會討論，並由當時主持人教育部次長吳明清先生確立後定案；不過，後有學者針對「本位」二字認為不宜，故筆者在修訂版本中則將該二字刪除。

10　「教育部品德教育促進方案」，2008 年 7 月 12 日取自品德教育資源網 http://ce.naer.edu.tw/index3-1.html

11　同前註。

社區／縣市之不同性質與特點,強調「由下而上」社群營造之自主動力,並藉由在群體內核心價值之凝聚與形成歷程,體驗暨展現現代公民社會之精神。

2. 多元參與

品德教育之推動,強調設立多元參與及論辯管道,廣闊學者專家、學校／學群之校長、行政團隊、教師、學生、家長與社區,以及地方教育行政機關、民間組織、媒體等之共同發聲及對話機會,且使每個參與者皆成為道德教育之實踐主體,學校、家庭與社會形成多元教育夥伴關係,並齊力發揮言教、身教與境教之功效。

3. 統整融合

品德教育之執行與推動,可在學校既有基礎與特色之上,融合學校正式課程、非正式課程,以及校園文化或校風之中;並可結合政府各機關及民間團體資源,共同參與。此外,亦可融入現行教育政策、課程教學或相關活動之推動,諸如人權教育、童軍及兩性教育等重要議題。另並可融合現有青少年輔導、親職教育、媒體素養教育、社會或終身教育等政策的推動,以強化家庭與社會道德教育之功能。

4. 創新品質

本方案品德教育之推動並非復古與教條,亦非否定文化傳統與既有貢獻,目的在於面臨新世紀諸多挑戰與多元價值之際,以創新品質原則,選擇、轉化與重整當代之道德觀,並以新思維、新觀念、新行動,共同推動此國民素質扎根工程,以達精緻、深耕、成效、永續之方案目標。

5. 分享激勵

品德教育之推動乃以激發意願與鼓勵分享為主,輔導並獎勵學校結合學群／社區／縣市發展其特色,成為推動品德教育之合作夥伴,並進而導引親職與社會教育之正向發展。此外,亦可激勵或徵求民間組織或媒體,齊力參與品德教育推動行列。

由於該方案推動期程為五年(定位為第一期 2004 至 2008 年),故教育部

乃於 2009 年 7 月與 12 月分別大幅修訂，並公布第二期（2009 至 2013 年）「教育部品德教育促進方案」。將 2009 年版與前兩個版本加以比較，其中最大差異約有七點：一是明確揭櫫品德教育的推動方法，包括典範學習、思辨啟發、勸勉激勵、環境形塑、服務學習，及自我期許等 [12]；二是增多德目之舉例，諸如「**尊重生命、孝親尊長、負責盡責、誠實信用、自主自律、公平正義、行善關懷等**」；三是社會資源的制度性納入，在統整融合實施方式中強調「**可結合政府各機關及民間團體資源經由一定機制程序共同參與**」；四是在民主過程實施原則中，呈現出各校可參考儒家思想價值、台灣傳統美德或普世價值……等字眼，力求傳統與現代均衡；五是在實施策略方面除品德教育外，尚包含生命教育、倫理道德、服務學習及資訊素養；六是指出將「**辦理品德教育推動實例發表與觀摩活動，並結合鄰近學校成立推動聯盟**」；七是提出學校層級之品德教育十大推動策略與評鑑指標 [13]。

（二）友善校園與正向管教相關政策

政策推動之際常須以不同名詞呈現，並凸顯其多元面向。因此，友善校園與正向管教的相關政策，不僅與道德教育的推動息息相關，而且也彰顯道德教育中如何使學習者由他律至自律的教育過程。

1. 友善校園

約與品德教育促進方案同時，教育部於 2004 年公布「教育部 2005 -2008 施

---

12 該六種方法乃源自美國 Center for the Advancement of Ethics and Character 創辦人 Kevin Ryan 博士所提出的 The Six E's of Character Education。6E 為 Example、Explanation、Exhortation、Ethos（或 Ethical Environment）、Experience、Expectations of Excellence。2010 年 9 月 19 日取自 http://www.bu.edu/education/caec/files/6E.htm

13 2009 年版修正雖有其特點，亦有其受質疑之處，例如此次修改版本之推動方式的理念基礎為何？德目（核心價值）之依據為何？所列德目是否大多傾向傳統價值？儒家思想的揭櫫如何批判的轉化與現代價值接軌？而品德教育含括範圍加大，在理念與實踐上如何執行？推動策略與評鑑指標如何正用與善用？整體而言，2009 年版之方案理念的一貫性與文字的順暢度，相較之前版本為之薄弱。

政主軸」，依其主軸架構包括凸顯「創意台灣、全球布局——培育各盡其才新
國民」願景外；另有四個主要綱領，分別為現代國民、台灣主體、全球視野、
社會關懷，其下分列共計 13 項策略以及近百項方案重點。其中「4.4.1 營造友
善校園」以及「4.4.2 加強品德教育」兩項，與道德教育最為直接關聯，前者具
體目標臚列如次，後者則同品德教育促進方案之目標（略）。施政主軸中有關
營造友善校園之理想，乃與道德教育之理念相輔相成，且在政策推動之際亦常
將前述兩者統整融合，並彰顯人權教育的精神，其目標如次 [14]：

(1) 建構和諧關懷的校園情境，營造平等尊重的友善校園。
(2) 建立多元開放的校園環境，營造和諧互助的學校氣氛。
(3) 訂定關懷支持的體制規章，建置照顧弱勢學生的機制。
(4) 規劃健康人性的環境設施，奠定安全溫馨優質的校園。
(5) 發展開放便利的資源網絡，創造普世價值的學習環境。

此外，教育部亦設置網站「友善校園人權環境專區」，並委託馮朝霖教授
進行相關前導研究，進而擬具「友善校園人權環境指標及評估量表」，以揭櫫
友善校園的十個重要面向，並提供各級學校自評之用，其分別是：校園安全環
境的建構、校園人性氛圍的關注、學生學習權的維護、平等與公正的對待、權
利的維護與申訴、多元與差異的珍視、人權教育的實施、教師專業自主權的發
展、被愛與幸福的體驗 [15]。

2. 正向管教

正向管教政策的提出，積極面而言可謂彰顯道德與人權教育的精神，消極
面而言則是針對「零體罰」入法的因應。教育部於其設立的「愛的教育網」[16]
網站中揭櫫該政策沿革與內容等要項，其中所提及 2006 年 12 月《教育基本法》

---

14 教育部，2004 公布，2008 年 7 月 12 日取自 http://www.edu.tw/files/site_content/
EDU01/b931115.doc
15 教育部設置「友善校園人權環境專區」，2011 年 3 月 7 日取自 http://hre.pro.edu.tw/
friendly/
16 教育部「愛的教育網」，2011 年 3 月 7 日取自 http://140.111.34.180/do.php

修訂，實乃正向管教政策的關鍵點，該修訂內容為：

> 《教育基本法》修正內容係將第 8 條第 2 項修正為「學生之學習權、受教育權、身體自主權及人格發展權，國家應予保障，並使學生不受任何體罰，造成身心之侵害」，第 15 條則修正為「教師專業自主權及學生學習權、受教育權、身體自主權及人格發展權遭受學校或主管教育行政機關不當或違法之侵害時，政府應依法令提供當事人或其法定代理人有效及公平救濟之管道。」

教育部因應前述《教育基本法》之修訂，於 2007 年陸續公布「教育部推動校園正向管教工作計畫」、「學校實施教師輔導與管教學生辦法須知」、「學校訂定教師輔導與管教學生辦法注意事項」、「學校訂定教師輔導與管教學生辦法注意事項」說帖以及參考範例等，期能杜絕體罰，發揮教師專業的輔導與管教知能，以營造友善的校園環境。

(三) 公民教育實踐方案

教育部於 2005 年 4 月公布「公民教育實踐方案」[17]，其可謂將傳統道德教育的修身層面，拓廣至公共領域的範疇。該方案目標有三：

1. 深化師生民主素養，涵養理性思辯能力。
2. 建立友善校園規範，強化公共溝通機制。
3. 關懷社區、開拓國際視野，善盡公民責任。

該實踐方案另以架構圖（如圖 1.1）表示其理念，其中雖僅有「1.5 強化品德教育」乙項明顯地標示道德教育，但第二大項建立友善校園以及第三項發展公民行動，乃至第一大項強化公民知能，均為道德教育的多元層面。

---

17 教育部，2005 公布，2007 年 10 月 28 日取自 http://www.hre.edu.tw/report/friendly/index.htm

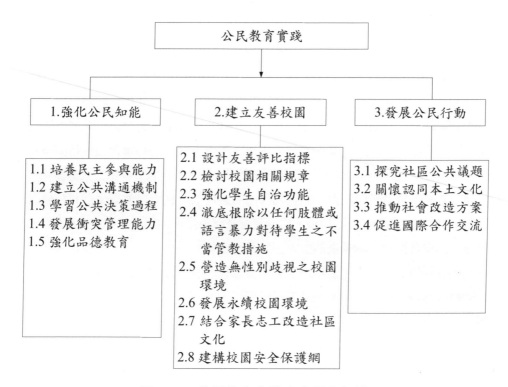

圖 1.1　公民教育實踐方案理念架構

資料來源：取自 http://www.hre.edu.tw/report/friendly/index.htm

(四) 九年一貫課程綱要

　　我國國中小教育階段自 2004 年 8 月全面實施九年一貫課程以來，原有的國小「道德」以及國中「公民與道德」單獨設科雖已不復存在，但在《課程總綱》中提出「**5.培養具備人本情懷、統整能力、民主素養、鄉土與國際意識，以及能進行終身學習之健全國民**」等基本理念，仍隱含道德的意涵，而課程總目標十點中之「**發展尊重他人、關懷社會、增進團隊合作**」，仍凸顯道德教育的目標。再者，針對各個領域／學科之課程目標及分段能力指標加以分析，均可發現其蘊含著廣義道德教育的意涵與精神。例如「語文學習領域」的基本理念中明確標示「**2.語文是溝通情意、傳遞思想、傳承文化的重要工具。語文教育應**

提升學生思辨、理解、創新的能力，以擴展學生的經驗，並應重視道德教育及文化的涵養」；「社會學習領域」課程目標多與道德教育密切關聯，其包括「4.培養對本土與國家的認同、關懷及世界觀。5.培養民主素質、法治觀念以及負責的態度。7.發展批判思考、價值判斷及解決問題的能力。8.培養社會參與、做理性決定以及實踐的能力。9.培養表達、溝通以及合作的能力」；「綜合活動學習領域」課程目標亦列有「(4)鼓勵多元與尊重：綜合活動學習領域藉由多元的活動，讓每一位學習者開展、發掘並分享屬於個人的意義，尊重他人的體驗，並同時鼓勵學習者參與社會、擔負起自己的責任」；在「自然與生活科技學習領域」中也有「3.培養愛護環境、珍惜資源及尊重生命的態度。4.培養與人溝通表達、團隊合作及和諧相處的能力」等課程目標。因此，九年一貫課程在課程綱要與目標層次，基本上是以融合且拓廣道德教育意涵的方式呈現，然而在現行教科書編輯，以及有限教學時數與升學壓力等限制中，道德教育的融入甚易形成消失現象。

再者，課綱中的重大議題諸如人權教育、環境教育、性別平等教育等，顯與道德教育息息相關。例如「人權教育」課程綱要在其基本理念中即明顯標示：

> 「人權教育的中心思想是不斷地探索尊重人類尊嚴和人性的行為法則，社會成員從而意識到個人尊嚴及尊重他人的重要性，由此可知，『尊重』是人權的基本概念，互惠的權利與責任，則是公正社會中每個人所應謹守的契約，因此人權教育即是尊重、合作、公正、正義等觀念的教導，進而促進個人權利與責任、社會責任、全球責任的理解與實踐。」

又如性別平等教育所揭櫫的課程目標亦與道德教育的理念相互契合，諸如：

> 「兩性教育的課程目標，主要著重於認知、情意、行動三層面，在認知面，藉由瞭解性別意義、兩性角色的成長與發展，來探究兩性

的關係；在情意面，發展正確的兩性觀念與價值評斷；在行動面，培養批判、省思與具體實踐的行動力。整合三個層面，可以推行出以下六項課程目標：(1)瞭解性別角色發展的多樣化與差異性；(2)瞭解自己的成長與生涯規劃，可以突破兩性的社會期待與限制；(3)表現積極自我觀念，追求個人的興趣與長處；(4)消除性別歧視與偏見，尊重社會多元化現象；(5)主動尋求社會資源及支援系統，建立兩性平權之社會；(6)建構兩性和諧、尊重、平等的互動模式。」

依據前文有關九年一貫課程之剖析，若以課綱層次的精神而言，實不應淪為「缺德」的封號，其關鍵在於教科書與教學層次與課綱產生落差，導致道德教育有所遺失或疏漏。反之，教科書編寫以及教師教學，若能掌握與轉化該領域課綱中所蘊含的道德教育精髓，則我國國中小道德教育的展現將可呈現一新風貌。此外，目前與道德教育密切相關的重大議題，雖多有課程綱要、能力指標與教學輔導團的設置，但始終因為宣示意義大於實質推動而致成效不彰，縱使 2010 年 8 月份召開的全國教育會議中將「生命與品德教育」列為子議題加以討論，其決議與落實程度仍為有限且有待觀察 [18]。

綜合前述，近年有關道德教育推動，包括學術研究、教育政策，以及民間力量等多面向開展，使得道德教育儼然重回教育舞台且備受注目。此一現象固然值得欣喜，但其中亦存有若干疑慮或亟需省思之處：首先，媒體關注道德教育，其影響力道與宣傳效能可謂立即而明顯 [19]，藉此凸顯出當代社會環境對道

18　2010 年 8 月 28 至 29 日教育部召開「第八次全國教育會議」，計有十個中心議題與 53 個子議題，其中第一個中心議題為「現代公民素養培育」，其下包含六個子議題，第一個子議題為生命與品德教育。該會議採滾動式發展歷程，經專家研析、全民座談與網路論壇至大會討論，累積了有關生命與品德教育八項建議。筆者雖擔任該中心議題召集人且為子議題一執筆者，但受限於教學時數與升學桎梏之下的教育體制，對於道德教育的實質推動仍覺受限甚大。

19　此處筆者所指乃關注品格／品德／道德教育的媒體，不過其良莠不齊，有些媒體反而對於道德教育產生不良影響與示範，因而媒體素養的培育實須加以重視。

德的需求並喚起大眾重視，初始效應似可預期；然而，接續的諸多學術刊物紛紛以道德教育或相關名稱作為特刊，是否易流於迎合當代風潮，而缺乏真正的理論深耕與研究主體性？此外，值得關注的是，我國一直較乏長期且有系統投入道德教育學術研究領域者，其中著重道德教育理論與實務連結者更是屈指可數，因而當我國道德教育課程與教學面臨巨大挑戰之際，學術界卻乏豐沛且具科學的研究成果加以支援與引導。

其次，有關道德教育的相關教育政策制頒，固然可引發若干效應，但如果落於速效要求、宣示思維，或是造成「上有政策，下有對策」的虛應，以及「一個政策，各自表述」式地扭曲或誤解政策的精神等，均會導致政策的誤用與濫用，且失去道德教育的正面功效。另外憂心之處在於目前相關教育政策並未具有完善周全的配套措施，加上當前大多數國中小學校長與教師，在職前既未針對當代道德教育理念與實踐有充分的知能，在職與進修過程更鮮少著重這方面的學習成長，因而道德教育課程改革之際，即可能面臨舊有的模式不再適用，新的模式尚未建立的真空與迷惘狀態。

再者，針對家長或社會團體投入道德教育推動行列，這種趨勢與社會力之投入固值欣喜，然當民間團體成為道德教育推動之新生力軍時，其道德教育理念與知能是否足以勝任教育專業？民間團體之宗旨或其背景是否與道德教育精神相符合且取得平衡？學校如何與民間團體成為良好夥伴並建立互補關係，而不致產生衝突與干擾？對於推行後之課程或方案成效是否加以檢驗並修正？以及民間團體之反思能力與理念基礎何在？等問題均值深思，如此方能避免對於教育之熱誠與初衷造成扭曲，或誤導為一種「非教育」或「反教育」之現象。總之，我國道德教育正面臨新舊交替的轉型歷程，亟需思考如何促進傳統與現代的轉化銜接，以及本土與國際的對話相融，亦即將道德教育解構後再予重建，藉以樹立其在當代時空中的正當與合理的基礎。

我國道德教育之解構

一、道德教育理念面向的解構

我國道德教育推動中，對於道德教育的理念與實踐存有諸多歧異，其中甚值加以剖析與解構，藉以釐清其本質並利於成效的彰顯。

(一) 道德教育在民主多元社會是否喪失其重要性

當代民主多元社會還需要道德嗎？有人誤以為談道德太沉重或過於高調，主張民主社會僅須遵循法律即可。殊不知法律與道德固有重疊，亦有差異之處，其差異包括（林火旺，1999）：合法不一定合乎道德；法律無法涵蓋道德所有面向；法律所禁止的行為不一定是不道德；以及違法法律和道德的制裁者和制裁方式不同。因此，法律並無法解決所有人際互動及其問題，而應與道德成為相輔相成的社會規範，以共同追求社會的公平正義。

其次，道德對於當代職場與專業領域也日顯其重要性，例如 F. J. Richter 和 C. M. Mar 在《企業全面品德管理——看見亞洲新利基》（*Asia's New Crisis: Renewal through Total Ethical Management*）一書中，即建議亞洲各個社群，包括商業、政治、媒體、公民社會等，採用「全面倫理管理」（Total Ethical Management，簡稱 TEM），藉由展望、管理和改造其組織，以推動積極正面、可長可久、可敬可佩之變革，並達到企業公民意識或企業社會責任（羅耀宗等譯，2004）。除前書所述可凸顯企業對於道德之重視外，近年各個專業中有關專業倫理及倫理守則等強調（諸如醫護倫理、教學倫理、科技與生命倫理等），均彰顯道德仍為當前社會良序發展不可或缺的基礎。

再者，當代道德對於個人的意義與價值相較於以往應是不減反增，因為道德是擺脫物化及回歸人本質的精神力量（林火旺，2006）。現代人所亟需面對的精神困境與意義找尋，遠勝於傳統物質匱乏的單純環境，因而道德在現代可

說是促進人格健全發展，與建立生命價值的最佳動力。

(二) 道德教育是否為價值中立或是一種價值灌輸

我國以往道德教育因受到政治意識型態的宰制與涉入，加上實施時多半虛應與教條，以致道德教育在今日往往被視為「保守」的代名詞，並受到諸多質疑，因而有人誤以為民主多元社會即應該主張價值中立或是道德相對論（moral relativism）。不過，回歸教育的本質而言，道德教育既屬教育範疇，就應具有價值引導的特性，不可能價值中立，否則即落入管理或訓練的層次，而無法彰顯教育精神。

其次，「道德相對論」的主張在學理上亦有若干盲點，歸納而言：一是「文化相對論」並不必然成為「道德相對論」的論證基礎，亦即世界上存有各種社群或文化間的差異，誠屬一種「描述的」事實，但此並不能類推成為「規範的」價值，也就是「實然」不能推演至「應然」（Pojman, 1990）；二是道德相對論原係反對「道德絕對論」（moral absolutism）主張，然而其本身卻會因為堅持個人主觀，或某一社會習俗之故，反陷入另一種絕對論的弔詭，設若主張對異見與異文化加以容忍，則容忍將成為道德相對論中的反證（Pojman, 1990; Hinman, 2008）；三是道德相對論易落入道德孤立主義，當個人或習俗宣稱相對主張之際，往往阻絕了溝通、協調、理解，甚而求取進步、突破的管道（Hinman, 2008）。

道德教育跳脫價值中立與道德相對主張，並不代表其會陷入道德絕對論色彩而形成一種桎梏與壓制，在價值中立與灌輸間，或是在道德相對與絕對中，「道德／倫理多元論」（moral/ethical pluralism）的主張乃取其中庸之道，強調基於人性有諸多共同需求與志趣的前提下，能滿足或完成人性的道德原則並不限於單一，尤其在面臨道德衝突的困境中，若干核心道德原則間的互補、比較、選擇與取捨，以及對判斷情境的同情理解等乃成必要，以彰顯差異與多元的精神；不過，尊重與容忍並非沒有限度，凡是偏離法理基礎的言行，亦須加以譴責與勇於維護道德原則及價值（Hinman, 2008）。這種主張與當代政治哲學家 J. Rawls 的主張十分吻合，其於 1993 年出版《政治自由主義》（*Political Liber-*

alism）一書，即強調民主社會存在著合理多元主義，若要使社會秩序與穩定，難以寄望於所有人均接受同一價值觀來達成，而須另覓合理途徑，使社會各界異中有同以及分歧中有共識，此即政治正義觀，亦是「重疊性共識」的形成（引自張福建，1997）。所以，道德教育既不是價值中立也不是價值灌輸，而是兼重自由與規範，且同時注重個人需求與群體利益的教育。

(三) 道德教育是否須複製外國經驗還是恢復德目古訓

近年我國道德教育極易受到兩種誤解，兩者均視道德教育為力挽台灣當前「道德沉淪」的救星，但主張截然不同：一是極力主張跟隨美國或其他先進國家的腳步前行，對於任何一種道德教育課程方案，皆似如獲至寶，而不探究其環境脈絡，或該課程的品質及研究基礎，一味地想移植或複製於我國；另一則是認為我國自古以來即強調道德文化，端看世界各國道德教育的表象，以為不過就是以往四維八德或校園中心德目的翻版，加上對於民族自尊與傳統文化的依戀，因而亟思復興中華文化，或再拾既有的道德經典或古老訓誡。

前者有關外國的道德教育，各類課程與策略雖良窳不齊，但是美國自 1980 年代以來所推動的新（或當代）品德教育（new/modern character education），確有諸多值得學習之處。其所謂新品德教育，是為了與以往道德／品格教育有所區隔，因為美國傳統的道德教育僅著重德目，實施方式多半單調且以訓誡為主；而當代品德教育卻是以強調倫理核心價值，與道德推理歷程兼重，實施方式多元且以啟發為主。然而，值得關注的是並非每一個新品德教育方案，均是成效良好且符合教育意義，美國學者 M. Berkowitz 等人，蒐集了一百多種目前在美國較為盛行的道德教育課程方案進行分析，發現其中僅有三十多種具有明確的科學基礎，亦即若干品德教育僅是一個「實施」或「歷程」，卻缺乏具體目標、理論基礎、有效方式及科學驗證（Berkowitz & Bier, 2004）。因此，我國若須採取國外經驗，除考量文化脈絡的適切轉化外，亦應慎選與掌握其精髓。

至於後者有關恢復我國文化古訓，或是校園以往中心德目的主張頗值斟酌。我國社會因受中華文化儒、釋、道融合精神影響甚深，故而論及道德教育之際，極易與其有所連結。然而，道德教育不等同於傳統文化的再現，而應精

選「善」的核心價值、原則及其脈絡將之轉化創新，方能彰顯道德教育的文化特性，且進而與國際接軌，以適應當代時空脈絡與受教者的特性。此外，以往中心德目的推動存有若干問題：一是德目為全國一致的規定，無法彰顯學校特色與需求，且較難引發校園師生認同和積極參與；二是德目過多且抽象，其具體內涵不清且較難落實或評鑑；三是過度強調德目本身，卻往往缺乏思辨、推理與討論的歷程；四是多半強調個別德目的重要性，較乏關注德目間的關係、可能衝突與抉擇問題。

因此，當前我國道德教育對於外國經驗既不應全盤接收，也非閉關自守；對於傳統文化既不是復古重現，也非否定排斥，這兩種極端皆可謂「過猶不及」。如何站在本土文化的土壤中，跟隨國際腳步的趨勢，於複製他者與復興傳統中，尋求「創造性轉化」的平衡點，才是台灣「新」道德教育所當努力之方向。

二、道德教育實踐面向的解構

(一) 道德教育僅是生活常規與習慣嗎

我國在解嚴之後，制度上的鬆綁促成社會的多元，但同時也似乎呈現若干「失序」與「混亂」狀態，以致學校整體氣氛在開放社會中顯得進退維谷：一方面須因應著外在結構的開放而做調整，以免校園內外存有隔閡；另一方面在「紛亂」社會中，學校教育又思扮演中流砥柱的角色。然而，因台灣的學校多半師生眾多，且教學與行政領導的思維仍多停留於既有知能與經驗，故多數校園仍瀰漫著較為保守氣氛與思維以及管理訓誡心態，所謂的「好」學生，往往仍界定於「乖順」的「生活常規」（例如整潔、秩序、禮貌等）等面向，且這些行為習慣，通常是經由獎懲等他律方式所養成的外顯行為，並未深入理性思考與論辯層次。

不過，我國當前社會所朝向的是民主開放及多元參與之路向，因而學校也應以此為標竿，甚而引導社會的健全轉型。換言之，學校道德教育的重點不再只是生活習慣與常規的養成，而應著重在其批判性思考、論辯溝通、解決問題

等歷程,並追求正義與關懷的社會理想。至於道德行為的表現與養成,須經過完整的認知與情感,再經自由意志選擇而行動的歷程,並非盲從與被迫而為。因此,道德教育在現代不再是扮演社會融合與政治統治的馴化角色,而宜由私領域連結公領域,以期建構個人與公共領域的道德基礎,並為培養當代民主公民與建造公民社會而做準備。換言之,道德教育包含認知、情感、行動與意志等具有深度的層面,也包含公私與專業領域的廣度,其必須與生活經驗相結合,但絕非簡化或淺化為生活常規與習慣。

(二) 道德教育是人人皆可為「師」嗎

　　道德教育是教育專業之一,也是身為教師應具有的知能,但此一觀念常被忽視。而且,遺憾的是我國中小學教師培育過程中,無論是職前的師資培育或是在職後的進修與晉升,鮮少含括道德教育知能的學習與增強,因而許多教師和行政人員並不知曉或認同道德教育的專業性,且往往將之視為附屬的「非主科」及「非正課」;至於導師與學務人員偶會關注,多半因班級或校務管理所需,而非將道德教育本身視為目的且用心投入經營,加上其因缺乏專業知能,以致易限於自身經驗或一般常識,或是陷入舊有模式不再適用,而新的模式尚未建立的真空與迷惘狀態。

　　至於家長,基本上是扮演道德教育夥伴而非專業的角色。家長可在家庭中藉由親子互動,以陪伴與引導方式對子女進行有關道德的言教與身教,並藉由親師合作以達相輔相成之效。然而,這並不代表家長可在學校中取代教師的部分職責,逕行教導其他學童有關道德的知能,因為這涉及家長並未具有道德教育專業知能,貿然擔任教學,極易在實施歷程中產生負面潛在課程。因此,近年來國中小校園中,家長的積極投入及參與熱忱雖不容抹煞,但為避免前述可能產生的負面影響,家長均須經過相關培訓,並以扮演教師的輔助角色為宜。

　　此外,近年民間團體投入道德教育推動行列者漸多,這種社會力投入的趨勢乃如「水能載舟,亦能覆舟」一般利弊互現。換言之,當民間團體成為道德教育推動新生力軍時,值得關注的是其教育目標是否與道德教育相符、是否具有教育專業知能,以及所提出的道德教育課程或方案是否具理論基礎;此外,

若要進入校園，則宜有一套整全的計畫提出，並在尊重師生被告知與選擇權利的前提下，學校經由一定機制扮演「主導」與「把關」的教育專業積極角色，而非「被替代」或「照單全收」的被動方式。

(三) 道德教育無法加以評鑑嗎

針對道德教育可否加以評鑑的疑問，必先釐清評鑑的目的[20]。在教育理論中，評鑑是維繫品質與追求卓越的不可或缺環節，這就猶如體檢之於健康的重要性。然而，長久以往我國校園對於評鑑始終存有保留或負面印象，且誤以為評鑑是一種「上有政策，下有對策」的虛應，加上道德相較於其他教育專業為之抽象，所以道德教育便成無法加以評鑑的範疇。誠然道德教育評鑑確實並非易事，但不表示就不應為或不可為。以美國為例，其自新道德教育興起後，雖然各級學校與民間組織甚多投入發展與推動相關課程方案，但仍有諸多道德教育方案並未具科學性或理論基礎，這些極有可能遭致誤用或濫用，而傷害教育的本質，故而甚須以評鑑以知優劣（Berkowitz & Bier, 2004）。

反觀我國目前對於道德教育評鑑乃遭遇多重困境，究其原因約可為三：一是在學術研究方面，台灣學術界長期有志於道德教育相關主題的研究人力可謂十分單薄，投入實踐策略與評鑑方面者更是寥寥無幾，故難以累積具科學基礎的研究成果，僅多為個別且零散實務經驗或是主觀感受；二是教育政策的鼓勵仍少，且政府相關部門較乏永續經營的具體規劃，以致道德教育推動缺乏長期目標與功效，所幸近年因應各方需求，教育部公布的道德教育相關政策已漸產生若干引導與推動作用，但若推動歷程不符原案精神，且未加以歷程管控與結果檢討，亦恐徒勞無功；三是校園面對紛繁複雜的校務與政策推行，以及升學至上的龐大壓力下，對於道德教育推動多半有心無力，即使有心有力也不知如何使力，甚而有時使力也有誤用情形，因而校園中的道德教育或被忽視，或賴教師自由心證與己身經驗法則，這些多半缺乏科學性加以驗證，更遑論評鑑以

---

20 此處的評鑑主要是指針對道德教育推動方案之評估其成效良窳（可視為鉅觀的評鑑），有時亦可包括對於學習者道德言行的評量（可視為微觀的評鑑）。

確保品質。因此，當前我國教育界亟需建立健全且長期的評鑑理念與機制，並充實正確的評鑑觀念與相關知能，以利道德教育符合科學與專業的有效推動及其永續發展。

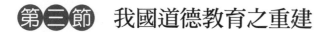 我國道德教育之重建

一、當代道德思維的新趨向

我國社會正值由威權獨裁邁向民主自由之際，多元創意空間的拓展固然令人欣喜，伴隨而生的「混亂失序」卻易使人憂心忡忡。因此，道德逢此因緣際會乃重新躍上舞台，成為我國社會面臨轉型與挑戰中，亂中求序以及異中求同的重要價值基礎。道德的重要性雖然頗獲大眾認同，但是對於道德的思維及其內涵仍存極大差異。因而筆者乃嘗試提出當代道德的六個新趨向，希望藉此避免道德陷於八股教條，或是不食人間煙火之憾。

(一) 由乖順聽話至批判思辨

同質封閉的社會往往受到「定於一尊」的意識型態宰制，期望將全民形塑成被動、消極、迷信威權的愚民和順民性格；而該類傳統社會的教育文化氛圍亦同樣強調統一與制式管理，藉以養成乖順聽話的學生與孩子為目的。然而，面對當前紛繁複雜的社會萬象，不知而行或奉命行事的「乖乖牌」極可能受到欺侮、詐騙或適應不良，所以當代道德的趨向是重在批判思辨能力的培養，亦即道德須以智慧為基礎，方能促成知行合一與人格統整。

(二) 由對錯二分至兩難抉擇

趨善避惡乃人類道德生活的象徵，也是文化昇華的指標。處在傳統社會中，善惡判準較為明確且一致，所以對與錯恰似黑白對比般可清晰區隔。然而，現代開放與異質生活中，想要明辨是非卻非易事，諸如代理孕母、墮胎、安樂

死、死刑、全球暖化等議題，這些不僅為媒體報導的社會現象，甚而已成吾等生活周遭的實境，對此究應如何進行善惡判斷已成爭議焦點。因此，當代道德的趨向非僅單純由對與錯之間選出所謂「正確之路」，而往往必須由「對與對」（例如忠與孝難兩全之說法）之間的兩難困境中加以衡量取捨。

(三) 由單一標準至溝通協調

現代社會諸多行為與事件，已甚難由單一絕對的判準據以決定對錯是非，而是富有爭議、各有支持與反對主張，且須多元價值納入考量的倫理議題。舉例而言，新興的「生命倫理」（bioethics），關注的是生與死的問題，面對基因工程的日新月異，無論是人工協助生殖、複製技術與安樂死等技術，都衝擊著原本人類生死的界定與方式，人們如何面對這些前所未有的嚴肅倫理課題，實須以多元價值加以深思熟慮，且做出符合時空脈絡的善惡判斷，而不是陷於信仰或褊狹意識型態的泥淖。因此，當代道德並非堅持「我對你錯」或「我好你壞」的審判方式，而是透過溝通協調以尋找合理共識的過程。

(四) 由絕對相對至多元價值

當代開放多元社會固然將絕對價值觀瓦解，但往往易使人陷入另一極端的相對泥淖，誤以為人人心中有一把量尺，道德判斷是相對於個人或文化，甚而堅持沒有所謂的對錯善惡之價值中立與虛無觀點。然而，當代道德是採中庸之道的多元價值觀點，強調要有多個且有論辯基礎的價值標準，其彼此之間存有相互制衡或是補強功能，如此在當前複雜的社會與諸多倫理議題中，才能彰顯個體的思考與批判力，並使群體互動能異中有同且同中存異。

(五) 由修身養性至公共道德

傳統道德的要求總是著重在個人修身養性層面，且強調諸多德目的達成，例如二十四孝、四維八德、三達德、青年守則等不勝枚舉。然而，德行的養成宜與時俱進，且其內涵與範圍亦應與當代時空脈絡相互吻合。因此，當代道德除須具備科學與民主的精神外，其範疇亦應由個人私德擴展至公共道德層面。

所謂公共道德乃指人們處於所屬社群的公共生活與互動中，針對陌生的對象、不確定或非特定的社會大眾，所應具有的道德關注與責任，也就是通稱的公德心。不過，在公共場所不製造髒亂與不破壞公物，在工作職場上不貪污舞弊、不違反職業道德或專業倫理等日常生活言行，均屬公共道德的消極面；公共道德的積極面更應著重於人際間因性別、年齡、族群、階層與貧富等因素，所造成的種種不平等或扭曲現象，尋求在尊重多元與差異中，凸顯「公與義」的核心價值。

(六) 由人類中心至生態倫理

人類在面對宇宙間其他物種或生態之際，始終自認為是大自然的主宰和擁有者，並對環境予取予求。然而，近年來人類的獨尊地位不斷受到嚴峻挑戰與反撲，譬如由動物引發至人類的新型傳染病擴增、過度開發山區造成土石流災難，以及溫室氣體排放過多導致氣候變遷等「不願面對的真相」（an inconvenient truth）（另一層意義為人們難以接受「不方便的事實」）。因此，當代道德思維在於提醒人類應摒棄短視近利的速食觀點，以及經濟至上的自利想法，而為我們生存大地的現在與未來負責，並在經濟成長與環境保育中取得平衡，且以和平、安全、穩定等方式，使其生生不息且永續發展。

總之，生活環境不斷地變化，人的思維亦須隨之調整；然而，「新與變」並不代表就是「好與進步」。因此，該新趨向的重點並非揭櫫真理，而是期望開展當代道德的另一種視野，以利掌握其中的變與不變、傳統與現代，以及自我與他人等亙古以來的重要課題。盱衡未來，這些新的趨向亦將在開放的心靈中不斷地延展。

二、當代道德教育的理念重建

(一) 道德教育的目的應兼重個人與群體

我國當代所需要的道德教育是以個人與群體並重為目的。在個人方面，道德教育不再是一種集體意識的馴服、灌輸或宰制，而是彰顯受教者的主體性、

思考力與創造潛能，以提升個人品質與適應當代生活的知能。尤其當前社會存在眾多繁複道德議題，諸如多元性別、安樂死、基因改造、生態環境等跨領域議題，以及德行或價值之間衝突與矛盾亟需抉擇現象，道德教育要使學生從個人偏見或集體意識中得以解放，並在自由的氛圍中以多元視野、尊重容忍、批判反思，以及意志自由等精神，在溝通後的共識中尋求亂中之序，且成就聰慧與良善的人生。

其次，個人無法離群索居而必須與群體有所關聯，因而道德教育亦是為群體的優質生活奠基。所謂群體的優質生活固然不同時空各有其理想型模，但就我國當代情境而言，或可彰顯「正義」（justice）與「關懷」（caring）兩大精神，這也是近年道德教育相關學術研究的兩大主軸。西方哲學中對於正義的探討甚多，若以美國學者 J. Rawls 所著《正義論》（*A Theory of Justice*）一書提出的正義兩原則精神觀之，主要著重在最大均等自由的公平權利享有，以及著重差異且以弱勢優先（Rawls, 1971），這兩個原則可謂道德教育對於當代社會諸多事件與現象甚值關注的面向。至於關懷，美國學者 N. Noddings 主張理想「關懷關係」是道德實踐的最終目的，在此關係中關懷者是開放、接納、設身處地與承諾，被關懷者則是自由、安全且勇敢地實現自我，而且這種關懷關係並不限於女性專有，教育者（包括父母與教師等）應同時具有關懷與被關懷的能力（Noddings, 1984）。因此，當代道德教育在群體生活面向的目的，就是以社會的正義與關懷為標竿，建立以道德而非以名利為基礎的社會。

(二) 道德教育須具深度與廣度意涵

我國當代道德教育亟需具有深度與廣度意涵。在深度方面，道德教育是要培養受教者成為知善（認知）、好善（情感）與行善（行動）等層面，有道德教養與成熟的人，並使其個人與社群均能擁有良善道德生活（李琪明，2003）。具體言之，「知善」所指就是道德認知面向，是以理性思辨與批判反省為基礎，包含對於道德議題或現象具有意識與察覺能力、能理解道德價值的意涵、具有角色取替與多元角度思考能力、有道德推理與判斷能力、能慎思明辨與做適切決定的能力，以及對相關知識加以綜合，進而形成自我道德信念等；

其次,「好善」指的是道德情感面向,積極而言是展現正向情感,諸如表達愛與關懷,以及具有良心、自尊、同情等情感與自省,消極而言則是克制負向情感或欲望,並能表現擁有自信但謙遜的氣度等;再者則是「行善」,指的是道德行為面向,強調認知與情感結合後的付諸實踐階段,乃包含養成實踐道德的能力、擁有道德實踐的意願,以及經由意志與毅力,透過道德勇氣,進而形塑德行與人格(Lickona, 1991)。因此,道德教育是兼顧認知、情感與行動三個不可或缺面向,且各具深度的有機統整。

此外,道德教育在廣度方面必須與價值教育、生命教育、人權教育、法治教育、民主教育,以及公民資質教育等有所重疊與相輔而成。因為道德教育必須具正向價值引導、要有生命的感動、必須符合人權與奠基於法理,且須經由民主參與,並以公民德行為目標及其內涵。而且,道德教育在校園中的實踐,並不是外加的政策、課程或活動,而是內含於教育核心與校園生活的廣義全人教育。因此,道德教育的深度與廣度意涵不宜被簡化與淺化,每一個層面都必須透過專業與科學化的教育歷程加以培養。

(三) 道德教育須以多元統整方式實施

道德教育如何在當前校園有效推動,以美國經驗而言其亦歷經了若干轉折與不同典範的爭議,歸納而言有三種取向(Narvaez, 2006):一為傳統道德教育者,強調教導「德行」的重要;二為理性道德教育者,強調教導「道德判斷」的重要;三為綜合與統整前述兩種較為褊狹的主張,當代道德教育主張者強調,道德教育應同時教導道德推理歷程與德行表現,並且兼重個人道德自主性的啟發與社群意識的形塑。有關第三種綜合取向的美國當代道德教育方案,乃以「第四及第五 R 中心」(Center for the 4th and 5th Rs)[21] 的「12 點綜合取向的品德教育」、「品德教育夥伴」(Character Education Partnership,簡稱 CEP)的「有效品德教育的 11 個原則」(eleven principles of effective character educa-

---

21 Rs 指的是 Respect 和 Responsibility,在美國通常稱讀寫算基本能力為 three Rs,所以此處是指第四與第五 R 與前三 R 同等重要。

tion），以及「品德優質中心」（CHARACTERplus）的「品德教育十大要素」三者最具代表性[22]。其一方面既可凸顯道德教育是一個「學校整體文化再造」的理念，與以往道德教育的單科途徑有明顯的不同；另一方面又可整合諸多相關與類似政策與教育策略的推行，以減輕重複與行政負擔，且頗為符應我國教育發展趨勢。因此，我國當前所需道德教育的實施亦可朝此多元統整方向邁進，亦即學校可同時藉由正式課程（例如社會領域中教導道德推理與判斷，以及其他領域和科目融入道德意涵與思辨）、非正式課程（例如社團活動、學生自治活動、班會營造與校規制定），以及潛在課程（例如師生互動、校園氣氛、環境布置）等彰顯道德校園各面向的相輔相成之效[23]。

至於實踐的方式與策略甚多，歸納而言約可分為道德討論、價值澄清、文學故事、藝術陶冶、關懷和諧、參與體驗、道德紀律、校風形塑等[24]，這些並沒有優劣之分，僅有認知、情感與行動側重的不同，或是課程屬性的不同偏向，就教育工作者而言，可將其視為道德教育實踐的多元工具加以善用，但要避免誤用或濫用。總之，多元統整方式的道德教育，需要多層次與多面向的關注，以營造校園整體的民主參與式道德氣氛，其間更有賴教師、行政人員、學生以及家長等全體成員，對道德教育的積極認同和共同努力。

---

22 可參考下列網站：Center for the 4th and 5th Rs. A 12-Point Comprehensive Approach to Character Education，2007 年 1 月 8 日取自 http://www.cortland.edu/character/12pts.asp; Character Education Partnership(CEP). Eleven principles of effective character education，2007 年 1 月 8 日取自 http://www.character.org/；CHARACTERplus. Ten Essentials of the CHARACTERplus Process，2007 年 1 月 8 日取自 http://www.characterplus.org/main.asp? nID=356&NavID=2

23 有關此一模式的詳述，可參考：李琪明（2006）。將品德帶進教室，把民主融入校園。教師天地，142，22-30。

24 可參考：李琪明（2004）。品德教育之課程設計理念及其教學模式。學生輔導（雙月刊），92，8-23。以及李琪明等著（2007）。德智體群美五育理念與實踐。台北：教育部編印。

(四) 道德教育須有科學與專業化評鑑

　　我國國中小教育中有關道德教育的評鑑並非闕如,例如九年一貫課程實施前,國中小正式課程中列有「公民與道德」及「道德」科的評量、每學期操行或德育成績評定、學校行政人員及教師亦會對於學生日常言行進行觀察,以及學生的自評與互評等均屬之。近年來,尚有所謂「變通性評鑑」的提出與運用,有別於標準化或單純紙筆測驗方式,可採用實作評量,讓學生將道德概念不致停留於認知的層面,而是進一步真實地化為演練、解決問題或是具體行動表現;另也可採「卷宗評量」,由師生系統性地蒐集教師觀察與學生作品相關資料,並藉由反省歷程,瞭解學生在道德教育方面的進展或困難。

　　不過,據筆者觀察,我國中小學校園的道德教育評鑑常易囿於若干限制:一是對於道德教育目標的過度高標且抽象,所以評鑑易流於主觀含糊而失焦;二是對於道德教育內涵的複雜性及其間關係不夠瞭解,所以評鑑結果無法加以善用,更難以作為提升道德教育實踐的基礎;三是我國道德教育評鑑工具不足,且教師對既有相關工具亦不嫻熟,故評鑑較無法朝客觀與有效方向邁進。因此,要進行有效且有品質的道德教育評鑑,必須要有具體明確的道德教育目標(例如針對道德判斷、同理心或是利社會行為等具體層面為教育目標),且須瞭解道德的複雜性及其間的關係(例如認知與行動之間的關聯性,或是其中可能影響因素如敏感度、動機、意志力等),並能進一步選用與善用評鑑工具(例如標準化測驗與變通性評鑑各有其優缺點),方能發揮道德教育中評鑑的功能[25]。

　　此外,對於諸多道德教育推動的課程或活動方案,也必須要有所評鑑以掌握或提升其品質。就美國經驗而言,接續所述的原則是促使道德教育課程方案實施成功的關鍵,其包括必須掌控執行的歷程與課程方案精神相符合;留意道德教育應是綜合與多面向的齊頭並進;讓學生彰顯其學習主體性,以及對學校的依附、認同及參與感,而非被動的接收與學習者;學校領導者(校長與重要

25　此處所強調科學並非與美學截然二分,其仍宜含有美學與藝術鑑賞成分,亦即德、智、體、群、美五育是融通且互補的功能。

行政人員）的道德教育知能，是推動道德教育成功的重要關鍵；建立德育與智育並不衝突的觀念，且視道德教育為全人教育的相輔相成目標；全體教職員工均應共同推動道德教育，並成為學生模範，才易使道德教育成功；所教導的知能必須能學以致用，讓學生融入生活與經驗之中，並能針對社會議題加以反省；家長與社區的適度參與，也是道德教育實施成效的重要支援與輔助（Berkowitz & Bier, 2004）。

(五) 當代道德教育須永續經營並彰顯理想

道德教育是個長期且複雜的教育歷程，並非一蹴可幾亟求速效可得，因而就教育專業而言，不能「病急就亂投醫」或是「以道德為名則來者不拒」，以致偏離原本教育正道；此外，道德教育亦非「萬靈丹」可資解決所有社會問題，而必須與其他規範與機制相輔相成，且亦不可能將所有凡人變成聖人，或將所有壞人變成好人。因此，道德教育只可說是不斷追求優質個人與理想社會的歷程，在這共同努力歷程中，有三個精神須特別再加強調：

第一是道德教育須蘊含民主精神，民主為當今主流思潮，其不僅為政治制度更是一種生活方式（包括多元參與、慎思論辯、自由人權等精神），道德教育亦應融入當代民主精神加以體現，是以諸多當代倫理核心價值須受重視，由下而上的程序精神亦應予以強化；此外，當今道德教育不再侷限於修身面向，而應拓展至公共與專業領域規範層面，以培養自由、自主與自治、自律的精神，並進而營造具正義與關懷的社會，故道德教育廣義而言，亦是一種法治教育、人權教育、生命教育與公民資質教育，而不是一種順民管理、意識型態灌輸，更不是宗教傳教。

第二是道德教育須具科學精神，當前道德教育既不是復古亦非反古，而是針對傳統文化的創造與科學轉化，擷取與統整我國與外國道德教育精華，並賦予時代新意且重構價值體系，使之兼具理想性與可行性。近年國內外道德教育相關課程方案紛紛推出，但其是否具有堅實的理論基礎？是否經學術實驗證明其有效性？是否真正含有教育的目的於其中？又是否具普遍適用性，足以用在每一種文化脈絡與對象？這些都須以科學的精神進行深入長期的探究。

　　第三是道德教育須定位為專業並掌握品質，且避免若干社會大眾甚而包括教育人員，將道德教育簡化與淺化為生活常規和集體管理，而以訓誡或教條方式行之；或有人以其片面的自身經驗，或是未經慎慮即擷取及複製他人做法，極易導致誤用或濫用的情況。因而，我國當前道德教育固須強化與檢討，但並非追逐流行也不是各自表述，而是肯定道德教育的專業性質，在既有國內外道德哲學、道德社會學及道德心理學等理論基礎與實徵研究之上，進行長期持續的研究與推動經驗反思，同時亦針對我國道德教育面臨轉型的目標、內容、方法、評鑑等面向，逐步構築周全與深入的理念原則與實踐策略，方能發揮新時代的道德教育功效。

第二章 ▶ 校園文化之道德氣氛理論基礎

　　鑑於近年我國道德教育的變化趨勢，本書結合品德教育與校園營造，提出「品德校園」概念，作為當前我國品德教育推動的關注重點與模式之一，亦即當前道德教育之著重點應在於道德氣氛的整體多元營造。本章乃針對品德校園的理論基礎，包括校園文化的各種道德氣氛理論進行闡述，並指出校園文化氣氛須兼具正義、關懷與紀律等多元統整的道德氣氛。

學校道德氣氛源起與意涵

一、正義社群之源起與道德氣氛研究

　　學校道德氣氛（moral atmosphere of schools）可謂校園道德社群建造之重要指標，其理論基礎可以美國學者 L. Kohlberg 為代表。國人對於 Kohlberg 較為熟悉為其「道德認知發展序階」相關理論，其乃針對個人道德發展所提出之理論，卻鮮少人知其早在 1974 年起，即開始致力發展「正義社群」（just community）之團體道德氣氛理論。Kohlberg 認為，具有正義社群特色之學校，是與民主社會公民教育相一致，其間是由學生、教師與行政人員共同決策、共同訂定規則、共同負有責任及義務遵守與維護規則，而使學校之道德氣氛成為有利於個人道德發展之環境（蘇建文譯，1993：123-124）。因此，J. P. Maul 於 1980 年在一篇研究中曾以實徵性研究，驗證 Kohlberg 之道德推理與正義社群理論，發現道德氣氛與道德推理確實有十分密切關係（蘇建文譯，1993：226）。

　　Kohlberg 之所以對道德氣氛特別關注，依據 Power（1981）〈道德教育透過學校道德氣氛的發展〉（Moral Education through the Development of the Moral Atmosphere of the School）與 Power（1988）〈正義社群法運用於道德教育〉（The Just Community Approach to Moral Education）等文，均提及正義社群途徑之源起與發展。Power 指出：Kohlberg 在 1969 年時，曾訪問位於以色列人民公社內一所高中，當時對該校強烈社群意識與強而有效之社會化過程極為感動，促使他將社會學中之集體教育（collective education），以及課程學者所提倡潛在課程（hidden curriculum）諸多理念，並與其主張之個人道德認知發展加以連結，於 1970 年初形成理想學校構想，他稱此一理想學校為「小理想國」（a little Republic），其特徵係一個以民主治校、全體學生參與並富有正義精神之生命力校園（Power, 1981, 1988）。1974 年之際，Kohlberg 嘗試將此一理想化為實際，在麻薩諸塞州之康橋（Cambridge, Massachusetts）一所叢集學校（cluster school）（屬高中階段之變通學校），以正義社群法進行道德教育加以實驗，顯然十分成功（Power, 1981, 1988）。在正義社群實驗歷程中須強調若干共通原則（Reimer, 1989）：一是學校要實施直接民主，重要議題須在週會時全校師生共同討論並投票決定；二是要成立數個獨立委員會，由學生、教師與家長共同組成，以作為重要或爭議問題之仲裁；三是訂定社會契約，載明全校成員之權利與義務；四是師生同享基本權利，包括表達自由、尊重他人及免於口頭或肢體傷害之自由等。

經過實驗之成功經驗，Kohlberg 在 1983 年〈學校中的道德氣氛〉（The Moral Atmosphere of the School）一文中，即不斷強調道德教育與潛在課程之密切關係，且認為學校中道德氣氛乃屬重要潛在課程，在道德教育中實不容忽視（Kohlberg, 1983）。此外，Kohlberg 之個體道德認知發展理論因須編擬諸多假設性兩難情境問題並非易事，解決之道乃嘗試將兩難情境還原至現實學校生活情境中，並使之更為真實，是以強化將學校成為正義社群（註：原翻譯為正義統體）的重要（蘇建文譯，1993）。Kohlberg 曾談及道德教育不只推理而已，也須重視行動；不應只是處理假設性兩難情境，更須處理實際生活；不該只重視正式課程，更應注意潛在課程（單文經、汪履維編譯，1988）[1]。

二、正義社群意涵與道德氣氛發展

「正義社群」乃兼顧正義（justice）與社群（community）兩概念，一則強調集體之重要性，另則以正義原則促使個體之道德成長（Reimer, 1989）。社群之最重要精神即是一種社群意識與規範，亦是校園師生間或學生間之團隊凝聚

1　蘇永明（1997）在〈郭爾堡的道德認知發展論評析〉一文（載於簡成熙主編，《哲學和教育》，高雄：復文，175-196 頁），曾批判正義社群（其譯為正義社區）。他指出「雖然組織規範說是用民主的方式討論出來的，但是在嚴密的組織中，團體的壓力已足以達到『道德的恐嚇』（moral intimidation）效果」（頁 190-191）。藉由其批判可知正義社群的理想與實踐並非完美無缺，尤其在實踐過程中，甚須掌握主軸精神，以免陷入以團體壓迫個人之反教育情境。不過，C. Power 與 A. Higgins 在其近年來相關著作都一再提及正義社群兼顧個人與社群的重要性。

力與良好互動精神，並藉由民主、參與、關懷、負責，使全體師生融為一種生命共同體之感覺（Power, 1988）。然而正義強調社群並非抹煞個體，而是使個體更得以在群體脈絡中公平發展（Reimer, 1989）。誠如 Higgins（1995: 58）清晰描述正義社群的意涵：

> 「正義社群取向是代表試圖平衡社群與個人的一種努力，社群是顯示集體的權力訴求，但須同時兼顧保護個別學生的權利，以及促進其道德成長……正義蘊含著民主方式且課程方案須關注道德討論、留意公平與否，以及權利義務等議題；社群意味著建構學校成為一個理想的社會……並逐步形成社群意識。」

良好之道德氣氛並非一蹴可幾，而是歷經各發展階段，故 Power 等人將 Kohlberg 之正義社群途徑進一步研究，發展出與個人道德發展有所不同之學校道德氣氛序階，並區分為「集體規範價值」與「對社群的感受」兩層面（表 2.1）（Power & Reimer, 1978），其中序階四是最為理想的發展階段，充分體現每個成員都是團體中主動積極的一份子之自覺及參與，所以其可謂強調融合民主精神的團體道德氣氛。

其次，Power 等人又針對「集體規範價值」與「對社群的感受」進一步研究，因其使用之工具與目的不同，分別發展出機構形塑之價值層次（levels of institutional valuing）（表 2.2），與集體規範進階時期（phases of the collective norm）（表 2.3）、集體規範程度（the degree of the collectiveness of norm）（表 2.4）及集體規範內容（the content of the norm）（表 2.5）等，藉以凸顯團體道德氣氛形塑的歷程及其複雜性[2]。

2　該些表格十分複雜卻整合不易，J. Snarey 和 P. Samuelson 曾嘗試將之共置於一表格中，但特別註明其並非具有理論的平行連結關係，請見參考文獻 Snarey 和 Samuelson（2008）。此外，筆者曾於 2008 年詢問 A. Higgins 有關該些表格之間的關係，她亦表示當時所做研究係以不同研究方式所得的結論，並無法輕率地將該些表格加以合併。筆者為避免重複，僅將該些表格加以陳列，藉以取代另加描述與說明。

表 2.1　學校道德氣氛序階

	集體規範價值	對社群之感受
序階二	學校尚未形成一個整體價值或道德規範，學校成員各行其是。 【譬如】：大家各自生活，互不干擾。	大家互不干擾，各自認清自己權益即可，並未形成整體之校風。 【譬如】：學校像銀行，可各取所需、互惠互利。
序階三	學校已漸形成整體價值或道德規範。 【譬如】：學校成員間應彼此信任與關懷。	校園中之成員會彼此關懷，且認同學校校風。 【譬如】：學校像家庭，師長就像父母，提供關懷與照顧。
序階四	學校已儼然形成整體價值或道德規範，且每一成員均有參與之意識與自覺。 【譬如】：學校成員應注重個人與群體間之互動關係，且負有與團體苦樂同享共擔之責任。	師生均自覺是學校之重要成員，積極參與校務，並營造良好團體。 【譬如】：學校像一部機器，每人均是螺絲釘，產出教育成果。

註：團體道德氣氛乃自序階二開始，因序階一尚處個人階段。
資料來源：編譯自 Power & Reimer (1978). Moral atmosphere: An educational bridge between moral judgment and action. In W. Damon (Ed.). Moral development: New directions for child development (p. 113). CA: Jossey-Bass.

表 2.2　機構價值層次論

0. 拒絕層次	學校未被評價。
1. 工具性外部層次	學校被視為幫助個人滿足其需求之機構。
2. 狂熱認同層次	在某些特殊場合或時刻，學校被強烈地認同。
3. 任意性社群層次	學校成員均感覺親近融洽，且擁有一體之感覺。
4. 規範性社群層次	學校係自為目的之社群，具有共同規範，期望並促使成員之言行與責任符合規範。

資料來源：譯自 Power, C., Higgins, A., Kohlberg, L. (1989). Assessing the moral culture of schools. In C. Power, A. Higgins, & L. Kohlberg (Eds.), *Lawrence Kohlberg's approach to moral education* (p. 117). New York: Columbia University Press.

表 2.3　集體規範之進階時期

時期 0	沒有集體規範之存在或提出。
集體規範提出 　　時期 1	諸多個人向團體提出共同集體規範。
集體規範接受 　　時期 2	集體規範被接受但並未同意,且並未依此要求行為: (1)少數團體接受;(2)多數團體接受
時期 3	集體規範被接受且同意,但並未依此要求行為: (1)少數團體同意;(2)多數團體同意
集體規範期望 　　時期 4	集體規範被接受、同意,且期待行為依此而行(單純期待): (1)少數團體期待遵行;(2)多數團體期待遵行
時期 5	集體規範被接受、同意、期待,但未依此而行感失望: (1)少數團體失望;(2)多數團體失望
集體規範促進 　　時期 6	集體規範被接受、同意、期待,並說服勸導依此而行: (1)少數團體勸導;(2)多數團體勸導
時期 7	集體規範被接受、同意、期待、勸導,並宣揚依此而行: (1)少數團體宣揚;(2)多數團體宣揚

資料來源:譯自 Power, C., Higgins, A., Kohlberg, L. (1989). Assessing the moral culture of schools. In C. Power, A. Higgins, & L. Kohlberg (Eds.), *Lawrence Kohlberg's approach to moral education* (p. 130). New York: Columbia University Press.

表 2.4　集體規範之程度

個體基礎缺乏集體之規範	
1. 我—拒絕	認為學校中無任何人可訂定規範。
2. 我—良心	無共同規範,因那是個人之自由選擇。
3. 我—漠不關心	並未感受團體規範之存在,自我獨立而行。
4. 我—獨立個體	自我遵循一般規範而行。
5. 我—曖昧之個體	團體隱然成形,自我與團體規範似一致。
權威規範	
6. 權威	某項行為被要求是因教師或行政人員之故。
7. 權威—接受	做出某項行為是因符合師長期望或規定。

（續上表）

集合體規範	
8. 他們—集合體（我不同意）	團體或次團體中常會有一致之行動。
9. 我與他們—集合體	我在團體或次團體中常會與其他成員有一致之行動。
集體規範	
10. 我被限制或提出	集體規範為先。
11. 任意之集合體	個人與團體成員自然地融洽相處規範一致。
12. 他們—限制之集合	個人應遵守既定之團體規範。
13. 我與他們—限制之集合	我與他人均為團體成員，故應遵守團體規範。
14. 默示的—我們之集合	成員均認為其為團體之一員且為擁護者。
15. 明白的—我們之集合	我們均為團體之共同成員且為擁護者。

資料來源：譯自 Power, C., Higgins, A., Kohlberg, L. (1989). Assessing the moral culture of schools. In C. Power, A. Higgins, & L. Kohlberg (Eds.), *Lawrence Kohlberg's approach to moral education* (pp. 121-123). New York: Columbia University Press.

表 2.5　集體規範之內容

團體規範	關懷、信任、統整、參與、公開、責任、依附感等。
實質平等	1. 尊重每人均有平等之權利與自由。 2. 機構所訂定之規準須基於人之尊嚴且符合正義。 3. 尊重他人身心統整、財產與隱私等權利。 4. 任何社會組織或必要立法均須符合前述精神。
程序平等	自由表達、平等權利、理性論辯、尊重他人、服從多數、正當程序等。
秩序	為保護個體之生存與組織之功能彰顯而須採取之必要措施。

資料來源：整理自 Power, C., Higgins, A., Kohlberg, L. (1989). Assessing the moral culture of schools. In C. Power, A. Higgins, & L. Kohlberg (Eds.), *Lawrence Kohlberg's approach to moral education* (pp. 125-127). New York: Columbia University Press.

三、道德氣氛之研究趨勢與方法

　　前述有關學校道德氣氛之相關探索，Kohlberg 等人的研究資料來源大抵有三種途徑，且多偏向質性取向（Power & Reimer, 1978: 110-111）：一是針對學校週會記錄的札記；二是訪談學生；三是在學校生活不同場合中進行觀察。該研究焦點有五：一是學校中之集體規範價值是什麼？二是學校之社群意識發展些什麼？三是學校中共同感受到之集體規範價值與社群意識發展到什麼階段？四是學校中之集體規範價值是如何建立並發揮其影響？五是學校中之社群意識是如何建立並發揮其影響？（同前註）自 Kohlberg 等學者相關研究之後，有關正義社群或道德氣氛之研究，則採實驗、調查或觀察等研究方法者均有之，近年有關該研究主題與方法更漸趨擴展。諸如：Greenhalgh（1990）〈調查學校的道德氣氛〉一文，以德懷術（Delphi technique）探討學校道德氣氛所應包含之面向。Roy（1997）〈國小校長之性別與道德氣氛之關係〉，以調查方法探究性別角度的校園道德氣氛。荷蘭多位學者亦曾共同發表多篇有關道德氣氛研究，如〈中學學生的道德氣氛感受以及道德能力和道德氣氛之間的關係〉（Host, Brugman, Tavecchio, & Beem, 1998）。另潛在課程學者 P. W. Jackson 等人也針對道德教育出版《學校的道德生活》（*The Moral Life of Schools*）一書（Jackson, Boostrom, Hansen, 1993），以俗民誌研究之方式，歷時兩年半觀察與訪談中小學校，提供學校之重要道德面向。DeVries & Zan（1994）亦以質的研究方法探討幼兒教育之道德教育，並著書為《道德教室，道德孩童——創造一個建構性氣氛的幼兒教育》。更有多篇文章直接將學校稱為道德社群（moral community）並加以探討其道德氣氛，例如 Rodger（1997）〈發展多元情境中的道德社群〉等。由此可見，道德氣氛業已成為道德教育中所不可忽視的重要課題，其研究方式亦日趨多元，此一國際學術趨勢甚為值得我國參考與轉化。

第二節　正義、關懷與紀律之校園文化

一、正義取向的道德氣氛 [3]

　　校園道德氣氛並非單一取向而係多元豐富的面貌，綜括而言可謂包括正義、關懷與紀律三者，由於其均為道德哲學中的重要概念，蘊含諸多論述，但本節重點並非聚焦其語意與脈絡，而僅針對近年道德教育學者對該三者與道德氣氛連結的重要意涵簡介。所謂「正義取向」（justice approach）的道德氣氛，乃連結於前節所述 L. Kohlberg 所提出之「正義社群」理念，該一主張係受到 I. Kant 道德哲學的正義概念、E. Durkheim 自社會學觀點探討道德教育、J. Rawls 的正義論，以及 P. W. Jackson 等人關注潛在課程之諸多影響。Kohlberg 在 1970 年代中起乃由個人性的道德認知發展研究（道德認知發展三層次六階段論），同時關注集體性的學校道德氣氛之研究，並企圖能建立起個體道德發展與集體道德氣氛的關聯性（Power, Higgins, & Kohlberg, 1989）。Kohlberg 和其同事及其當時指導的學生群，陸續於各個中等學校甚至監獄進行正義社群相關研究（Power, 1981, 1988）。其由研究結果發現，學校道德氣氛具有若干特徵者，往往較能促進學生道德認知與判斷的提升與發展，該特徵為：一是以公平與道德為焦點的開放性討論；二是面對不同觀點或較高層次的推理階段，可激發其道德認知衝突，進而促進發展；三是參與規則的訂定，並運用權利與責任；四是較高階段的社群可促進個人道德發展。換言之，正義社群的觀點引發道德教育關切重點，不再僅限於學生個體的發展，亦應兼重學校團體的道德氣氛（Power, Higgins, & Kohlberg, 1989: 102）。

　　「正義社群」的意涵乃兼顧正義與社群兩個概念的平衡性，一方面雖是強

3　本節有關正義取向的道德氣氛，是源於正義社群的理念，重點並不在討論正義概念的溯源眾多理論。

力訴求集體，另一方面則同時保障學生權利並促進其道德成長（Reimer, 1989: 53）。社群，最重要的精神則是一種社群意識與規範，也就是校園中師生間或學生間的團隊凝聚力與良好互動精神，並藉由民主、參與、關懷與負責，使全體師生融為一種生命共同體的感覺（Power, 1988）。然而，重視正義的社群並非抹煞個體的自主性，而是使個體的判斷更得以在群體脈絡中公平地發展甚而化為行動，因而個體與群體是可以取得平衡發展（Reimer, 1989: 49）。不過，良好道德氣氛並非一蹴可幾，而是歷經數個發展階段，因此 Power & Reimer（1978）進一步研究正義社群途徑，發展出與個人道德發展雷同的團體道德氣氛序階，並分為「集體規範價值」與「對社群的感受」兩個層面[4]：該序階是從第二階段開始，乃指社群的理想僅是大家藉由加入此團體可互蒙其利，因而個體不能做出有違團體紀律或是不利他人的舉動，這是道德氣氛的初步發展，關注的焦點仍在個體；序階三是團體形成了共同的分享機制與期望，個體開始關懷周遭的人與團體，而不再只是自私地關心自我的利益，因而團體有了「大家庭」的感覺，此序階乃較前者為之提升；序階四是指個體與群體的相互依賴關係建立，個體以各種角色與能力投入於群體的發展，群體則在基本的規範與認同中提供個體民主、多元、參與的成長空間，故兩者是融為一體、唇齒相依之密切關係，也是道德氣氛發展的最高階段。

二、關懷取向的道德氣氛

道德氣氛的另一重要面向乃「關懷取向」（caring approach），其近年受到關注可謂始自美國學者 Gilligan（1982）所提出「不同聲音」（a different voice）之隱喻，其亦相仿於正義觀點而將關懷倫理分成三個階段與兩個轉換期（簡成熙、侯雅齡，1997；Gilligan, 1985）：第一階段為個體生存導向，屬自利階段；第二階段是自我犧牲，其間由第一階段轉換至第二階段為對自我與他人產生依附的責任；第三階段為不傷害的道德，由第二階段轉換為第三階段歷經和諧關係的強調，由犧牲自我而至不傷害自己也不傷害他人的全盤考量。約

4　有關正義取向的道德氣氛詳細分析及其發展歷程，請參考前節內容。

於同時期，Noddings（1984）亦主張關懷關係在道德教育中的重要性。她認為理想的關懷關係是道德實踐的最終目的，在此關係中關懷者是開放地接納、設身處地與承諾，被關懷者則是自由地領受關懷，且安全並勇敢地實現自我（方志華，2000：序言 III）。因此，在學校社群中的關懷取向，乃是著重在「人際關係的統整」，亦即關愛、親密、溝通與和諧等（Starratt, 1994: 52）。

　　關懷取向的道德氣氛除以關懷倫理為濫觴外，美國近年來推動的「新品德教育運動」[5]（new character education movement），亦以學校為「關懷社群」（caring community）為推動目標，期由全校師生與相關人員共同凝聚與實踐「核心價值」（core values），而形成全校的整體道德氣氛，其並強調採用多元民主的方式，兼顧教育過程與道德內容。1995 年美國的「第四及第五 R 中心」主任 T. Lickona 等人，除將「尊重」與「責任」視為當代美國核心價值外，進一步提出了「有效品德教育的 11 個原則」，可作為學校道德氣氛的重要指標[6]。

三、紀律取向的道德氣氛

　　道德氣氛中除正義與關懷之外，由社會學角度所關注的「紀律」，在團體中的重要性亦不容忽視。校園道德文化營造強調的是正向／發展紀律（positive/developmental discipline），其主要源自古典社會學者 E. Durkheim 的理念。Durkheim 早在《道德教育》[7] 一書即提出紀律概念，主張道德教育即社會化過程，堪稱道德社會學理論之濫觴。Durkheim 強調紀律、對社群的依附，以及自治自

5　新品德教育乃因反映美國社會與教育環境之需求，並受到倫理思潮中「德行倫理學」（virtue ethics）的影響，為有別於美國自建國以來即推動的「道德教育或品格教育」，故以新品德教育（new character education）或當代品德教育（modern character education）稱之。

6　可參閱 CEP 網站：http://www.character.org，2010 年其刊出新版的有效品德教育的 11 個原則，將既有的該些原則與品質指標加以整合。

7　Durkheim, E. (1925). *Moral education: A study in the theory and application of the sociology of education* (E. K. Wilson, Trans). New York: The Free Press. (Original work published 1961)

律三者為道德三要素（Lukes, 1973）。其中，紀律並非壓制，而是促進人類某些一致與規律行為所必需的權威感，藉此可喚起何謂可欲行為及其限制的意識（Saha, 2001）。這種建立權威（authority）並非威權主義（authoritarianism）的理念，在當前校園的班級經營以及學校整體形塑校風過程中仍屬重要，其彷彿遊戲或運動規則的建立，是活動進行的必要條件一般。不過，該紀律宜重在正向與發展性，並非以此為懲戒處罰或維護既得利益的利器，因而紀律的方向是要導向自律，紀律的建立亦須透過民主程序，故紀律的權威是立於專業而非霸權。Durkheim 在《道德教育》著作中強調如次的理念（Durkheim, 1925: 46-48）：

「品德最重要的要素之一就是限制（restrain）的能力……其能讓我們的熱情、欲望以及習慣在律法所允許的範圍……它帶給我們的啟示是品行是需要努力的……所有的紀律是有雙重目的：一是促進個人的行為在某種規律下而行，二是既提供明確的目標也同時限制其活動範圍……因此，紀律不單只是為了社會而為，也是為了個人的福祉而訂定。」

Kohlberg 等學者在建構正義社群理念之前，亦受到 Durkheim 理論的影響，將紀律概念蘊含其中，並將民主規則的設定與集體主義兩者加以巧妙地融合（Power & Higgins, 2008）。正如 Power & Makogon（1995）指出，正義社群擷取於 Durkheim 的概念不僅是一種社會化的概念，且強調學校為一個社群，並須藉由紀律來建立團體規範與團體依附的關係。

美國新品德教育若干推動方案（例如 1980 年代在加州已推動二十餘年的「孩童發展方案」[8]），亦是強調這種正向紀律的精神，亦即自由與自律乃不可分割之整體，真正自由之享有是植基於對紀律之遵守與尊重。不過，紀律並不

---

8 該方案為位於美國加州的「發展研究中心」（Developmental Studies Center）所發展，可參考 http://www.devstu.org/cdp/

是管理與壓制，更非著重懲罰與訓誡，其乃促進社會良善生活的「遊戲規則」或「公平契約」，故其乃為正向與發展的紀律。新品德教育推動學者 Watson（2008）將其所主張之發展紀律（developmental discipline）與傳統紀律（traditional discipline）加以比較，她認為發展紀律講求營造關懷氣氛以支持學生發展、重視信任、討論、反思、同理等方法，並強調信任與關懷的師生關係；不同於傳統紀律講求有效能的控制、增強最大學業成就、重視獎勵與懲罰（甚或體罰），及強調教師的班級管理權力。

第三節　多元統整的校園道德氣氛

一、正義與關懷並重之道德氣氛

道德教育重要核心理念與道德氣氛之營造探討，自從關懷之聲興起且日漸強化後，逐漸形成與正義主張分庭抗禮之勢，且諸多道德教育相關論著均將正義與關懷並列[9]。進而，若干論著則將正義與關懷加以比較（見表2.6），此二者在道德命令、道德成分、道德困境的性質、道德義務的決定因素、解決困境的認知過程、道德行為者對自我的看法、情感的作用、哲學取向、發展階段等均有其不同的著重點。此外，Held（1998）〈道德理論的女性主義者轉換〉一

9　例如 Held, V. (Ed.) (1995). *Justice and care: Essential readings in feminist ethics*. Co: Westview 以及 Katz, M. S., Noddings, N., & Strike, K. A. (Eds.) (1999). *Justice and caring: The search for common ground in education*. New York: Teachers College Columbia University 等書均將正義與關懷二詞置於書名；另如 Liddell, D. L. et al. (1992). The measure of moral orientation: Measuring the ethics of care and justice. *Journal of College Student Development*, 33, 325-330 亦發展出一兼顧大學生正義與關懷兩取向的道德量表。此外，Yeh, S. K., & Creamer, D. G. (1995). Orientations to moral reasoning among men and women leaders of higher education in Taiwan. *Journal of College Student Pevelopment, 36* (2), 112-122 一文甚且將關懷／正義與女性／男性，以及東方／西方文化相結合。

表 2.6　C. Gilligan 和 L. Kohlberg 道德取向之比較

比較項目	Gilligan 之關懷道德	Kohlberg 之正義道德
主要道德命令	關懷	正義
道德成分	• 人際關係 • 對自己和他人的責任 • 強調關懷、和諧、憐憫 • 自利／自我犧牲	• 個體神聖 • 自己和他人的權利 • 強調公正、相互性、尊重 • 規則／法律
道德困境的性質	對和諧及關係的破壞	權利的衝突
道德義務的決定因素	人際關係	原則
解決困境的認知過程	歸納性思維	形成的／邏輯的演繹思維
道德行為者對自我看法	與人聯繫的、依附的	分離的、個體的
情感的作用	關懷和憐憫的動力	不被視為道德成分
哲學取向	現象學 （文化背景的相對主義）	理性：正義的普遍原則
發展階段	三個階段兩個轉換期 1. 個體生存導向（自利階段） 2. 自我犧牲 3. 不傷害的道德 其間由 1.轉換至 2.為對自我與他人產生依附的責任；由 2.轉換為 3.歷經和諧關係的強調，由犧牲自我而至不傷害自己也不傷害他人的全盤考量。	三層次六階段： 1. 成規前層次 　(1)懲罰與服從階段 　(2)工具相對性階段 2. 成規層次 　(3)人際和諧階段 　(4)法律與秩序階段 3. 後成規層次 　(5)社會契約階段 　(6)普遍倫理階段

資料來源：此係摘自 M. Brabeck 著（方能御譯）之〈道德導向：對於男人和女人的另一種看法〉一文的比較表，載於方能御譯（G. F. McLean & R. T. Knowles 主編）（1993）《道德發展心理學》一書，85 頁，台北：台灣商務。惟筆者另參考簡成熙（2000）於〈正義倫理與關懷倫理的論辯：女性倫理學的積極意義〉（載於《教育資料集刊》25 輯）一文所做翻譯，將表中若干文字稍做修正而成。

文，乃以倫理學史的角度，分析以往性別議題在道德論述中常與理性／感性、公／私、他人／自我等二元對立概念相結合，且其中蘊含著女性所傾向的感性、私密與自我取向，反而是不符道德理念的一種偏誤，Held認為女性主義者的相關主張乃期將原本的刻板印象打破，使得女性的關懷面向亦與正義同享道德的重要發聲地位。

正義與關懷之不同發聲固有其性別因素與不同著重點，然其是否為互斥與對立的概念，甚而是否與性別連結等問題均有所爭議。根據中國學者蕭巍（1999：245-246）的分析，有關正義與關懷（原著者稱為公正與關懷）的關係問題可歸納為三種看法：一是以關懷來取代正義，此為 N. Noddings 的主張，因其認為正義與權利可以轉換為關懷倫理的概念之中；二是以關懷補充正義，此乃 C. Gilligan 所提出「不同的聲音」之重要意涵，藉以提供另一種由女性出發之視野；三是強調正義與關懷的相互補充且是超越性別，此係 J. C. Tronto 所提出的觀點[10]。

筆者較傾向於第三種的說法，正義與關懷應是相互補充的雙重面向，甚而可以說「沒有關懷的正義是空的，沒有正義的關懷是盲的」。有關正義與關懷之統整與和諧，Hinman（1994: 327-331）在其《倫理學》（*Ethics: A Pluralistic Approach to Moral Education*）一書有極佳的詮釋，他認為「聲音」（voice）蘊含了極豐富的「隱喻」（metaphor）與「力量」（power），並具有三個特點：一是聲音包含了情感與內涵，此乃「理論」所缺乏；二是聲音強調的是強與弱、高與低、豐富與單一等，而非理性觀點的對與錯、是與非；三是聲音可以容許差異卻又能融合，恰如演唱中可以有獨唱又可以有合唱眾音和諧共存。因此，學校的道德氣氛亦可兼融正義與關懷的面向，以形成健全且多元的校園教育環境。換言之，正義取向的道德氣氛乃強調校園中民主參與及契約精神，強調每個人在校園中均為重要一份子；而關懷取向的道德氣氛則重視校園中人際關係的和諧、責任及相互尊重。因而，當前學校教育的重點，不僅在於培養個別學生兼具正義與關懷的道德發展，並應進而營造兼具正義與關懷的整體校園道德

10　筆者不盡贊同其對於學者的歸類，例如 N. Noddings 似是主張關懷應超越性別。

氣氛。

二、正義、關懷與紀律相容互補

　　除正義與關懷兩取向外，紀律亦為道德教育關注之重要面向。前述 Durkheim 紀律的概念，或是美國新品德教育的發展中正向紀律概念等，均可針對今日過度強調「個人主義」，或易導致「道德虛無」之台灣社會，發揮一種振聾發聵作用，亦即自由與自律乃不可分割之整體，真正自由之享有係植基於對紀律之遵守與尊重。惟 Durkheim 之教育社會學與道德社會學研究途徑，似較傾向「功能論」主張，其後「衝突學派」之興起，對道德教育視同社會化之說法多所批判，且認為其易助長意識型態灌輸，此與我國以往「訓導」常易予人「嚴厲教訓」或是「規訓管理」之刻板印象雷同，故當前道德氣氛中紀律之教育理念與實施方式均宜採正向發展趨向，亦即應與近年教育政策中推動的正向管教與人權教育的精神相互符應。

　　總之，校園道德氣氛是豐富且具生命力的整體文化形塑，其三個重要取向：正義、關懷、紀律，三者並無優劣或互斥，校園道德教育的實施或因年齡層次而有強調取向不同之情形，但此三取向仍係相輔相成之相容互補關係，進而構成道德氣氛之多元面向。

第三章　他山之石——美國當代品德教育

本章基於我國與美國當代品德教育的發展脈絡及歷程有相仿之處，加之其推動理念與本書所強調品德教育與校園營造頗有契合之處。因此，在國外經驗的借鏡中，以美國當代品德教育為例，介紹其沿革與發展以及相關組織和方案。不過，本書強調我國道德教育的理念與實踐，仍須以台灣為主體，針對美國的優缺利弊之啟示，進行反思、轉化與創新。

美國品德教育沿革與發展

美國之品德教育（moral and/or character education）[1]因受到不同時期的社會文化與教育思潮影響，其受到重視的程度及其著重內涵乃產生極大差異。茲依其歷史沿革，約可分為三個時期[2]，本章將分述其發展重點，並作為我國道德／品德教育理論與推動之參酌。

一、第一時期（美國建國至 1960 年代左右）

美國建國初期，整體社會乃強調國家認同與社會化功能，因而品德教育（嚴格而言當時所推動的教育應稱為品格教育）係奠基於美國文化傳統，著重培養同質性社會順從公民所應具的德行（例如愛國、忠誠、勇氣等），而且品

---

1 本章對於 moral and character education 以及 modern character education 均譯為品德教育，此因在美國建國初期的推動歷程中較傾向於品格（character）的意涵（不過，本文並非嚴格地稱之為品格教育），但當代則是大多蘊含了品格與道德兩種意涵，宜以品德稱之。因為意涵的不同以及翻譯等問題，在美國或在台灣對此仍有不同的界定，筆者並非聚焦於語言分析，而是著重其意涵。品格（character）一詞在心理學而言與人格（personality）接近，傾向於私領域與個人偏好，而品德較為兼具公私領域以及普遍價值的意涵，且可在字義與內涵上含括品格與道德。此外，本書若採品格教育之稱，則其與德行倫理學（virtue ethics）較為相關，但也侷限了筆者對於道德／品德教育的寬廣意涵及其多元的理論基礎。因此，本書在許多脈絡中將道德教育與品德教育互相通用且視為最廣的意涵。

2 本文關於品德教育區分為三階段的構想，基本上源自：Leming, J. (2008). Research and practice in moral and character education: Loosely coupled phenomena. In L. P. Nucci & D. Narvaez (Eds.), *Handbook of moral and character education* (pp. 134-157). New York: Routledge 一文。關於其內涵，筆者則多半參考 Lickona, T. (1991). *Educating for character: How our schools can teach respect and responsibility*. New York: Bantam. 以及 McClellan, B. E.(1999). *Moral education in America: Schools and the shaping of character from colonial times to the present*. New York: Teachers college Press. 等書，並融入其他相關論著。

德教育多半由宗教與家庭擔負其責。不過,其間歷經現代化的歷程與新興教育理論的挑戰,促使品德教育逐漸有所改革。時至 20 世紀初期,雖然宗教與品德教育融合的現象仍存,但當時已有學者逐步開展世俗化且融入公立學校的品德教育,其強調藉由教師在各科教學中的引導,加入環境的布置(例如標語等),以及諸多校內外社團活動(例如童軍團、YMCA)等可加以強化。

隨著時代的轉變,社會大眾對於強調團隊式的品德與行為準則要求漸弱,轉而重視的是品德如何彰顯個人自主與價值,以及適用於真實與複雜的倫理生活之中。尤有甚者,1928 至 1930 年由進步教育學者 H. Hartshorne & M. A. May,針對訓導式(didactic)的道德教育方案發表一系列「無效論」之後,引發了巨大震撼,也可謂給予傳統品德教育致命一擊(Lickona, 1991: 6-9; McClellan, 1999: 46-55)。

1930 至 1960 年間,品德教育在美國實為救亡圖存的階段,傳統品德教育者仍堅持其重要性,但為因應急遽變遷的社會,急於找尋新時代的正當性基礎。諸如若干學者認為美國當時面臨二次世界大戰與冷戰時期,適值民主對抗威權以及善惡對壘的關鍵,品德教育正是扮演彰顯民主與良善價值的重要教育途徑。然而,時代的洪流似乎莫之能禦,當學界中邏輯實證論(logical positivism)與情緒主義(emotionism)的興起,認知與科技教育成為學校教育主流,道德義務與公民責任不再受到重視,公私領域加以區分且道德被歸為私領域的偏好或要求之際,品德教育儼然淪至邊緣且為八股的代名詞(Lickona, 1991: 6-9; McClellan, 1999: 70-78)。

二、第二時期(1960 至 1980 年代左右)

(一) 價值澄清法

美國於 1960 年代開始個人主義盛行,在學界亦受到自由主義的影響,著重個體的自由與權利,因而導致強調對團體承諾與義務的傳統品德教育日漸式微,往昔核心價值亦備受批判,價值中立與相對的呼聲頓成主流,甚而道德教育的研究也產生極大轉向,此以價值澄清(values clarification)的提出最為彰顯此

一趨勢。價值澄清法是美國學者 L. Raths 等人於 1970 年初左右提出，其乃奠基於四個方法論預設（Raths, Harmin, Simon, 1978）：一是關注個人生活的各個面向所表現出的價值取向；二是著重澄清價值並非評斷其價值，故應無條件地接納每個人所選擇的生活及其立場；三是除接納經澄清後的價值外，亦應進一步引發反省思考與行動；四是該方式不僅藉由各類教學活動以澄清價值，更肯定個人有反思與熟慮後的自我導向能力。

價值澄清法的具體教學方式，乃包括三個歷程、七個必備條件（Raths, Harmin, Simon, 1978）：第一個歷程是「選擇」，包括條件為：(1)自由地選擇；(2)從各種方案中選擇；(3)深思熟慮各種方案後果後之選擇；第二個歷程是「珍視」，包括條件為：(4)珍愛選擇並感高興；(5)肯定並願意公開其選擇；第三個歷程是「行動」，包括條件為：(6)選擇採取行動；(7)重複行動並形成一種生活型態。教學者在進行價值澄清時，可適度運用澄清式問答、澄清式討論，或是填寫價值單、未完成句子、價值排序及價值投票等教學活動。

價值澄清法曾於 1980 年代左右引進台灣教育界，在當時的道德教育與輔導諮商多所採用 [3]，但其在美國或其他國家遭誤用與濫用情況甚多，且受到諸多道德教育學者的批評。該方法最大的問題在於將學生「想要」做的事與「應該」要做的事產生混淆（Lickona, 1991: 9）。此外，在實施之際亦須留意若干注意要項：一是自由地選擇固然代表尊重學生的主體性與肯定其抉擇能力，但並非意味著放任或限於學生本身知能所做的資訊不充分時的選擇，所以教師須提供多元觀點或引導學生蒐集資料，使學生得到充分資訊與思考後再審慎選擇；二是教師在教學中雖強調引發學生思考且尊重與接納其選擇，但教師仍應基於教育職責與專業，對學生進行正向價值引導而非中立或缺乏判斷標準，接納亦並非代表贊同，以免限於道德虛無或是相對論之主張；三是價值澄清並非適用每

3　當時編譯著相關書籍者，例如有：洪有義主編（1983）。**價值澄清法**。台北：心理；黃建一、莊明貞等譯（1987）。**價值與教學**。新竹：省立新竹師專；黃建一（1989）。**我國國民小學價值教學之研究**。高雄：復文；國立台灣師範大學公民訓育學系編撰（1990）。**國民中學公民與道德價值澄清教學活動設計參考示例**。台北：教育部國民教育司。

一個道德議題，處在社會文化環境脈絡中，若干既有規範仍有其符合時空的意義與限制，因此教師必須慎用價值澄清，以免導致知行無法合一或價值矛盾現象。

(二) 道德認知發展論

約在 1970 年代同時，另一強調道德判斷與推理的過程，與傳統品德教育重視德行及其內容截然不同的理論醞釀而生，此即「認知發展論」（Cognitive Developmentalism）。該理論對於近數十年來國際間的道德發展與德育理論產生甚大影響，其中係以美國學者 L. Kohlberg（1927-1987）影響最鉅。Kohlberg 自 1958 年完成其博士論文以奠定道德認知發展模式後，接續的 30 年直至過世前，其與哈佛大學為主的研究群，不間斷地進行泛文化與縱貫性的研究、修正或針對批判者的回應，因而該理論迄今仍為道德教育研究的主流 [4]。Kohlberg 在其博士論文所使用的故事就是〈韓茲的兩難〉（Heinz's Dilemma），該著名故事如次：

> 「在歐洲某地，有個婦人瀕臨死亡的邊緣，因為她得了一種特別的癌症，十分難以醫治。醫師說有一種藥要可能會治好這種絕症，……但是藥劑師卻要出價十倍於藥價成本才肯出售。……這位病婦的丈夫韓茲，到處向親友借貸，但也只能湊到 1000 美元，這只是藥價的一半而已。他告訴藥劑師說他的妻子即將病故，要求他便宜些賣給他藥，或是以後再補不足之款。但是這個藥劑師說：『不行，藥是我發明的，我要靠它發財！』韓茲十分失望，終於破了藥劑師的店門偷藥給妻子服用。」（單文經譯，1986：16）

---

4 我國在 1980 年代藉由諸多學者引進 Kohlberg 的理論，迄今仍發揮影響力。例如陳英豪等（1981）。促進國民中小學學生道德發展教學實驗研究。**教育學刊**，3，113-166；陳英豪（1982）。討論教學法對同質群體與異質群體道德認知發展影響的比較研究。**教育學刊**，4，130-168；單文經（1982）。**道德教育初探**。高雄：復文；以及沈六（1986）。**道德發展與行為之研究**。台北：水牛。

　　Kohlberg 提出道德兩難故事並非著重在偷與不偷，或是贊成偷竊與否，而是重在其理由、推理與思考。他使用「道德判斷晤談」（Moral Judgment Interview，簡稱 MJI）針對受訪者提出諸多問題，例如韓茲應該偷藥嗎？（為什麼應該或不應該？）韓茲對其妻子有義務去偷藥嗎？（為什麼有或沒有？）假設將死的人是個陌生人，那麼韓茲應該偷藥嗎？（為什麼應該或不應該？）等問題，將這些問題的回答加以分類後，Kohlberg 藉此逐步建構了一個道德發展序階。Kohlberg 的道德發展序階分為三個層次，每個層次又分為兩個階段（Kohlberg, 1984, 1986），如表 3.1 所示。

　　依據 Kohlberg 的實徵性研究結果，以 MJI 施測能達到後成規層次者極少，而達到第六階段者更是闕如。因而，Kohlberg 強調其道德認知理論乃兼具道德心理學與道德哲學性質，亦即除道德推理實徵研究的「實然」面向之外，另加

表 3.1　L. Kohlberg 道德發展三層次六階段論

層次與重點		階段
前成規層次	著重自我中心及利己觀點，且以行為的實質利益與快樂的結果加以論斷道德。	階段一：順從與懲罰導向，或稱他律性道德。
		階段二：工具相對主義者導向，或稱個人主義工具性目的與交換。
成規層次	著重在執行社會團體習俗或規範所期許的角色，並以此判斷行為的對與錯。	階段三：乖男巧女導向，或稱人際間相互期許、關係與彼此順從。
		階段四：法律與秩序導向，或稱社會系統約制的善惡觀。
後成規層次（原則層次）	著重在原則的秉持，並趨向認同普遍性道德價值。	階段五：社會契約法治導向，或稱社會契約、利益與個體權利。
		階段六：普遍倫理導向，或稱普遍倫理原則。

註：有關 Kohlberg 道德發展序階的六階段名稱約有兩種版本互用：一是其博士論文階段約 1960 年代所提出（可參考其 1984 年之著作），乃加上導向（orientation）為各階段名稱；另則是其生前最後論文（1986 年之著作）採用另一版本，未加導向二字，故本處將此兩者並列。

上「應然」的普遍正義理想（Kohlberg, 1981）。然而，針對「為什麼正義或道德會存在於一個似乎是不公平的世界呢？」此一問題促使 Kohlberg 於 1980 年左右，提出了假定且具譬喻性的第七階段，試圖以「先驗道德或宇宙觀道德導向」，作為道德邏輯推理限制的解決之道，並且宣稱「宗教是對道德判斷和行動之終極意義問題的意識回應與表達」（單文經譯，1986；葉光輝譯，1993）。不過，Kohlberg 強調第七序階並非一至六的延伸，道德與宗教的關係是平行對應，且為不同範疇的發展，前者關注的是人與人之間的正義，後者則是關切人與神之間的超越正義，對此，J. Fowler 與 F. Oser 曾分別以實徵性研究建構有別於道德的信仰發展序階，並嘗試闡明道德與宗教之間的關係（葉光輝譯，1993）。

綜前所述，美國品德教育的發展在第二時期面臨嚴峻挑戰，一方面是傳統價值受到現代化與個人主義思潮等影響而弱化；另一方面道德教育研究傾向相對化（例如價值澄清等方法）與過程化（例如道德認知發展論等），往昔之核心價值備受批判，Kohlberg 曾將傳統品德教育批評為「德目錦囊」（bag of virtues），意指那些德目是脫離社會文化脈絡且缺乏系統性的道德內容，他並且認為德目為主的課程方案，往往易成為一種意識型態灌輸或是宗教傳教的工具。

三、第三時期（1980 年代迄今）

(一) 道德認知發展論的批判與轉化

美國品德教育在第三時期，價值澄清法似已銷聲匿跡，而道德認知發展論仍居主流，其相關學者於 1976 年間共同成立「道德教育協會」（Association for Moral Education，簡稱 AME）[5]，之後逐漸發展為國際道德教育研究重要組織，且與源於英國的國際期刊《道德教育期刊》（*The Journal of Moral Education*，

5　Association for Moral Education 網址為 http://www.amenetwork.org/，筆者為參與多年的會員，並於 2004 至 2007 年獲選擔任理事，自 2008 年迄 2010 年為博士論文獎助委員會審查委員。

簡稱 JME）[6] 有所密切連結。然而，Kohlberg 所提出道德判斷發展理論並非無懈可擊，最為引發關注的是曾任 Kohlberg 助理的美國學者 C. Gilligan，她居於女性主義立場，強烈批判 MJI 具有性別歧視而引發巨大迴響迄今。Gilligan 於 1982 年出版《不同聲音——心理學理論與女性發展》（*In a Different Voice: Psychological Theory and Women's Development*）一書，強調 Kohlberg 等學者的道德認知觀點，係以男性中產階級白人為研究對象，並以正義為發展原則，顯對女性不公平，而 Gilligan 轉以女性為對象經質性探究後，發展出另一「關懷」聲音，並開啟道德理論中關懷倫理與女性倫理思潮。不過，MJI 是否真具有性別偏見？Kohlberg 指出在理念上正義與關懷並不衝突且應並容，而且加拿大 L. Walker 和美國 S. Thoma 等學者分別以後設分析方法，針對道德認知發展實徵文獻加以剖析，並未發現 Gilligan 所指稱男性分數始終高於女性的現象，且性別差異的變異值占道德發展甚低（俞筱鈞等譯，1993）。然而，不論 Gilligan 是否誤解或曲解了 Kohlberg，自此道德教育理論中正義與關懷顯然成為兩個重要關注點。

此外，號稱延續道德認知發展理論的「新柯伯格取向」（Neo-Kohlbergian approach）相關研究紛紛出爐，其主要原係以美國明尼蘇達大學之以 J. Rest 為首的研究群，其雖延續道德認知發展相關研究，但提出兩個理論特點有別於 Kohlberg 理論，一是「界定議題測驗」（Defining Issues Test，簡稱 DIT），二是「四要素模式」（Four-Components Model，簡稱 FCM）（Rest, Narvaez, Bebeau, & Thoma, 1999）。DIT 是 1970 年代即發展迄今，目前已有 DIT-I 與 II 兩個版本，均為道德兩難故事，因係紙筆測驗之評定量表，故使用較 MJI 便利，其較為關注的是成熟道德判斷層次（亦即原則期）的分數高低，且認為道德發展是「道德基模」（moral schema）而非「階段」（moral stage）（Rest, Narvaez, Bebeau, & Thoma,1999）。FCM 則是該群學者試圖解決道德發展中知與行之間落差的問題，提出知與行統整歷程中交互為用的四個要素，亦即強調道德由

---

6   *The Journal of Moral Education* 網址為 http://www.tandf.co.uk/journals/carfax/03057240. html，筆者擔任該國際期刊 2005 至 2010 年編輯理事。

知到行是需要經過複雜的歷程，通常是先意識到道德議題及其重要性（要素一：道德敏銳 moral sensibility），接著以一般道德信念或理論觀點進行道德判斷（要素二：道德判斷 moral judgment），再者是審視經道德判斷而付諸實踐的動機強度（要素三：道德動機 moral motivation），最後則是實踐道德行為（要素四：道德品格 moral character）（Rest, Narvaez, Bebeau, & Thomka, 1999）。目前新柯伯格取向由 D. Narvaez、M. Bebeau 與 S. Thoma 等美國學者延續拓展。

(二) 品德教育的分途與整合

1980 年代迄今，道德認知發展及其相關論著雖不斷推陳出新，但其多傾向理論層面探討；然而，美國卻面臨「去道德」之後校園與社會問題日益嚴重所產生的危機，亟待在實務方面提出解決之道。美國當代推動品德教育重鎮之一「第四及第五 R 中心」主任 Lickona（1991: 13-19）曾明確指出，美國所面臨品德危機有十大徵兆，包括：青少年暴力行為增加、欺騙行為（說謊、作弊、偷竊）增多、對於父母師長與權威人士不表尊重之人數增多、同儕間之殘酷行為增加、歧視與憎恨罪行人數提升、語言劣質化、工作倫理欠缺、個人與公民責任缺乏、青少年自我損害行為（不成熟的性行為、物質濫用、自殺等）增加、不辨是非之倫理文盲增多等亂象。因而，美國社會各界當時對於品德教育的迫切需求再度浮現，加以德行倫理學（virtue ethics）之復興思潮推波下，新品德教育乃獲大眾認同。原本將道德教育視為宗教或家庭責任之美國人，對學校品德教育也開始加以關注與支持。近二十餘年來，美國聯邦教育部已在國會簽署下撥付數億美元推動品德教育，超過 30 州教育局亦如火如荼展開與配合推動工作，十餘州通過立法推動品德教育，非官方之研究與推動組織以及課程方案也如雨後春筍般陸續設立，儼然形成了「品德教育運動」。

1996 年 2 月包括科羅拉多州在內的美國八個州政府，因應推動品德教育之需求，聯合簽署第一份品德教育文件，名為「品德教育宣言」（Character Education Manifesto），其中不僅強調品德教育於當前青少年問題之重要性，更強調其為學業卓越、個人成就與公民資質之關鍵。宣言中揭櫫品德教育改革之七

項原則 [7]：(1)教育本質乃不可避免之道德事業，須持續且有意識地引導學生認知與尋求良善價值；(2)家長是孩童之第一位道德導師，繼之學校擔負起道德教育責任，並與家庭成為良好夥伴關係，以促使學生具有個人與公民德行；(3)品德教育乃著重發展德行，使學生擁有良好習慣與特質，並為養成負責任與成熟之成人做準備；(4)校園中之成人包括教師、校長與行政人員，均負有品德教育使命；(5)品德教育並非單科教學、速效方案或口號運動得以達成，而應強調學校為一具有德行之社群，校內各處之生活與學習中皆蘊含品德教育；(6)品德教育應與各學術課程緊密結合，並使全體師生自學校大環境中擷取道德智慧之源泉；(7)品德教育須讓學生體認到品德乃其人生重要事業，其在學校之所有經驗都將成為未來之素材與基礎。

不過，自 1980 年代以來，美國品德教育的推動顯有新舊併陳與良莠不齊的現象。有些方案主張恢復既有傳統與核心價值，或是因其背後有宗教與政治等立場而強調品德教育的重要，凡此品德教育多被認為缺乏理論基礎且傾向保守訓誡，故而遭致諸多學者加以批判，而其實施的有效性亦受到質疑。其次，有些學者（例如前述 AME 的元老級學者）不願採用品德／品格教育一詞，堅持以道德發展或道德教育名稱，並基於自由主義與進步教育理論的觀點，以延續 J. Dewey、 J. Piaget 與 L. Kohlberg 等思潮，且著重於理論的探究。不過，越來越多學者傾向採取較為廣義的道德與品德教育的界定，且期盼理論與實務兼具，儼然將美國品德教育沿革中的第一與第二時期精髓，加以統整與轉化，既彰顯倫理核心價值（core ethical values）的重要性，亦強調道德思辨、推理與判斷歷程 [8]。而且，其所主張的當代（新）品德教育，強調多元、民主、活潑及以學校為本位之教學方法，特意與傳統品德教育較為標準化與單一化之教學方式加以區隔，使得品德教育在分途中亦有一股整合與追求卓越的趨勢產生。

7　參考自 http://www.bu.edu/education/caec/files/manifesto.htm

8　美國品德教育的整合其實早在 Kohlberg 的晚期所主張的「正義社群」即可彰顯，因而 AME 元老中亦有若干學者亦依循此一路徑，諸如主張道德氣氛的 C. Power 與 A. Higgins 等人，另有 M. Berkowitz、L. Nucci、D. Narvaze 等學者都進而兼跨美國道德教育與品德教育的研究領域。

美國當代品德教育推動組織及其方案

一、當代品德教育崛起的背景

　　美國當代品德教育乃期兼顧理論與實務，並採內容與歷程並重的原則，且建立於諸多前提之上[9]：一是主張青少年之破壞性行為諸如暴力、說謊、藥物濫用等均有其共通核心問題，亦即缺乏良好品德所導致；二是品德並非天生而成，而是須藉由家庭、學校、青年組織、政府與媒體等，有意且努力地促進青少年品德發展；三是所謂品德應包含核心價值之知、情、意、行等層面，核心價值則是指尊重、責任、信任、公平、勤奮、自制、關懷與勇氣等；四是核心倫理價值並非主觀之喜好與興趣，而是基於個人與群體良知所形成之具客觀性之普世價值，其乃超越宗教與文化差異；五是假若缺乏品德教育應有之核心價值，社會秩序將顯走調且個人生活將呈混亂；反之，擁有核心價值，社會將發揮其功能與正軌，個人亦將獲得有序與幸福生活。

　　因美國當代品德教育顯現其理論價值性與時代迫切性，故受到美國學術界的投入與政府大力支持。美國當代品德教育之推動方案頗多，例如「第四及第五 R 中心」於 2006 年完成之「美國高中實踐德行與品德之發展」專案[10]、明尼蘇達大學於 2002 年所發展之「社區發聲與品德教育」[11]專案、猶他州推動之「品德教育之社群夥伴」[12]方案、「品德優質中心」推出之「學區合作品德教

9　2004 年 12 月 8 日參考自 http://www.cortland.edu/c4n5rs

10　該方案為 Developing Performance Character and Moral Character in America's High Schools，參考自 http://www.cortland.edu/c4n5rs/smart_and_good_flyer.htm

11　該專案為 Community Voices and Character Education，參考自 2002 年 6 月於美國白宮舉行之「品德與社群」研討會報告，該案主持人為 C. Anderson，至白宮報告人為 D. Narvaez。

12　該方案為 Utah Community Partnership for Character Education，參考自 http://www.usoe.k12.ut.us/curr/char_ed/default.htm

育」[13] 方案等，均強調品德本位之校園與結合社區文化之策略。諸多方案中，以推出已有二十餘年歷史之「學童發展方案」（the Child Development Project，簡稱CDP）[14] 為著，其為一個多層面且以全學校為範圍之品德教育方案，結合「關懷的學校社群方案」（Caring School Community Program）與「文學為本的閱讀方案」（Literature-based Reading Program）而成，目標為促進學生對學校之向心力、增強學生人際互動之技巧與對正向價值之承諾，並使班級與學校具有安全、尊重、關懷與互助之氣氛。若干調查結果顯示，比較接受該方案之學校學生與未接受之學校學生，前者較能意識到學校為關懷社群、較喜歡學校、有較強動機於課業與閱讀課外讀物、有較強之民主價值承諾、較好之衝突解決技巧並能關心他人等。美國當代品德教育除前述個別方案推動外，其特色之一乃藉由大學校院設置推動中心或是民間組織的設立，從實驗研究中歸結品德教育推動的有效策略及其原理原則，再予以長期發展且推廣至學校實施。

觀之美國眾多當代品德教育課程與方案可謂量多但良莠不齊，其中以「綜合型」（comprehensive model）的設計，多半具理念基礎且較為符合我國目前發展趨勢及所需。所謂綜合指其凸顯品德教育是一個學校整體文化再造的理念，主張採用多面向與多元策略的推動方式，此正適合我國道德教育不再設有單科的情境，並且此種模式恰可整合諸多相關政策與策略的推行，以避免教育目標重複且減輕行政負擔，甚為符應我國教育發展趨勢。因此，對於當代品德教育相關組織中，推動綜合型方案所揭櫫的原理原則，值得加以探究並擷取其精髓。

二、綜合型品德教育推動組織及其方案舉隅

美國推動品德教育的相關組織，強調以綜合方式且有具體方案與推動原理原則者，乃以「品德教育夥伴」（CEP）的「有效品德教育的 11 個原則」、「第四及第五R中心」及其「12 點綜合取向的品德教育」，以及「品德優質中

13　該方案為 A Project of Cooperating School Districts，參考自 http://csd.org/character/about3.htm

14　2004 年 12 月 8 日參考自 http://www.devstu.org/cdp/

心」（CHARACTERplus）的「品德教育十大要素」三者最具代表性，為使其特點更為凸顯，茲詳細說明如次。

(一) 品德教育夥伴

品德教育夥伴成立於 1993 年，是以品德教育品質促進為宗旨的非營利與非黨派民間組織（但與美國政府關係密切，且獲得諸多相關補助），其自許為美國品德教育的領導機構，除推出有效品德原則及其評鑑外，每年均舉辦盛大年會約千人參加，包括學者與教育實務工作者，並選出全美品德學校（National Character of Schools）在會議中經驗分享。該組織最有名的推動方案為「有效品德教育的 11 個原則」，乃作為學校推動品德教育重要指標，針對此 11 個原則，CEP 另訂定「品德教育品質標準」（Character Education Quality Standards）作為學校與學區的自評工具，茲列各原則及其標準（見表 3.2[15]）。

表 3.2　CEP 之有效品德教育的 11 個原則及其標準

原則	標準
原則一：品德教育是促進核心倫理價值（如關懷、誠實、公平、責任、 自尊尊人等），以成為良好品德之重要基礎。	• 標準 1.1：學校教職員與家長團體對學校所欲推動的核心倫理價值皆表同意。 • 標準 1.2：學校清楚地界定核心倫理價值，且由行為的觀點是可以在學校、家庭與社區中加以觀察的。 • 標準 1.3：學校詳盡且有效地展示並陳述核心倫理價值，且讓學校每一成員以及家長周知。
原則二：品德包含認知、情感與行動等多元面向，使學生能理解核心價值、關心核心價值並將之付諸行動。	• 標準 2.1：學校以詳盡且有效的方式，幫助學生瞭解核心價值在生活中的意義及其為何正當的理由。 • 標準 2.2：學校以詳盡且有效的方式，幫助

---

15 該表之中譯資料於 2004 年 12 月 8 日取自 http://www.character.org/ ，其原則與標準指標原是分列，且書面亦是兩本資料；該組織於 2010 年出版新的 11 個原則之際，乃將原則與標準指標二者統合為一份資料呈現。

（續上表）

原則	標準
	學校每一成員欣賞核心價值，並反省以及願意許下實踐的承諾。 • 標準2.3：學校以詳盡且有效的方式，幫助學生實踐核心價值，並進而養成行為的習慣模式。
原則三：有效之品德教育需要有意的、主動的及全面的在學校各層面（包括正式課程與非正式課程）加以規劃與推動，而非被動地等待機會教育。	• 標準3.1：學校有意且主動地在各年級強調品德教育。 • 標準3.2：品德教育規律地融入在教室生活的各個層面。 • 標準3.3：品德教育透過學校日、體育與課外活動等，將核心價值藉由學校整體環境彰顯出來。
原則四：若想要有效推動品德教育，學校本身必須是個蘊含公平、關懷與正義之社群。	• 標準4.1：學校將師生間關懷依附的增進列為要務。 • 標準4.2：學校將學生間彼此的關懷依附列為要務。 • 標準4.3：學校不容忍任何形式的同儕暴力，並能有效地制止。 • 標準4.4：學校將促進校園人際間的關懷與依附列為要務。
原則五：學生須有諸多機會進行道德行動與練習以發展其品德，並應被視為在不斷經驗累積中主動建構的學習者，經由日常生活之挑戰與練習，使其品德在與他人合作與共識中得以健全發展。	• 標準5.1：學校為學生在校內外道德行為設立明確的期望。 • 標準5.2：學校為學生在校園中提供持續不斷且多樣的道德實踐機會，並對學生產生正向的影響。 • 標準5.3：學校為學生在校外社區提供持續不斷且多樣的道德實踐機會，並對學生產生正向的影響。
原則六：有效之品德教育須配合有意義與挑戰性之學術課程，以教導其道德認知與相關資訊層面，另亦須配合多元教學方法（如合作學習、問題解決、經驗為主之方案等），以促進道德思考。	• 標準6.1：透過學術課程所引發的意義與挑戰，可促使學生品德發展。 • 標準6.2：學校提供廣泛的品德教育策略以適應不同文化、技能、興趣及需求的學生。 • 標準6.3：教師將核心價值與學術內容加以連結。

（續上表）

原則	標準
原則七：品德教育須引發學生由遵守外在規則，轉化為發展成內在動機與潛能，並對核心價值有所認同及承諾。	• 標準7.1：學校重視學生參與道德行動的動機。 • 標準7.2：教職員是藉由社會的認可以表彰學生，而不是物質性的獎勵。 • 標準7.3：學校關於行為管理的方式是藉著建設性的討論、解說與結果引發核心價值。
原則八：學校所有成員（包括教職員與學生）應形成學習性之道德社群，並藉由共同參與及決定，以共享並共同實踐其核心價值。	• 標準8.1：學校所有教職員均納入在品德教育的規劃、教職專業發展，及努力完成理想的持續歷程中。 • 標準8.2：學校支持教職員在品德教育的規劃、教職專業發展，及努力完成理想的持續歷程中的角色。 • 標準8.3：教職員在與學生或其彼此互動中，能作為核心價值的模範，並使學生得以覺察。 • 標準8.4：教職員有定期且充裕的時間可以針對品德教育加以檢討與反省。
原則九：品德教育需要學校組織道德領導（包括校長、行政人員、教師以及學生自治組織），以便在共識中擬訂長程發展計畫並持續推動，且建立反省與檢討機制。	• 標準9.1：品德教育方案有強有力的領導者（包括校長在內），並且支持品德教育的推行。 • 標準9.2：學校擁有領導群（包括教職員、學生與家長）推行品德教育，使其融入學校整體活動中。 • 標準9.3：學生在品德教育中扮演主動建構與維繫動力的角色，且在諸多活動中亦可藉由領導顯示其對社群的認同感與參與感。
原則十：學校須與家長結合，使家長成為品德教育之夥伴以納入家庭之力量，並進而擴展至社會各界或媒體。	• 標準10.1：學校認可家長、親族、宗教團體、青年社團及諸多社群等，對於孩童道德成長所扮演的重要角色。 • 標準10.2：學校與教師會定期地與家長或指導員，針對如何促進核心價值進行溝通並提供知能的培訓。

原則	標準
原則十一：品德教育之評量將側重整體學校之品德教育實施成效，包括學校本身之道德教育氣氛、學校教職員是否成為品德教育模範與教導者，及學生品德（認知、情感、行動）之具體表現等。	• 標準 11.1：學校教職員連同學校管轄單位，定期針對品德教育加以評量以決定其成效。 • 標準 11.2：教職員針對品德教育的執行情形及其成果加以報導。 • 標準 11.3：學校運用各種不同的方法，以發展學生在品德教育成長的各個面向（包括對於核心價值的瞭解、情感依附及對道德的承諾）。

其次，CEP 的品德教育評鑑標準，係針對前述 11 個原則中的各個標準各設若干題目，並以五點量表評分，作為學校自評或教育行政督導的參考。例如以原則一「品德教育是促進核心倫理價值（如關懷、誠實、公平、責任、自尊尊人等），以成為良好品德之重要基礎」。標準 1.1「學校教職員與家長團體均同意其所希望促進的倫理核心價值納入品德教育活動中」為例，其自評要項為：

1. 倫理核心價值包括道德生活的重要層面。

2. 價值的選擇禁得起當代時空加以證成。

3. 計畫的推動乃歷經持續反思與討論。

4. 教師納入認同並同意此些價值。

5. 相當數量的家長納入認同與同意此些價值的行列。

6. 職員亦以某些民主方式納入。

7. 學生亦以一種發展性的適切方式投入。

8. （針對學區）學區各界代表，包括教職員、行政人員與社區領導人等，納入價值的討論並認可該些價值。

(二)「第四及第五 R 中心」

「第四及第五 R 中心」是於 1994 年成立，設置於紐約州立大學格蘭校區（State University of New York at Cortland），主其事者為創始者也是現任主任 T. Lickona 教授（美國當代品德教育重要推動舵手）。該中心所推出的「12 點

綜合取向的品德教育」（A 12-Point Comprehensive Approach to Character Education）[16] 基本上是與「品德教育夥伴」的 11 點原則相互配合，主要取材於 Lickona 於 1989 年出版（1991 年修訂）《為品德而教育》（*Educating for Character: How Our Schools Can Teach Respect and Responsibility*）一書的內容經略加修正而得，12 點綜合取向之每一點均列有重要概念以及具體策略，茲列如表 3.3。

表 3.3　第四及第五 R 中心之 12 點綜合取向

12 點綜合取向	重要概念	策略
1. 教師成為提供關懷者、楷模及指導者：以愛與尊重對待學生，鼓勵學生正確的行為並糾正其錯誤的言行。	• 孩童需要與成人形成關懷的依附，這種親密關係可促使孩童有意願學習且成為良好品德的人。 • 價值可藉由溫暖與關懷關係加以傳達，因為無論在學校或在家庭中，孩童能體會到成人對他們的尊重與關懷，所以他們也願意以開放的心胸去接受成人希望教導他們的價值。	教師可針對個別或全班學生，盡力透過適切角色扮演產生正向道德影響，包括： • 有效的關懷者：愛與尊重學生，幫助他們在學校有成功的機會以建立自尊及價值，並且能欣賞道德的意義。 • 成為道德楷模：教師可在教室內外成為學生最佳的道德楷模，並可藉由對道德的關切以及道德推理，與學生共同討論生活中的重要議題。 • 成為道德指導者：指導並引領學生往正向價值而行。
2. 營造一個關懷之教室社群與班級氣氛：教	• 學生除了與成人建立關懷依附外，亦須彼此建立此一關係，唯有其感受在團	教師在班上營造一個道德社群氣氛，並幫助學生： • 彼此瞭解。

16 2004 年 12 月 8 日取自 http://www.cortland.edu/character/，在該網頁乃將 12 項綜合取向繪製一個統整圖，且可從該圖的各個取向，再逐一顯示出重要概念與策略。

（續上表）

12點綜合取向	重要概念	策略
導學生彼此尊重與關懷。	體被接受與肯定，才易接受該團體的價值與規則。 • 同儕文化對學生而言是非常有力的道德影響，教師必須盡力形塑學生正向的同儕文化以形成學生良好品德。 • 當學生處在具有關懷道德氣氛的班級中，其亦會耳濡目染地逐漸形成習慣，以形成良好品德。	• 彼此尊重、關懷與肯定。 • 重視團體的每個成員，並對班上負有責任與義務使其更好。
3. 適度運用道德紀律，並使學生發展其道德推理、自我控制與尊重他人之能力。	• 紀律必須是促進道德成長的工具，而不是管理的手段，道德紀律可促使學生發展自我控制以及對他人的尊重。 • 規則的建立必須藉由學生道德推理的方式得之，以使其瞭解該規則的價值與重要性，並進而願意遵守其規則，而非用一種外在獎懲迫使學生遵守。 • 破壞規則的後果應有助於學生的道德反省，使學生瞭解規則的必要性，並增進其對團體的義務感。 • 教師雖是教室中的道德權威，但其亦可使學生分享其責任，共同營造班上良好的學習與安全氣氛。	• 學生在教室中需要有一定的規則可資遵守，並且要對其規則有所承諾。 • 教師必須引導學生瞭解違反規則時的後果，建立其對規則的尊重及養成自制的能力。 • 教師應協助建立規則與學生行為的密切連結，並藉此規範學生的未來言行。
4. 教師可運用班會等學生自治機會，使學生學習如何做決	• 建立民主之教室環境意味著對學生按部就班地引導，共同決定與共負責任，以促使班級成為良好	• 藉由班會建立班規，並建立違反規則的相關規定與程序。 • 藉由班會討論班上的重要

（續上表）

12點綜合取向	重要概念	策略
定與負責任，以建立民主教室環境。	學習場所。 ● 民主教室環境有助於品德的發展，乃因其讓學生的想法有發表與溝通的園地、學生彼此尊重且共負責任，並且師生共同藉由互動、討論與問題解決以形塑班級文化。	事務。 ● 藉由班會使學生共同參與並解決問題，並付諸行動。
5. 透過學校各類課程以教導學生正向價值。	● 品德教育並非單獨的學科，而是融入各類課程之中。 ● 學校課程的最終目的就是幫助學生分辨對錯，並找尋人生的目的與價值，此即道德教育的意義。	● 每位教師都應找出所任教學科中有關道德價值的部分並教導給學生。 ● 每個課程都可以教導道德，尤其是文學與歷史，更可激發學生的正義意識與情感。
6. 經由合作學習使學生發展與他人合作與分享之能力。	● 合作學習的過程就是一種品德發展。 ● 合作學習促使學生在角色取替、溝通、欣賞與合作中學習。 ● 合作學習建立了班級的社群感，並且協助學生突破障礙。	● 無論在學術課程或是品德發展的相關課程中，都可適度運用合作學習。 ● 合作學習可有各種不同的方式並加以適時適地變化。 ● 合作學習必須予以適切教導以達良好效果。 ● 合作學習後，必須帶領學生有所反省與改進，並使下次活動成效更好。 ● 師生可共同發展有效合作的原則與評鑑方式。
7. 教師可激發學生對於學業之認真負責感，並培養達成工作目標之習慣，以發展其	● 人一生中品德的最佳表現就是在工作的品質表現。 ● 盡心盡力做好工作就是一種品德。 ● 學生對課業的態度反映其將來對於工作的態度，因	● 教師本身即應對學生樹立好的工作模範，例如準時及認真教學。 ● 對學生有適度的期望與支持。 ● 協助學生精益求精，非僅

（續上表）

12點綜合取向	重要概念	策略
未來之職業良知。	此教師應培養與引導學生對於課業的自制、勤奮、堅毅與負責等態度。	止於皮毛。 • 為學生提供有意義的課程內容，以引發其興趣與專長。 • 提供學生適當與有意義的作業。
8. 教師可藉由閱讀、研究、寫作與討論等培養學生品德之認知能力，並能進而激發其倫理反省。	• 品德的認知層面包括：道德覺知、品德於日常生活情境中的運用、角色扮演、道德推理、深思熟慮後做道德判斷、自我統整與批判的價值體系。 • 教師必須藉由許多教學方法提供學生體驗道德的機會，方能促進其倫理反省與道德認知層面能力的階段提升。	• 教師促進倫理反省的策略包括：閱讀、探究、道德兩難假設議題、歷史事件中的兩難、日常生活中的道德議題、寫作、辯論、日誌等。 • 教師須盡力提供學生道德思考的機會與多元視野，藉以提升其道德層次。
9. 教導學生如何公平地解決紛爭，而不是用恐嚇威脅與暴力方式。	• 教導衝突解決技巧，才能維繫班級成為良好道德社群。 • 如果缺乏此種技能，將使學生在人際關係上嚴重受損。 • 紛爭解決技巧包括傾聽、適切表達、理性協商等，均是道德教育的重點。	• 教師可規劃一些課程讓學生思考、撰寫或討論如何解決各類紛爭。 • 讓學生有實際模擬解決或避免衝突的機會。 • 可運用班會時間，以公平與非暴力方式解決班上共同的問題。 • 可運用同儕調解方式，培養學生解決問題的能力。 • 盡量培養學生自我處理問題以及為自己負責的能力。
10. 校方可運用典範或提供機會給學生，使其體	• 品德教育要使學生的關懷範圍逐漸擴大。 • 透過模範以及服務機會的提供，使學生察覺他人的	• 教師可教導學生有關歷史上道德英雄與典範，進而引述周遭生活的事例。 • 服務可由近而遠，先從班

（續上表）

12點綜合取向	重要概念	策略
驗為學校或社區服務，並使關懷範圍走出教室。	需求，並養成其協助與關懷他人的意願與能力。 • 學生可藉由服務的機會，深刻體會他人生命與生活的可貴。	上做起。 • 學生的第一個社群就是學校，所以社區服務可包括分擔學校工作、班級認養、學長／姊與學弟／妹制、服務性社團以及學生政府等。
11. 創立正向之學校道德文化，使學校成為關懷社群並教導核心價值。	• 學校應該是一個充滿道德文化的社群。 • 一個道德文化社群有其正向核心價值，且其成員言行一致。 • 學校道德氣氛的重要性，乃在於其影響每一個成員的現在與未來，包括教職員與學生。	• 學校道德文化的建立，需要以積極的方式建構其核心價值。 • 正向學校道德文化的要素，包括道德領導、全校的道德紀律、學校的社群感、學校的認同感、學校成員中尊重與合作的氣氛，及成員對道德議題的關注與反省等。
12. 家長與社區均為學校推動品德教育之最佳夥伴，可用合作方式達致學校、家庭與社會相輔相成之效。	• 家長是學生第一個接觸、也是最重要的道德教育者，學校不可忽視其角色。 • 親師良好關係的建立以及社區的力量，均是品德教育的助力。	• 學校可提供親職教育的課程，增強其對品德教育的知能，並成為參與推動者。 • 學校可設置家長諮詢中心，以提供家庭品德教育的協助。 • 學校可提供學生適齡的親職教育課程，使其未來成為稱職的家長。

　　根據前述12點，其推動乃著重「草根式」之由下而上程序，且彰顯各校特點之推動歷程，其推動步驟如次[17]：

17　此係參考自第四及第五R中心Lickona所撰寫之資料（未出版），由該中心當時研究主任M. Davidson於2004年時提供給筆者。

1. 先尋求人力與物力支持與資源。

2. 形成一個領導團體為領導中心。

3. 充實領導成員之品德教育相關知識基礎。

4. 共同檢視學校使命與辦學方針。

5. 針對教職員工生與家長進行品德需求問卷調查。

6. 邀集有志之士以擴大推動團體。

7. 激盪出各種不同之推動策略。

8. 將受教主體學生納入並重複步驟 6 與 7。

9. 增長教職員工生代表成員有關品德教育知能，並思考在其各自不同崗位上之可行推動策略。

10. 以問卷調查等方式，調查學校成員對方案具體建議，藉以選擇與確認學校品德教育方案推動目標之主要品德特點（character traits），如仁愛、關懷等。

11. 以問卷調查等方式，藉以瞭解學校成員對於推動品德特點時程之看法，如每週、每月或每年推動哪些倫理核心價值，以及分布之年級等。

12. 在正式課程與非正式課程中選擇適宜且多元之教學策略。

13. 設立若干必要之次團體加以推廣品德教育，其中包括評鑑團體，以掌握學校推動方案之品質及成效。

14. 可設計一個品德教育有關之行動研究，以深入瞭解品德教育方案推動情況，並建立資料庫。

15. 步驟中強調品德教育推動委員會須（每月）定期聚會，並廣徵校園各成員對品德教育之看法與意見，加以研商、反省與修正。

　　針對 12 綜合取向的品德教育，該中心亦發展出「12 要素之評鑑與規劃」（Twelve Component Assessment & Planning，簡稱 TCAP），茲舉第一要素的問卷為例：針對「教師是否為提供關懷者、模範與指導者」，列有八個問題並以五點量表圈選（完全同意、有些同意、既非同意亦非不同意、有些不同意、完全不同意）：

1. 在學校（或教室裡）學生有安全感（包括身體與情緒方面）。

2. 在學校（或教室裡）學生是受到尊重的。

3. 在學校（或教室裡）教師會公平地對待學生。

4. 在學校（或教室裡）教師與學生互動中，教師會表現出學校所欲教給學生的品德。

5. 在學校（或教室裡）教師會撥出時間討論校內外的道德重要事件。

6. 在學校（或教室裡）教師會與學生討論品德的重要性。

7. 在學校（或教室裡）教師會願意原諒學生的過錯。

8. 在學校（或教室裡）教師會特地協助需要額外幫忙的學生。

(三) 品德優質中心

「品德優質中心」是位於美國聖路易（St. Louis）地區的品德教育推動中心，其乃於 1988 年由一群關心品德教育的學者、家長、教育者以及企業家共同組成，現納入在「學區合作聯盟」（Cooperating School Districts）之中，並由密蘇里大學聖路易教育學院以 M. Berkowitz 為主導的教授研究群為指導，且在密蘇里以及伊利諾州已有超過 600 所學校、100 個學區、25,000 教師與 300,000 學生參與該中心所推動的課程方案，可謂全美最大的社區範圍的品德教育課程方案推動計畫。該中心除研發相關研究與課程方案外，最為著名的即是提出品德教育推動十大歷程要素，如表 3.4[18]。

此外，在評鑑方面，品德優質中心於 2002 年（1999 年初版）修訂發展了一本《評鑑資源指導——評鑑品德教育方案的工具與策略》（*Evaluation Resource Guide: Tools and Strategies for Evaluating a Character Education Program*）手冊。手冊中臚列十章內容共分為三大部分：第一部分為品德教育設計與評鑑（Character Education Planning & Evaluation），重點為介紹 CHARACTERplus

---

18 2004 年 12 月 8 日取自 http://csd.org/character/tenessentials.htm 及書面手冊；另參考 Huffman, H. A. (1994). *Developing a character education program: One school district's experience*. VA: ASCD & CEP. 一書中亦提出類似要項，包括了啟動、核心價值、溝通、課程策略、環境與氣氛、親職教育、評鑑。

表 3.4　品德優質中心之品德教育推動十大歷程要素

十大歷程要素	行動參考
1. 社群參與：教育者、家長、學生與社區代表人士齊力參與品德教育，藉由凝聚共識的過程，建立長程發展之共同基石。	• 廣邀學校與社區人士參與學校品德方案的規劃與執行，其中可包括家長、教師、校長、學校董事、學生、企業代表、青年服務團體及信仰組織等。 • 學校與社區人士代表共同確認與定義品德特質。 • 相關代表可透過書面資料或會議進行定期性的溝通與討論。 • 針對代表進行調查，以確認其對於品德教育方案的感受與建議。 • 徵求各方（包括企業界）的經費支援。 • 藉由一般行動與地區性的力量提供建議與引導，並將學校與社區加以緊密連結。
2. 設立品德教育方針：學校與地區均應將品德教育視為教育之重要環節，並應將此支持與提升學生品德素養之使命，形諸地方政策或學校整體教育方針。	• 運用學校結合地區性的力量，發展其品德教育的理念、使命與政策。 • 學校社群中廣發品德教育政策宣示草案，並蒐集回饋意見。 • 將品德教育政策草案提交地方教育當局審查與採納。 • 將採納的品德教育政策透過文宣對學校人員、家長與社區人士加以宣傳。 • 藉由各類活動以增進學校與社區對於品德教育政策的認同與支持。
3. 彰顯特質內涵：藉由各方參與，形成該品德教育方案重要特質及其內涵之共識後，亦應彰顯給所有成員明確知曉。	• 根據品德教育政策，以腦力激盪方式，每人列出若干品德特質（例如尊重、責任等）。 • 進行小團體分組討論，每個人將其所列特質提出，最後藉由溝通與討論獲取共識，列出五個品德特質。 • 各組輪流報告其主張的特質，並嘗試將雷同的特質加以歸併。 • 參與者可針對某些品德特質提出贊成或反對意見。 • 參與者針對品德特質進行投票，每人可有五票。 • 選出若干優先特質後，便針對這些特質加以界定。

（續上表）

十大歷程要素	行動參考
4. 融入各科課程：品德教育所強調之德行特質，乃應適時適地融入在各個班級與學科之中。	• 將品德特質融入在教室、學校以及社區課程與活動之中。 • 提供師資培訓以教導相關人員如何將品德特質融入課程。 • 若干跨領域的核心課程亦可使用品德教育的概念。 • 提供較多的機會，將品德教育如何融入課程、教室、各年級及學校的經驗加以分享。 • 有些學校或學區訂定「品德特質月」，並要求教師要將該月的特質融入課程中。 • 要求教師至少一星期一次將品德特質融入課程中。 • 運用品德相關課程配合美國各州與全國標準。
5. 經驗學習：藉由提供學生諸多體驗與表現德行特質之機會，並使其在實際生活情境中，透過服務學習、合作學習與同儕互助等方式，實踐、討論並反省品德特質。	• 強化教室中課程與實際生活經驗的連結。 • 引進社區資源人物進教室，並討論在社區中有關倫理議題的決定以及負責任行為的重要性。 • 運用討論、活潑的發表、論辯與服務學習方案等，幫助學生體驗品德特質並進而加以運用於其生活之中。 • 將品德教育方案透過日誌方式加以反省。 • 學校或社區中的品德相關問題應納入學生參與解決問題的行列。 • 可讓若干學生擔任同儕指導，並成為其他同學的榜樣。 • 可提供學生一些假設性的品德相關情境，使他們常有機會分析與反省。 • 提供學生練習負責做決定的機會。
6. 評鑑：基於評鑑是為使方案更好之前提，品德教育方案亦須針對其歷程與結果做一反省與檢討，以檢視其目標是否達成及其成效。	可區分為不同年齡層，分別就理解與運用等層面加以評鑑，茲舉小學三至六年級為例： • 讓學生閱讀具有品德特質的作品，並反省期間的品德相關議題。（理解） • 讓學生撰寫日記或週記，記錄其所欲品德的重要性與目標以及影響因素。（理解） • 讓學生撰寫故事、詩或是散文，陳述品德的重要性及其在民主社會中所扮演的角色。（理解）

（續上表）

十大歷程要素	行動參考
	• 讓學生發展並以生動活潑的方式發表品德特質相關報告。（理解） • 讓學生創作及發表品德特質相關的旗幟或海報，並在小團體中反思其學習經驗。（理解） • 發送簡單的問卷調查給家長，以瞭解學生是否將在學校所學的品德特質運用在家中。（理解／運用） • 讓學生藉由角色扮演的方式，同時表現出正向與負向的行為，並反省品德特質所強調的行為為何。（運用） • 讓學生參與小團體及大團體的合作方案（例如社區服務），並讓其反省活動中品德所扮演的角色及其重要性。（運用）
7. 成人為角色模範：無論是家長或是學校中之教職員，其言行均會影響品德教育之成敗，故方案中所有成人均須系統化且有意地關注德行特質，並成為孩童與學生學習之模範。	• 定期與學校教職員溝通有關其成為學生學習好榜樣的職責。 • 定期與家長及學生家人溝通有關其成為學生學習好榜樣的職責。 • 提供學校教職員以及社區人士相關訓練，以使他們瞭解品德教育方案的重要性，並促使他們將良好品德運用於生活中。 • 結合輔導制度、角色榜樣與認養學生等方案，使學生定期與關懷他們與成人接觸及互動。 • 讓學區對品德教育有所承諾，且由上而下的要求教職員履行此承諾。 • 將品德榜樣列為教職員評鑑過程中的一項規準。
8. 教職發展：學校中所有教師與職員須接受相關課程培訓，以提升其對品德教育之專業知能，並能進而規劃與執行該方案。	• 提供初始與持續的教育訓練活動給所有品德教育方案的代表。 • 提供定期性的課後品德相關活動，使家長與學生有所互動與討論。 • 將品德相關訓練列為學區定期的教職發展方案。 • 為教師提供特別的培訓，以教導他們如何將品德教育透過各類課程加以統整、如何瞭解品德與道德發展、如何針對學生學習設定期望水準，以及如何在班上使用實作為本的評量。

（續上表）

十大歷程要素	行動參考
	• 將教職發展活動與學生的成就（包括學業成就與品德行為）加以連結。 • 確認教職發展活動的高品質並達全國標準。
9. 學生參與及領導資質之養成：學生應積極且適齡地參與各項品德教育活動，從中學習如何做決定以建立個人與群體目標與規範等知能。	• 品德教育方案的各個層面（包括計畫、執行與評鑑）均應將學生納入。 • 促使教學活動能切合該年齡層的興趣與需求。 • 使用合作學習的策略讓學生參與並引發動機。 • 課後的社團活動可提供學生學習與實踐領導能力，以及群體合作做決定的機會。 • 學校與學區代表中納入學生。 • 培訓部分學生成為班上其他同學的同儕模範、指導或小老師。 • 給予學生做決定以及體驗選擇結果回饋的諸多機會。 • 當學生對學校與社區有所貢獻時，提供他們正向的回饋。
10. 永續發展：品德教育乃動態歷程，須不斷發展與更新，並在相關資源支持之前提下永續發展。	• 發展並維繫行政高層對品德教育方案的活力與各方面支援。 • 學區對於品德教育的使命必須很明確。 • 將品德教育與學區中其他方案與組織加以結合。 • 發展並維持適度的經費資源，以提供教材與人事等費用。 • 提供教師與相關人員高品質的培訓。 • 發展網絡與支援系統以提供執行品德教育方案的教師所需。 • 將家長與社區代表納入品德教育方案中。 • 確認品德教育方案納入學區課程之中，成為必須的執行項目。

十大要素及 CEP 11 項原則，並提出 PIR Cycle（規劃 plan、執行 implement、修正 refine）及評鑑的基本概念和步驟；第二部分為介紹品德教育調查工具與重點，包括學生、教職員、家長、行政人員及方案本身，問卷各有其重點，例如學生問卷重點有五，分別是學生對學校歸屬的感受、學校對學生的期望、學生

自主及對學校影響的感受、利他的感受，及對自我能力的感受等，第三部分則是問卷調查結果的呈現與解讀，提供統計資料呈現的範本以及解讀資料的方式。

總之，品德教育夥伴、第四及第五R中心及品德優質中心三者，在推動品德教育方面著有成效，其共通點為：一是藉由組織的力量長期持續推動，以利整合人力、物力與財力；二是其推出的方案均有理論基礎的論述與支持，並經科學化的實踐歷程；三是該方案均經過實驗驗證並加以推廣，使得理論與實踐加以結合；四是該組織均有其品德教育推動模式，提供具體策略與依循原則，以利方案的推動與修正；五是該些方案均為綜合型模式，亦即強調品德的多元層面、品德融入各類課程，以及多方代表參與並須增權賦能等；六是該些模式均強調評鑑反思的重要性及其執行。

第二節　美國當代品德教育經驗的反思與啟示

美國政府與民間積極推動之當代品德教育，其諸多經驗雖不宜直接移植與複製於我國社會文化脈絡之中，卻極具參考價值。尤其是今日我國持續邁向自由民主之路，對於建立「公共領域」之道德基礎與規範，以及身為現代公民應有之德行與道德文化素養等應予以強化之際，我國道德教育推動若能汲取他山之石（包括正負面），再將我國原有文化優良部分予以整合轉化，或可勾勒出一兼顧本土與國際趨勢的道德教育願景及其具體做法。觀諸前述我國道德教育近年發展趨勢，亦與美國新品德教育的發展有其謀合之處[19]。因而，藉由美國

---

19 為免隔靴搔癢之憾或書面資料解讀之誤，筆者乃利用教授休假之便，特於2004年8至11月間至美國密蘇里大學聖路易校區擔任訪問學者，與該校M. Berkowitz教授為首的品德教育研究群交流（其亦為美國目前推動品德教育的研究與實務兼具的重鎮），並參觀當地中小學學校與訪談師生，且參加多場「品德優質中心」所舉辦的工作坊；此外，亦分赴德州與加州參加「品德教育夥伴」年會與國際學術組織「道德教育學會」年會，期能更真實且深入瞭解美國品德教育的推動現況與限制，以及國際間道德教育研究的趨勢。因此，本節可謂一種歷經觀察與研討之後的綜合歸納與深度反思。

當代品德教育推動的經驗與特點,以資我國品德教育現況與發展之參考,亦不忘反省我國與美國有所差異,而於吸取其經驗時甚須深思與慎重之處。

一、美國品德教育特點與反思

(一) 品德教育運動興起基於現實需要多於理論論述

美國當代品德教育的興起約自 1980 年代開始,當時青少年以及社會問題已日趨嚴重,因而學校融入價值教育以及教師扮演價值引導的呼聲高漲,品德教育也因此再度受到美國社會的重視。此可由前述美國品德教育推動的重要學者Lickona(1991)所著的《為品德而教育》一書所述可見端倪。因此,美國當代品德教育運動是基於現實需要(甚至可謂亡羊補牢)而產生,直至今日有關其理論及其哲學基礎的相關論文,相較於課程方案的如火如荼推行實在不多 [20]。筆者近年在美國或國際會議上會談諸多品德教育學者時,他/她們也鮮少提及理論論述,有的學者僅認為品德教育的推動,使其走出學術的象牙塔,真正為教育實踐盡了一份心力。不過,這也受到一些自由派道德教育學者的批判,例如前述「道德教育協會」(AME)。

反觀台灣的情境,因著傳統文化與政治因素,品德教育在校園中的實施彷彿歷史悠久,教育者所接受的社會期望或自我要求也多半具有強烈價值載入的使命,另有關社會問題或青少年現象尚未如美國一般嚴重。因此,台灣目前在品德教育的投入似不同於美國的環境脈絡,而應視為一種吸取他國經驗的「未雨綢繆」準備,且因我國環境氣氛不同於美國的立國精神與民主成熟階段,所以實應強化理論論述部分,以使傳統品德教育,甚或違反民主與科學的品德教育實施,得以解放或轉型。

---

20 整體而言,美國當代品德教育的理論論述不多,但前節所介紹的綜合型品德教育為例外,這也正是筆者引介的重要原因。

(二) 品德教育極力擺脫「保守」印象而重融會新舊思潮

　　長期以來品德教育始終被冠上「保守」的負面印象，尤其 1960 年代以來對於主張個人主義的美國社會，以及 1980 年代 L. Kohlberg 的道德認知發展理論學派相關學者，始終認為品德教育就是一種「信仰的灌輸」或是脫離環境脈絡的「德目錦囊」。綜而論之，的確有些當代品德教育課程方案是舊有思維模式與傳統價值的重現與復興，但也有若干品德教育兼容並蓄地納入許多當代思潮。相關理論論述中，除了德行倫理學之外，美國綜合型品德教育兼顧了自由主義傳統與社群主義觀點，使得其課程方案兼有內容與形式，同時強調道德認知推理以及具體核心價值的重要性。因而，即便是主張進步主義與自由主義傳統的 Kohlberg，在其研究中所提出「正義社群」的概念與實驗，亦可謂另一種形式的廣義品德教育，他也與其學生輩的學者 C. Power 與 A. Higgins 等人共同發表若干論文，指出其以往曾對 Aristotle 德行倫理學的有所誤解，而當時則已有不同詮釋與理解，品德的養成不一定與道德認知發展的理性原則相衝突 [21]。

　　就筆者觀察，在台灣品德教育也受到兩種極端嚴重的誤解，一個極端是視品德教育為力挽台灣道德沉淪的救星，極力主張跟隨著美國或所謂先進國家的腳步前行，任何一種品德教育課程方案皆似如獲至寶，而不論其環境脈絡或該課程之品質及研究基礎等，一味地想移植或複製於我國；另一個極端則是認為我國自古以來即強調道德文化，端看美國品德教育的表象以為不過就是以往四維八德的翻版，加之與諸多人其受教經驗相結合，或是一種民族自尊與對傳統文化的依戀，因而亟思復興文化與再拾既有的道德訓誡。這兩種極端皆可謂「過猶不及」。因而，如何站在本土文化的土壤中跟隨國際腳步的趨勢，於複製他者與復興傳統中尋求「創造性的轉化」之平衡點，當是目前台灣「新」品德教育所當努力之方向。

21　可參考 Nucci, L. (Ed.) (1989). *Moral development and character education: A dialogue.* MA: McCutchan. 一書

(三) 品德教育目標兼備正義與關懷並強化培養民主公民

　　品德教育在美國當代提出，已不再扮演社會融合與政治統治的馴化角色，而是為了培養當代民主公民而做準備，所以品德教育就是一種民主教育，也是一種公民教育。當代品德教育的目標是為了兼顧正義（如 L. Kohlberg 與 J. Rawls 的觀點）與關懷（如 C. Gilligan 與 N. Noddings 等主張），使學生成為情感認同且理性參與的現代公民，而不是培養順民與乖乖牌學生。因此，品德教育不僅在生活習慣的養成，更重要的是著重其思辨的歷程與良好人際關係的建立，且適切行為的養成並非盲從與強迫，而是透過理解與認同進而形塑其品德。

　　反觀台灣教育向來強調「德智體群美」五育兼顧，但對於德育的目標卻是十分模糊，所謂的「好」學生，也多半停留在「乖順」的「生活教育」（此處尤指行為習慣經外在獎懲養成，而不論理性思辨）層次，有時更是以考試成績的良窳成為「優良學生」的評判依準。此外，論及品德教育時亦常有人歸諸於道德修養的私領域，而「道德勸說」則常成為法律無法解決問題時的托詞。根據美國經驗，當代品德教育已由私領域連結公領域，甚至公共領域的道德基礎才更應是當今多元民主開放社會的價值核心。所以，道德教育事實上就是一種公民教育，其具體的目標應是同時講求正義與關懷（理情兼備），並培養參與式的公民資質。筆者實憂心甫在政治上解嚴的台灣社會，因著對於品德教育的各自解讀、誤解或別有用心，實易使我國品德教育又退回至「訓令懲戒」的時代。

　　值得一提的是，就筆者觀察美國新品德教育的諸多方案中，特別強調「caring community」（關懷社群）與「relationship」（關係），其詮釋應是強調此兩者與正義是相輔相成的，關懷的展現與關係的建立亦須建立於民主正義的規準之上，並非「我為你好就可為所欲為」；另一種詮釋則是美國社會存在的疏離感，導致品德教育傾向重建人際之間的情感與信任。至於在台灣，對於正義的角度無論是理論或實務上均十分欠缺，但是關懷的情感（不一定兼具理性）卻是縈繞校園，所以台灣品德教育目標的著重點似應與美國有所不同，而以培養學生理性及參與公共領域的知能為優先，但仍以正義與關懷兼具為原則。

(四) 品德內涵非重人格特質而是強調多元面向的能力養成

　　「character」在傳統心理學的研究中多被視為「價值中性」的人格概念，亦即不帶有價值判斷（所謂好壞對錯）的名詞；不過，近年來心理學已漸少用此一名詞而改用「personality」。至於在美國當代品德教育中所用「character education」是帶有強烈價值負載的教育責任，所以有時也會出現「moral character」的用法，因而現今無論是「character」或「moral character」，本書均予以譯為「品德」。此外，美國當代品德教育中的「品德」是具多元面向的，依據 Lickona（1991）所界定，品德包括道德認知（moral knowing）、道德情感（moral feeling）與道德行動（moral action）三個層面：道德認知層面，包含對於道德議題之意識與察覺、理解道德價值、具有角色取替能力、有道德推理能力、能慎思與做決定，及自我知識統整等內涵；道德情感層面，包括具有良心、自尊、同情、珍愛善價值、自我控制與謙遜等重點；道德行動層面，包括實踐德行之能力、擁有實踐之意願，及進而養成習慣等內涵。因此，廣義的新品德教育實有其深度與廣度，並有多元的面向，而不是被窄化或曲解為僅有德目（或核心價值）本身，更不是標語或教條。

　　觀之台灣現況，對於品德的詮釋仍是停留在「各自表述」階段，而且面對開放多元社會氣氛，學校或教師有時會陷入「價值中立」或是「價值教育無能」的困境中。或因部分人仍殘存對於德目的意識型態與形式八股印象，或因文化多元主義與相對論的興起，也或因教育政策上曾大力引進「價值澄清法」而延伸教師道德價值中立的誤解等因素 22，道德教育在台灣亦如美國某些時期而成為「保守」的代名詞，並對於「道德可以教嗎？」「道德教育有效嗎？」產生質疑，且主張「去道德化的教育」、「道德教育都是淺顯易懂的道理而不需要教」，及「道德教育就是把良好生活習慣養成就好了，不必懂太多或想太多」。然而，現今複雜社會的道德議題已非以往同質社會的單純，判斷是非善惡的好

22　此處所指乃意味著有些教師會在口頭上脫口而出，或是理念上受到「價值中立」的影響，但在實際教學中是否亦會表現如此，則乏實徵研究的論據。

壞是必須集合智慧與良知，因而品德並非僅限於生活習慣，而是兼具知、情、意、行之複雜且高層次批判思考，並進而行動的養成歷程。

(五) 品德教育採創新策略並以評鑑機制掌握實施品質

根據諸多研究顯示，僅賴講述與單面向教學對於品德教育而言往往無效甚而產生負面效果，因而美國當代品德教育乃多半強調知行合一，且重視課程設計與實施活潑多元化以與學生經驗相結合。歸納而言，美國當代品德教育所使用的教學策略，包括在班級教室內可營造一個具關懷與正義的班級，藉由班會的凝聚、班規的討論、各個課程融入品德教育，及良好師生關係的建立等以達其目標；而在學校整體而言，則可透過跨年級活動、服務學習、校規討論與制定，以及自治活動參與等，加上與家長及社區結合為夥伴，以形成良好的學校道德氣氛。其次，美國當代品德教育十分重視品德教育實施的歷程，前所述數個品德教育推動團體（如CHARACTER plus即以其歷程要素為主軸），可見執行的歷程亦是影響課程方案成敗的關鍵因素。再者，美國新品德教育對於評鑑的重視（如CEP的品質標準及其每年所選出的全美品德學校），乃彰顯其永續經營的可能性。當然，這同時也意味著美國所推動的品德教育並非都如理想，有些名實不副或是誤用濫用品德教育精神的課程方案也為數不少，甚或趁著政策與社會重視便搭此品德教育便車的學校也是存在，而此均賴評鑑機制與研究加以修正與提升品質。

反觀台灣校園目前對於品德教育的推動，無論在方法或評鑑方面仍不成熟，究其原因約可為三：一是在學術研究方面，台灣學術界長期投入品德教育相關主題的研究人力可謂十分單薄，且多偏向文獻剖析或經驗上的談論，在道德教育研究基礎與實踐策略上，難以累積成果；二是教育政策的鼓勵過少，多半為宣示意味，且乏永續經營的具體規劃，以致品德教育的推動缺乏長期的教育目標與功效；三是校園面對紛繁複雜的校務與政策推行，對於品德教育推動多半有心無力，即使有力也不知如何使力，有時更缺乏專業能力，因而校園中的品德教育或是被忽視，或是停留在以往的習慣養成生活教育，或是在訓誡中反成教條式的負面潛在課程。因而，筆者認為當前我國校園亟需發展當代品德

教育的多元實踐途徑與策略，同時也須建立一些評鑑的機制與指標，以利品德教育有效推動。

二、美國經驗對台灣的啟示

(一) 美國當代品德教育的綜合啟示

　　美國因幅員遼闊且係聯邦制度，故其近二十餘年來當代品德教育推動之整體成效尚待評估，然我國與美國有著共同追求民主之普世價值以及發展品德教育之共通理想，故其經驗對我國仍有諸多啟示，除前文所一一詳列反思之外，有若干綜合原則頗值關注：

1. 品德教育之產生乃因應且引領時代趨勢，並非復古或敷衍，亟需與其歷史文化脈絡以及當代社會需求加以連結，方能獲致社會大眾共鳴與教育界迴響。
2. 品德教育固然歧義甚多，但應有一共識基礎以資著力，故可強調兼顧知、情、意、行之多方位「核心道德價值」及其具體可落實的「行為準則」，以作為品德教育之重要內涵與推動目標。
3. 品德教育強調全面向參與及推廣，包括校內教師、校長、行政人員、家長、社區代表以及學生等均為社群之一份子，均應充實其相關知能後，共為品德教育推動夥伴。
4. 品德教育除正式課程外，亦強調非正式課程與潛在課程，此即指整體校園文化均應營造出品德教育之氣氛與人格典範，以使學生／學習者及全體校園成員，在此空間中接受品德教育之涵育。
5. 品德教育乃點滴工程，無法求取速效，故長程且有系統地規劃推動方案，並能堅持永續地實施，方能奏其功效。
6. 品德教育強調以民主參與方式為其推動歷程，亦即由下而上之核心價值凝聚過程，並採多元教學方式以使品德教育更為精采豐富，然其中仍有須掌握之原則與精神，另成果之評鑑與反省修正亦不可或缺。

(二) 台灣品德教育所需跳脫的迷思

　　品德教育於當代再度被提起與正視，因著國情與文化或有差異，故而我國推動當代品德教育除可參照美國推動之啟示外，另則應避免陷入以下八個迷思或桎梏，故須加以審慎留意：

1. 不要以為人人可以主觀或常識地評價品德教育現況，因而忽略學理基礎與客觀研究驗證之重要性。

2. 不要以為品德教育無所不包、各自表述，以致喪失推動之著力點與評鑑重心，甚而違反教育本質與精神。

3. 不要以為只有少數人負有推動與實施品德教育之責任，忽略全體教職員工、家長與社會各界均有言教、身教與境教職責。

4. 不要以為推動與實施品德教育者均業已具有品德教育專業知能，其實相關人員可能心餘力絀，亟待增權賦能。

5. 不要以為品德教育僅面臨「知而不行」或「知難行易」問題，忽略認知層面之推理思考與批判反省能力養成之重要性。

6. 不要以為品德教育僅是種道德訓誡或生活紀律，忽略知、情、意、行之統整學習歷程、多元豐富之教學方法需求，以及生活體驗之重要性。

7. 不要以為品德教育與一般學科成就無正相關，甚而會產生教學時間牴觸現象，故而導致品德教育在升學趨勢中常被犧牲。

8. 不要以為品德教育僅著重個人修身層面，忽略其已擴展為公共領域規範基礎之現代性與重要性。

第二篇

實徵探析與反思

第四章　國小校園道德氣氛觀察

本章乃針對九年一貫課程改革前後，我國道德教育正式課程即將產生重大變革的最後記錄與探究，藉以凸顯當時校園氣氛在教改與道德教育面向的時代意義。筆者以俗民誌的研究方法，深度觀察一所國小在整體校園環境與班級生活中，所顯露出的道德氣氛特點，作為道德教育歷史脈絡延續及其反思前瞻的起點。

第一節　校園道德氣氛探究之源起與規劃

一、道德氣氛探究之源起

　　培養學生具有「道德素養之人格」（morally educated person）[1]是教育本質精神之一環，身處今日多元遽變社會，舉凡人際關係之重建、道德價值之判斷、個人全人格之發展，以及健全民主社會之基礎等，莫不受道德教育良窳所深刻影響。校園為涵蘊道德教育之重鎮，我國國民中小學階段數十年來向採「科目中心」道德課程模式，在國小設有「生活與倫理」（後改為道德科），以及國中設有「公民與道德科」，具有系統性教學與固定時數之優點，惟易窄化為單一學科導致知行分離之困境。因而，我國教育改革之趨勢，無論是否將道德單獨設科，均宜將原有之道德教育之焦點由點至面加以拓展，亦即關注整體校園道德生活與氣氛之重要性。

　　校園道德氣氛之營造係道德教育實施成效之關鍵，惟教育本質於時空推移中，時遭不經意之忽視或刻意之扭曲，校園極易淪為社會現象之縮影，喪失其理想性。台灣自解嚴後，社會之快速變遷，不僅顯現在政經等層面，教育方面亦有諸多變革以為肆應，然綜觀其產生之危機與挑戰，略可歸納有四（李琪明，1999a）：一是師生情感聯繫之斷裂，師生關係偶有化約為「商人與顧客」之「市場」經濟模式；二是教師會、教評會、家長會等校園組織成立，顯示校園中權力運作與分配面臨調適與重整；三是校園中「智育至上」之誤導與誤用，扭曲了教育原有精神，易引發學生偏向功利、速食與冷漠之錯誤認知；四是價值判斷標準日漸模糊甚至遭扭曲，易使校園生活淪為道德虛無現象。

1　「morally educated person」概念為英國學者 J. Wilson（1928-2003）所提出，他對於道德教育的貢獻可參考 2000 年刊登於 *Journal of Moral Education, Vol. 29*, No. 3 數篇論文。

　　溯及 2000 年正值我國《國民中小學九年一貫課程暫行綱要》公布時期，當時國中小校園面臨著數年來最大幅度教育改革的挑戰，尤其當道德教育不再成為課表上的單獨科目後，學校道德教育究竟何去何從乃成重要課題。因此，筆者立基於國外校園氣氛研究之基礎，以及我國道德不再設置為正式課程後，勢必將凸顯校園道德氣氛之重要，乃期以實徵性研究探索與瞭解，針對 2000 年前後當時的校園道德生活與氣氛之概貌，並記錄該段時空的歷史軌跡，作為日後道德教育研究與改革的參考依據。

二、道德氣氛探究之規劃

　　筆者基於前述動機，於 1999 年著手校園道德氣氛之研究專案申請準備，2000 年 8 月至 2001 年 7 月執行[2]。由於該研究屬探索性質，乃採取俗民誌方式，以聚焦且深入瞭解校園道德氣氛。筆者先行舉辦兩次焦點座談邀請專家學者諮詢後，於 2000 年選定台北市一所國中與一所國小進行個案研究[3]。本章乃針對該所國小（以下代稱東國小）六個年級各一班，進行一個學期（89 學年度下學期，2001 年 2 至 6 月）學校生活之半結構式參與觀察，並進行班級學生問卷施測，且訪談學校相關成員[4]，期藉此多元資料的蒐集，經統整、分析、解讀與詮釋後，瞭解學校整體的道德氣氛，以及班級層次的道德生活與氣氛，並進而對未來研究與道德教育推動有所助益。

(一) 研究方法

1. 觀察

　　筆者聘請一位專任助理擔任觀察員[5]，針對東國小六個年級各一個班級，

2　該專案為 89 年度筆者主持之「道德社群之營造——我國國民中小學校園道德氣氛之俗民誌研究」（2000.8-2001.7）（NSC 89-2413-H-003-078）。
3　本章呈現國小部分，第五章則呈現國中部分。本書為求易讀，僅將重點呈現，其餘細節與詳盡處，則撰寫於結案報告。
4　該專案研究團隊除筆者任主持人外，聘請一位專任助理為觀察員，長駐該校進行觀察與記錄，另聘一位兼任助理協助其他事宜。
5　該專任研究助理為私立大學文學院畢業，曾修習教育學程，十分認真仔細且貼心，與受觀察學校師長和學生相處愉快，研究歷程中每週均須與筆者進行討論。

分別進行二至三週的參與式觀察，藉以瞭解各班師生在學校中道德生活與意涵，及其對整體校園道德氣氛之感受，並以錄音與筆記方式進行觀察、記錄與整理。

2. 訪談

由筆者分別訪談該校校長、教務主任、訓導主任、輔導主任、家長會會長及社區人士等，藉以較為周全地瞭解學校道德生活與氣氛之各種觀點。

3. 小規模問卷調查

針對受觀察班級學生及其教師（導師與任課教師），採用非結構式問卷，填寫有關其所知覺該校道德教育現況與道德氣氛情形。

4. 教師札記

商請該校受觀察班級之導師（級任老師），針對其教學心得與對道德教育之反省，撰寫一則札記。

5. 文件與網站資料蒐集

蒐集與剖析該校有關道德教育相關資料與規定，如校訓、校規、週會之實施辦法、教師會與學生會相關組織辦法、學生獎懲紀錄等。

(二) 資料處理

根據前述研究方法所蒐集的資料共分五大類：一是錄音稿與實錄，盡量以原貌整理，惟遺漏與誤解之處在所難免，故在分析觀察紀錄時，均已預設其係「觀察員之描述」；二是教師札記，均依教師親自撰寫原稿呈現；三是訪談稿，為求慎重特於訪談稿整理之後送受訪者校閱；四是非正式小規模問卷結果統計；五是學校書面與網頁文件資料整理。此五類資料除盡量原貌呈現外（其中若涉研究倫理問題時，則加以處理或代稱），亦將進一步依道德生活與氣氛之各個重要主題，予以重整、歸納、詮釋與驗證。

第二節　國小校園生活之道德氣氛特點

一、國小校園環境展現之整體道德氣氛

　　校園環境所展現的道德氣氛雖易習而不察，但往往產生潛移默化的結果，此即潛在課程亟需加以探尋與反思之處。筆者與助理對於東國小藉由一個學期的參與式觀察，並依據道德氣氛相關理論之關注焦點[6]，將該校整體環境與道德氣氛概分為校園環境、集體規範價值、學校重要議題與制衡機構、各成員對學校社群的感受，以及道德課程設計與實施等五方面加以探討，茲彙整其特色如次。

(一) 百年老校結合鄉土特色與自然新景，強調對學校的歷史認同

　　東國小位於台北市郊，是個歷史悠久與規模頗大的學校，該校從民國前十年創校至今已逾一百年，現有校地 7,178 坪。該年度有教職員工約 200 人，普通班 88 班、啟智班四班、啟智資源教室兩班、資優資源教室兩班、幼稚園六班，學生共計 3,200 餘人。該校近年來在硬體設施方面大幅翻修，洋溢著新的校園氣息，校園自然景觀甚美，學生多似純樸、體能尤佳，其中籃球校隊屢創佳績。當時校長新任且係首任接受遴聘，強調依法行政與溫馨校園之建立，另該校多年來致力鄉土教學，與社區互動密切，亦成一大特色。

　　該校於網頁上特別標示學校的特點有六：(1)戶外體驗學習，擴展學習領域；(2)成立學生社團，培養多元能力；(3)推動環境教育，美化綠化校園；(4)推展鄉土教育，認同本土文化；(5)加強社區服務，凝聚社區意識；(6)重視人本教育，溫暖學子心靈。此外，該校校長特別在校長網頁中強調「認同學校、形塑共同記憶」的理念，彰顯了該校試圖將傳統與現代結合的願景：

6　相關理論可參閱本書第二章。

「瞭解學校為認同學校的開始，成立校史室，陳列老照片及各項具有歷史性的文物，讓師生走過從前共同尋找過去的歷史記憶：將具有紀念性的建築重新命名，賦予新的生命。配合百週年校慶整理校史，建立學校特色，形成獨特的校園文化，讓校園的一草一木、一磚一瓦形成師生們永恆的記憶。期待數十年後，當校友們拄著拐杖，帶著孫子，回到學校參加慶典之際，一群人眼角濕潤，甚至於老淚縱橫，只因為他們有著共同的生命經歷，和親密的感情連結。」

(二) 學校集體規範價值明確揭示，但仍待凝聚共識

東國小校長在學校網站上明確揭櫫其領導理念與全體教學願景，此可視為學校集體規範之表徵，他主張「要建立『**以學生為主體的教育觀**』，……**舉凡學校文化、校園環境、課程設計、師資設備，均以學生需求為衡量之指標**」。其次，他強調在教育基本理念方面，要「**營造一個溫馨、和諧、自尊、自重的學習環境與健康活潑校園文化**」，並以人本化、本土化、國際化、均等化與適性化為原則，並能培養學生成為「**具有人文素養、關心社區、願意參與社區的公共事務，而不是一群自私自利的人**」。

至於要如何凝聚共識呢？校長提出幾個具體執行的方式，尚在努力中，其包括：(1)編纂校史，我們是編給學生讀的，希望讓孩子瞭解學校，才會愛學校，從孩子的觀點出發，以故事的方式呈現，現在也有老照片展覽；(2)建立校園自然資源手冊；(3)建立「文化巡禮步道」，希望從這裡畢業的學生都能對社區有一定的瞭解，培養一定的情感；(4)百年校慶的相關活動：藝文欣賞、分校回娘家、特色展、親子攝影展、唱校歌活動等，藉此些動靜態的活動，以凝聚校園氣氛與共識（訪談校長紀錄）。

(三) 教改成為學校重要議題，制衡機構已漸啟動

東國小校園中對教師而言的重要議題，莫過於當時將實施的九年一貫新課程。誠如筆者訪談教師會會長問及該校的重要議題為何，他說：「應該是九年

一貫的課程改革吧！其餘的就沒有了」（訪談教師會會長紀錄）[7]。而東國小校長對於該校教師面對九年一貫課程的改革的看法是：大部分的老師都有點害怕，目前該校是試辦學校，一、二年級老師已有一年的試辦經驗，應該是比較沒有問題的（訪談校長紀錄）。與九年一貫課程改革最為相關的教務主任亦認為：

> 「目前校園內大家共同的話題，大概是九年一貫的課程吧！大部分的老師都會來參與，也有可能是迫於同儕壓力。基本上，本校是一所老學校、一所大學校，以此觀之，老師們的配合度算是高的。但反過來說，若是給老師們表決是否要參加研習，可能會透過表決，決定都不出席了。九年一貫的課程改革，是要培養老師自編教材的能力。不過問題是師資培訓的機構缺乏這樣的訓練，因此對老師而言，是件困難的事。」（訪談教務主任紀錄）

至於東國小並未有關學生的重大議題，校長表示從他上任後，就到高年級各班去做過意見調查，蒐集一些相關的反應，從班會、級會的紀錄中也可以對情形有一些瞭解，但是並無重大議題。校長認為，多傾聽學生的意見滿好的，因為畢竟校園使用者是學生，教育應從最有利於學生的角度思考（訪談校長紀錄）。

在學校中凝聚集體規範價值，多半藉由學校或班級重要會議：如行政會議、行政會報、導師朝會（一、三、五早上）及學生班會等；此外，亦有所謂正式的組織，諸如教師會與家長會，其可稱為學校中制衡與仲裁機構。該校教師會長是第六屆，會長產生的方式是由會員先選舉理監事，再由 13 位理事中推選會長出來，該校共有 144 人加入教師會。對於未加入教師會的老師是怎樣的想法呢？會長笑笑的說：「**他們可能認為不需要吧！**」至於教師會的功能為何？會長認為：

7　有關九年一貫課程的教育改革，是當時校園中教師與行政人員最為關切的議題，其顯示校園中遇到外在要求變革的緊張氣氛。

「教師會主要的功能在維護教師的權益，與學校的衝突較少，協調性是比較高的。通常反映意見的模式是先跟主任協調，不行時再跟校長說，原則上都是站在希望學校考慮的立場提出意見。」

另有關教師會運作的方式如何？教師投入的情況如何？會長說：「**真正投入的比較少，也可能是我自己的個性吧！有事情會自己去做。**」教師會的方式是定期召開理、監事聯合會議，會長認為基本上運作得還好，但仍有改進的空間。根據本研究問卷調查顯示，約八成教師認為教師會的功能「尚可」。會長說：「**該爭取的，前幾年都做了，像是聘約、參與學校事務等。**」在推展的過程中，教師會是否會遇到難題？會長說：

「都還好啦！有時大家會比較體諒，像是減課的問題，基本上較沒有糾紛，表決後，大都能接受。如果理監事會議無法解決的問題，可以提到社員大會上討論，社員大會是一年一次。基本上學校對於教師會的建議會尊重。」（訪談教師會會長紀錄）

至於家長會在東國小扮演十分重要的角色，家長會長表示：一般而言，家長會配合學校諸多事宜，譬如百年校慶，家長會就負責聯繫家長、與廠商聯繫籌經費、負責籌備會事宜，籌備會由學校與家長會合辦。而有關平時家長會的工作，家長會長特別強調說：

「多喔！像我們的愛心隊就有三百多人左右，光是導護就有一百多人。愛心家長多是自願的，通常是每班發通知單。」

愛心隊有正、副團長，下分 12 組，各組都有小組長，像是美化校園組、資源回收組、補救教學組、導護組等，另外每天都有排「監廚」，來關心一下營養午餐的廚房工作情形。家長會的組織是每班選出兩位代表，召開代表大會選出 50 位常委，其中最高票者為會長，其次為副會長。會長認為：

「這樣的方式我比較贊成，因為有公信力嘛！不會說你在委員會中最高票當選，但是常委卻沒有選你當會長。」

會長能連選連任一次。家長會長認為：家長的特性是有好也有壞，懸殊甚大，另有一些家長就直接把意見反映給校長，或寄一些 e-mail、傳真等。像是最近對於學校一些決議：廁所外包的事情，意見就很多。一般而言，家長會的運作方式是每個月的第一週召開常委會議，由常委及運作小組的委員參加。會長說：

「人太多，反而不能做決議，看事情的大小，決定是由委員會議決議或是召開會員大會。每一次會議的結果都會送給每位與會者一份紀錄。當然若是重要的事情，也會給學年主任一份，請其代為轉達。」

也有一些議題是採用問卷調查的模式，像是營養午餐、廁所外包制等。至於家長會與學校的溝通方式，會長說：

「屬於學校內部的決議，家長會的立場是盡量配合，像是『教學』就是老師的專業。家長會是不干預的。」

若是有家長提出問題，家長會會先去找學校相關處室瞭解情況：

「若是問題不大，說說就好了，若是比較嚴重，就會找家長、校方一起來開會解決，通常都是管教、學業的問題居多。」（訪談家長會長紀錄）

(四) 成員互動以及對於學校社群的感受略有差異

有關學校成員間的互動情形，經訪問學校行政人員、教師會、家長會等相關人員可發現：東國小的教師會長曾提及「**學校老師間相處的情形為學年內部的互動比較多，跨學年間的老師較為疏遠**」（訪談教師會長紀錄）。同樣地，校長對於該校成員間互動的情況也有類似的看法：

> 「同學年的老師感情較融洽，跨出學年則較疏遠，現在有些老師還叫不出其他同仁的名字。也因為老師間的聯誼不多，彼此不瞭解，造成一些黑函事件，當然會影響老師的心情，所以希望老師們能放開心胸接納別人。」（訪談校長紀錄）

此由東國小空間設置發現：該校老師並無一間共同的辦公室，各學年的辦公室也很少用，可能是造成老師間關係疏離的原因之一。

再者，教師與行政人員之間的互動稍弱，教師會會長認為學校內的氣氛：

> 「有的學年會比較不贊同直接由校長→行政人員→學年會議這樣交代事情的模式。不過每個學年的風格不同。像是這次的研究，這也是本校第一次接觸到大規模的觀察研究。」

會長強調：

> 「國小老師的雜事很多，以往老師只要把書教好、班帶好即可，但是現在還要參加許多會議，少數的老師比較不能接受，且很少聲音會出來，因為老師與行政人員的考量常是不同的。」（訪談教師會長紀錄）

或許因此教務主任用簡短的一句話，道出其感想為：「**老師們會覺得少一**

點新花樣，會比較輕鬆，但行政人員實在很無奈！」（訪談教務主任紀錄）不過，輔導主任對於學校中的相處氣氛的看法則是：

> 「算是好的，校長希望教師參與推動學校事務，大家充分溝通後再做決定。但是若能讓老師們發自內心的去參與，由內而發的效果會更好。」（訪談輔導主任紀錄）

至於該校的訓導主任對於教、訓、輔三處室的相處提及：

> 「因為主任都滿資深的，所以相處都還好……校長的領導與老師的配合是很重要的。訓導處的工作是做不完的，就像媽媽的角色，在家做什麼，在學校就做什麼，只不過變成三千多人的媽媽。」

訓導主任接著提到學校中教師們的相處，認為：

> 「由於學校大、員工多，老師跟老師間不熟，同學年很好，對於科任、其他學年的比較不熟。前任校長本來是要透過學年間的調動，讓老師們彼此熟悉，增進友誼，但成效似乎不彰。」

不過，對於訓導處與老師們的溝通情形，主任有其獨到的見解：

> 「我們都是先低頭、親自拜訪溝通、送一些溫馨小卡、不常蓋職章，盡量用輔導的方法與人相處，對學生也是。溝通上就比較不會有問題。」（訪談訓導主任紀錄）

由訪談過程中筆者發現，東國小的三位主任（教務、訓導、輔導主任）性格與行事風格迥異，加上目前校長與前任校長的領導風格也差距甚大，故對學校氣氛產生頗大的變化與影響。

再自學生觀點，從所填答問卷中可發現學生對東國小班級或學校整體氣氛的感受[8]：當問及「**假如班上有一位很不受歡迎、你也不太喜歡的同學，當他有困難時，你會去幫忙他嗎？為什麼？**」大多數同學皆回答仍會幫忙，可見該班級氣氛不錯；不過，其會幫忙的理由不一，歸納而言有的是一種「同理心」的想法，有的則是強調一種「社群感」，有的則是認為這是一種「良心」。另問卷中請學生用三句話形容學校時，也多半是正面的描述，例如學校就像天堂、花園、知識寶庫等，尤其是許多學生都認為學校很漂亮；不過，也有少數負面的描述，例如學校像監獄、戰場等。

有關學校與家長之間的互動與溝通，校長則有如下幾點看法：一是通常學校若有一些政策要推行，會先跟家長會說明，取得家長支持後，然後發下問卷，瞭解家長的想法。校長強調：

> 「不必急於做決定，就像是廁所外包的事情，我的立場是寧可多
> 花一些時間溝通，讓所有的家長都能同意。」

二是通常家長關心的議題有：營養午餐、畢業旅行等，原則上學校希望家長都來參與，而且做決定時校長的做法是：「**讓家長的比例過半，給家長決定的權利，自然負起相對的義務。畢竟這是與孩子相關的議題。**」三是盡量讓所有的行政依法執行，如招標等。校長說：「**以往常常是便宜行事，但是現在我們要從法治的觀點，依法行政。**」四是校長覺得：「**行政說穿了，就是溝通嘛！**」

通常家長會用電話或 e-mail 跟學校聯繫（訪談校長紀錄）。而由家長會長角度觀察學校最近的轉變，其認為：

8　由於我國教育型態中，學生平時「發聲」的機會不多，而且上課時多半由教師單面向地講授課程，所以筆者在研究中特別設計問卷，以供學生表達其觀點與想法。有關學生是否願意在校園與課堂積極「發聲」，亦與道德氣氛的良窳有所關聯。

「近年來本校的氣氛比較好，以前官派校長時，都是一些快退休
的校長。從上一任校長開始才比較有建設，現任校長是遴選進來的，
與學生相處得很好，去巡校園時都得要帶一枝筆幫學生簽名呢。」
（訪談家長會長紀錄）

最後，就學校與社區關係而言，該校學區的里長認為該里與東國小之間的
互動不錯，具體的事項有：(1)學校若辦一些公益活動或是校慶等慶典活動時，
里辦公室會予以支援；(2)國小有辦理補校，提供民眾就學；(3)國小內的場地也
會開放給民眾使用，大家的反應很好；(4)里辦公室會支援學校一些設施，像是
學校門口的「親子接送區」就是由里辦公室負責搭建的（訪談里長紀錄）。此
外，東國小所處社區亦有推動社區發展之基金會與學校互動頻繁，故本研究亦
採訪該基金會理事長，在訪談中其表示可以分幾個身分和角度來看東國小：

「一是以校友的角度看，該校是一所有歷史的老學校，對當地是
滿重要的學校，對社區及校友的教育栽培而言具有重要的功能；二是
以社區居民而言，東國小對社區發展有重要貢獻，包括對於該地區子
弟的培養，且本地有許多學校都與東國小有淵源，像是從東國小分出
去的，算是東國小的分校，造就了很多當地人才；三是本身也是學校
學生的家長，該所學校固有其優點，也有一些需要加強的地方，可以
做得更好。比如說，我和我的孩子都是東國小學生，但我們對學校的
印象卻沒有辦法連結起來。這幾年校舍、職務等的改變很大，好像只
剩下一個名字一樣而已，以往我們所接受教育的場所已不復存在，是
滿可惜的。站在一個家長、市民的立場，哪些東西是可以貫穿各代的
記憶的，是否值得珍惜保存？我們家是東國小中四代校友家族中的一
例，但我們發覺學校中只剩下一棵老樹是從以前就留下的。」

不過，理事長也提及：

「長久以來，東國小校風都是滿純樸的，一般老師與學生的互動都滿好的。從以前日據時代開始，師生間的情誼一直維繫到現在。從現今自己孩子與班上老師的相處看來，這種師生良好的互動仍可見到，也能體會校長、主任、老師真心地對待孩子。至於學校與基金會的互動，先是有古蹟的發現、師生對於鄉土的熱愛引發我們成立社區組織和基金會。記得在 1995 年的時候，辦了『認識○○研習營』活動，從東國小前任校長到現任校長對鄉土教材都很支持的。其實學校與社區組織的互動是互蒙其利的，老師可以從事田野的調查，一方面是對社區的回饋，而從另一種角度言，鄉土的材料對教師而言，也是多一種教學的內容，提供一種教學的方法。過去沒有社區的參與時，老師很容易把教學限制在教科書上。所以這樣的結果，讓我們的孩子可以擴展他的視野、開闊其眼界與生活的經驗。總之，讓孩子受益是最主要的目的。」（訪談文化基金會理事長紀錄）

(五) 道德課程設計與實施以多元管道強化生活教育

關於學校中道德教育的規劃與實施，當研究者訪問東國小校長「在德育方面，要如何帶領東國小」時，校長的想法為：

「朝既有的方向推展，向來本校的鄉土課程做得很不錯……；此外，希望營造溫馨的校園文化，希望能朝愛與尊重的基礎上發展，我發覺沒有教不好的孩子，鼓勵的方式具有非常好的效果。再者，本校的硬體設施、環境已經很不錯了，目前正在編纂《校園自然資源手冊》，能讓孩子認識一些相關植物很好。這些樹陪著孩子成長，讓孩子去認識、喜愛他，漸漸培養他們的愛校情操，等孩子畢業後就不會有回來破壞學校的事情發生了。再者，希望孩子個個『允文允武』，所以計畫推動『學習護照』，學生光讀教科書是不足的，不僅要會讀書更要會生活。最後則是實現社會公平正義，校園內仍有許多可以進

步的空間，本校目前亦推動所謂『榮譽制度』，各處室都有相關的措施，正由輔導室統籌規劃中。」（訪談校長紀錄）

至於負責課程重責的教務主任，對於該校道德教育的相關規劃陳述如次：

「目前本校道德教育課程小一到小三是道德與健康，四到六年級是分科的，……一般而言，都有上這個課。有一些老師另外有用心設計，像是『靜思語教學』等。此外，曾經在幾年前推動福智文教基金會倡導的『觀功念恩』的活動，觀察別人所做的功業，感念別人的恩惠，利用週五同仁進修的時間跟老師們報告。」

其次，當詢問主任認為小學的道德教育應強調的重點為何？他回答：「**像是要有公德心、考試不作弊等公、私德的部分。**」另學校實施道德教育的途徑，主任歸納出為：

「一是道德科課程；二是導師時間，早上8：20～8：40的這段時間，導師可以處理班務，並做一些常規的教導。三是每一科都可以把道德議題融入，像是上課時不影響他人，就是尊重他人與否的一種教育。不過現在常有一種現象，科任老師會把在科任課表現不好的學生交給導師處理，我覺得會增加導師的壓力，不應該是如此的。」（訪談教務主任紀錄）

與道德教育另一密切相關的單位莫過於訓導處，訓導處的難為在訪談訓導主任時亦可深刻體會，訓導主任說：

「訓導的工作很多、很雜，從我一天的工作說起，學校早上的導護工作從7：15開始，那我們訓導處的工作人員要做好榜樣，當然要更早到學校。加上現在校園開放，為了小朋友的安全，我們會集中一

些早到的孩子到訓導處前的階梯，所以負責的老師7：00就要到了。
我早上就從學校周圍的環境巡起，看看小朋友上學途中的情形，有沒
有發生危險、到不該逗留的地方去了，沿路跟愛心導護媽媽打打招
呼，噓寒問暖一下，感謝他們為學校所做的付出，然後去廚房看工作
的情形、籃球隊的訓練，接著7：30～7：50小朋友的打掃時間，星期
二、四的兒童朝會，一早開始就十分忙碌。」（訪談訓導主任紀錄）

至於訓導主任的理念為：最重要落實生活教育，她說：「**要有禮貌、要會
生活、要整潔、有秩序。**」這是最基本的。其次是安全，主任覺得學童的安全
很重要，她說：

「人家家長把孩子送來，就要讓他平平安安回去，而且現在的家
長都不會感謝，出事只會怪別人，不會怪自己。當家長都不懂感謝
時，孩子怎麼會感謝呢？」

所以，主任也認為要教導孩子心存感激。最後主任則一再強調是用「媽
媽」的角色來處理訓導處的工作，「**我們訓導處都是一些上了年紀的女生，大
家都像媽媽一樣**」（訪談訓導主任紀錄）。

總之，由前述訪談與問卷結果可知，東國小在學校整體環境與道德氣氛所
顯現的特點如次：(1)該校雖為該區之近百年老校，但因其近年來校舍大幅改建
以及近幾任校長領導風格不同，故其校風也展現不同風貌，但整體而言仍稱純
樸；(2)該校之領導決策人員整體而言多提及民主、溝通與關懷的理念，校長強
調法治、訓導主任重視情感，但教務與輔導兩位主任在推動校務中顯出有些「無
奈」，而教師實際的感受乃稱「尚可」，又因該校規模甚大，故教師互動仍有
待強化；(3)該校設有師生權益相關機制，如教師會與家長會等，前者似乎未獲
普遍參與，後者則發揮諸多功能；(4)學生對於學校的整體氣氛多傾向於正面的
描述，諸如學校像個花園、天堂等；(5)該校與社區互動良好，除重視鄉土教學

外,更進一步與社區組織合作,讓師生參與社區之營造;(6)東國小道德教育的重點在於生活教育,較為強調「紀律」與「關懷」層面。

二、國小低、中、高年級之道德生活特點

班級生活與整體校園環境或有其差異,因而有關東國小之班級道德生活與氣氛所呈現的樣貌,乃藉觀察員闡述、教師札記以及觀察紀錄等,區分為低年級、中年級、高年級三個年段加以剖析如次。

(一) 低年級道德生活:強調良好生活紀律並以獎懲為主

國小低年級(一、二年級)為星期一至五上半天(四節課),僅星期二上全天(七節)。每天一早約50分鐘導師時間,每節課40分鐘,下課為十分鐘。因東國小低年級課程在既有課程基礎上融入九年一貫課程之部分調整,故其課程有國語、數學、生活、道德與健康、母語、體育、綜合活動、彈性課程,二年級另加上圖書館指導及美術。依據觀察員描述受觀察的一年級東 1 班(代稱),可顯現其老師著重生活常規的教導:

「該班級任老師任教18年,頗為注重言教與身教,由她帶領班上的小朋友共同維持班上的規矩及秩序。該老師特別著重某些班級常規,也身體力行來指導小朋友。如老師規定大家不可在學校吃早餐、不遲到、多喝水、少喝飲料、輕聲細語,老師也徹底實行,示範給小朋友看。這個班級充滿活力,小朋友們有禮貌、守規矩。同時,亦能積極投入課程之中,踴躍地表現自我、表達意見。該班級任老師將教學焦點集中於小朋友的言行上,其認為小學一年級這個時期,是小朋友行為模式的塑造期。老師針對這個部分,設計了幾份活動記錄表,讓家長也融入小朋友的學習之中、一起成長,營造出學校家庭共同學習的環境。」

至於二年級東 2 班(代稱),是由任教第三年教師所帶領的班級。該班老

師剛由鄰近國小轉任該校，其曾說剛進入這個環境、教導這個班級時，滿心惶恐與戒慎，為維護班上的秩序，老師花了不少心血。觀察員描述：

> 「經常看到老師坐在教室內的辦公桌上批改作業，桌邊圍著許多小朋友。小朋友興致勃勃地看著老師做事，對於老師的一舉一動十分好奇。老師在剛上課時，會先播放一段輕音樂，希望藉由音樂讓同學定下心來。因為唯有孩子定下心來，學習的效果才能達到最高品質。老師也十分用心於教室布置上，在教室布置中可看到小朋友的作品，以及關於修心養性的『靜思語』標語。班上有 33 位小朋友，老師必須待在教室內，注意這些小朋友的一舉一動。班上的小男生較為活潑，下課時，一會兒就不見人影。小女生則較為注重表現，尤其是上課時，積極表達自己的意見。當然班上也有些特殊份子，不時為老師添些小麻煩。」

此外，由教師們所寫的札記中，可看出其帶班理念中不斷強調「循規蹈矩」與「良好秩序」。一年級東 1 班級任老師所撰寫之反省札記內容為：

> 「我是一位師專畢業返回母校任教已 18 年的『中古』教師，……教育真正是一門學問，很大的專業，用對了方法才能事半功倍。因為自己面對的是三、四十位活潑可愛的學童，萬不可誤人子弟。所以從擔任教職的第一天直到今日，我一直用戰戰兢兢、如臨深淵、如履薄冰、積極的態度來做好教學的工作，也與家長做良性有效的互動，期許孩子們能真正向上提升。在我帶班的兩年中，他們的學習態度和做人做事的方法能有所進展。為往後的學習，奠下良好的基礎。……今日學童真正和剛畢業教書所教的學生大不相同，他們比以前的孩子更勇於表現自我，更有自主性，也受到更多的寵愛。我相信多元智慧的理論，每一個學生皆有他的優勢學習管道。所以從以前任教到現在，我一直覺得智育掛帥、少數的菁英教育是錯誤的。我也將多元評量的

理念融入教學之中，尤其低年級的寶貝們。好的啟發及價值觀的建立，對他們來說是很重要的。過程大於結果，EQ 重於 IQ，我也一直修正班級經營、師生互動、親師溝通的模式，總希望建立一個親、師、生三贏的班級文化，所以我要求自己多吸收新知。班級經營重在建立『有規可循』的班級文化，有一個良性的互動模式，精心規劃的課程、教學活動，才能循序漸進的教導給孩子們。在建構班級常規時，和學童討論，以身作則。經多次修正，以人性化為考量，不以高壓為手段，逐步建立大家都樂於遵守的班級常規。……最後，要提到道德教育的影響，人之所以異於其他物種，是因為人兼具理性與感性，道德教育是塑造人所以成為人的重要關鍵，它的影響深遠，但常無法收立竿見影之效果。學校教師就是孩子的一面鏡子，學校生活就是孩子社會化的重要階段，我們教育工作者責無旁貸，也沒有任何理由推託（不要指責社會教育和家庭教育都無法配合），因為孩子也是我們的鏡子，他們會真實地回應我們所教育他們的。這是我們成年人的使命，所以道德教育它的影響既深且遠，尤其低年級的孩子。他們對老師是絕對的信奉，我總是期許自己多提醒孩子，多勸告孩子，做他們的好榜樣，和他們的家長一同用心，引導他們建立正確的態度與觀念，能夠對他們的人生有所助益。」

此外，由二年級東 2 班級任老師的反省札記中，可看出其對學生「規矩」的用心：

「在本國小，本班是我調任的第一班，基於前兩年在○○鄰近的○○國小任教低年級（一、二）的經驗，心想面對二年級應不致太恐慌。但初接此班，只有『混亂』兩字可形容，孩子在班上隨意走動交談是司空見慣的事，心想，經過漫長的暑假，再加上面臨新老師，孩子的心也是浮躁的，給自己一個月的時間熟悉彼此，建立信任，也告知孩子『規矩』。……上課的專注和下課的自由也是一直努力的目

標，在教學互動過程中一定秉持公平和公開的原則，只要孩子有意見一定會與之討論，尊重每個孩子是一直努力的方向。……幾個月下來，孩子與我的關係還算不錯。有時發現在課業壓力（趕課）的時間緊縮之下，無法欣賞到孩子的獨特性及其可愛天真的一面，覺得真是損失。所以心平氣和是上課的課前工作，這學期嘗試與孩子課前靜坐三、五分鐘的機會，藉此收回下課閒散的心。自己也藉此時間整理思緒，進入課程，實施以來，效果是有，但十分緩慢。我想持續下去應會有所改善的，給孩子時間，我也願意等待。」

根據本研究對於上下課時間的觀察紀錄，亦可發現低年級的教師甚為重視紀律，尤其是規矩、秩序與禮儀等；其次也重視藉由賞罰建立小朋友常規；再者，使用的互動方式則常以同理心為引導。例如老師說：「**老師今天要講一個故事，想不想聽？**」小朋友說：「**想聽。**」老師說：

> 「想聽的話，要不要安靜？老師今天講一個椅子樹的故事，……。老師還沒問問題就不能舉手，不能影響別人上課。小朋友要記得老師以前說的規矩，不能只說『我知道』。要怎麼做？安靜地舉手。……這位同學表現得很好，鼓勵一下。」

小朋友齊聲說：「你好棒！」（摘自 2001.5.14 小一生活課）。此為強調規矩與禮儀；又如教師說：「你不喜歡他丟給你，結果你又用丟的還給他。同學K，你不喜歡的，別人也會不喜歡。」（摘自 2001.3.22 小二數學課），此均為強調同理。

(二) 中年級道德生活：紀律仍重但漸發展關懷與尊重精神

國小中年級（三、四年級）星期三、五上半天（四節課），星期一、二、四為全天（七節）。每天一早約 50 分鐘為導師時間，每節課 40 分鐘，下課為十分鐘。東國小中年級課程依據民國 83 年公布之課程標準訂定，其課程現有讀

書、作文、英語、數學、社會、自然、道德與健康（三年級合科，四年級分科）、音樂、美術、體育、電腦。

根據觀察者對兩班中年級級任老師的描述發現，其共通點是皆用「靜思語」教學，並強調學生之關懷與同理心。觀察員對於三年級東 3 班（代稱）之描述為：

「由於班上有兩位過動兒，和一位特殊體質的小朋友，所以本班只有 31 位小朋友。而級任老師是剛從外校轉入本校服務的新老師。同時，這個班級也是她第一次帶班。……從這個班級可明顯察覺出，每一位小朋友都相當特別、與眾不同，每一位小朋友皆希望得到老師的注意，有時會為了爭取表現機會而產生爭吵。……老師較著重行為部分的教學，對於小朋友的功課，老師只要求小朋友有基本的知識，盡其本分即可。有時，老師會偽裝出某些情緒，藉由這些情緒表現，讓孩子們知道，他們究竟犯了什麼樣的錯誤，對於周遭造成什麼樣的傷害。……另外，級任老師也選擇『靜思語』，作為同學的行為教學範本。」

至於對四年級東 4 班（代稱），觀察員的描述則是：

「該班級任老師是位佛教徒，同時也是慈濟功德會的委員。對於面對 30 位小朋友，級任老師採取『靜思語』作為教學輔助課程。經由觀察，以及和級任老師、各科任課老師交談後發現，這個班級可稱為四年級中相當優秀的班級，普遍素質都不錯。老師採取自助教學，也就是由小朋友當小老師，讓小朋友來安排上課內容，如檢討考卷、課本習題；老師則在一旁輔導教學。當然，老師仍是負責主要的課程內容教學。班上有四位資優生，固定於某些時段到資優班報到上課。在這個班級有點成績取向，同學會以成績來論定高下，也會以成績方面的表現來設定同學該有的行為表現。……老師認為教孩子，也就是和

孩子交心，欲瞭解孩子心中的想法，即必須真摯以待。……當孩子發生爭執時，讓孩子冷靜反省，才能引導孩子真正成長。一味地呵護孩子，只會養成其驕縱的行為。她也非常鼓勵小朋友多閱讀，由閱讀中學習事物，開拓眼界。」

其次，此關懷心情也由教師札記中表露無遺。由三年級東3班級任老師所撰寫之反省札記寫著：

「這一班是自己教學生涯中第一次擔任級任老師，也在帶領的過程中，常常回想到小時候的自己，也是滿有趣的！小朋友來自各個不同家庭、不同的教育方式、不同的生活行為，因此在班上自己較著重於團體的合作和相互尊重，以及在班上什麼時候該遵守以及什麼時候該放鬆，培養能照顧自己的獨立精神。或許說來很簡單，不過對於處於愛玩、常忘了自己是誰的小孩來說，老師就得一再提醒，或是常講述一篇又一篇的道理，讓小孩子清清楚楚所做的每一件事及決定背後所需付出的代價及影響的範圍，這些也是引導小朋友訓練深入思考，眼光放遠。……因此學生平日在校有些事件很適合提出來做探討、價值澄清，或許花的時間很長，老師也要私下花更多時間去涉獵各領域的資訊，但自己的教育理念認為培養一位會獨立思考及眼界開闊的學生，比只擁有書本知識，思考卻是人云亦云而隨波逐流還更重要。畢竟社會上，如果有正義感、知道自己是什麼、做什麼角色的人多一點，會較可愛吧！很慶幸自己在民主社會，老師有充分的自由教學模式。自己認為教師是蠻需要耐心且辛苦的行業，……自己也希望學校能多給老師較自主與自由的空間，少些官僚面子式的形式工作。畢竟有身心健康、眼界開闊的老師是學校的重要資產。」

此外，四年級東4班級任老師之反省札記是以感性的語調寫給學生：

「孩子，感恩你，祝福你！滾滾紅塵中，一個緣分，讓你我相遇，結為師生緣。更因你們搭起愛的橋樑，而與家長相識，讓我們一起擁有親、師、生三合一的愛。你們有的如燦爛的花朵，搶眼的光鮮；有的如小花，盡本分的開花結果；也有的如小草，迎風搖曳，都在曼妙的花園裡，各展風姿。近兩年來，感恩家長和你們的相伴，讓我的生命更豐厚飽滿。『凡走過，必留下痕跡』，在本校的每個角落，遍布著你們成長的足跡。可還記得為了排演話劇，在中庭花園比手劃腳；可還記得為了認識春天，在多彩的校園捻花惹草。教室裡每人上台經驗分享後，大家腦力激盪的提出不同見解，以提高對事情的客觀性。午餐時刻，是大家無話不說且無所不談的快樂時光，就這樣，師生攜手相伴，一起為這美麗的時刻，留下一幕幕美好的回憶。六月即將來臨，你們將升上高年級，成為學校的大哥哥、大姊姊，期許你們帶著『慈悲喜捨』的種子，隨著足跡，散播在社會的不同角落，去關懷周遭的人、事、物，做個提燈照路的快樂人。孩子，我以滿滿的愛，祝福你及家人，福慧雙修，法喜充滿。」

再者，根據上下課觀察紀錄發現中年級與低年級雷同，仍十分重視班級的紀律，譬如規矩、秩序與禮儀及賞罰的運用，譬如東 4 班老師說：

「剛才下課時，有小朋友在英語課用橡皮筋彈同學。老師下課找這兩位同學談談，同學承認他是故意，我問他要怎麼辦？他在黑板上寫罰寫課文。下課時候，他很快地把它寫完，這種表現很好，是什麼？知錯能改，善莫大焉。複誦一遍。」（摘自 2001.5.7 小四社會課）

然而，中年級與低年級相較差異之處為關懷取向萌生，且由同理更進而重視尊重與責任等概念，例如老師說：

「我們主要看人家運動精神和運動技巧。你們上次拔河，……，

我最討厭看到學生打輸了就怪東怪西。人家贏了，我們要恭喜人家，讚賞人家。人家之所以成功，一定有他的道理。……一個成功的運動家，一定要有智慧運用策略，反應靈敏。」（摘自 2001.5.7 小四自然課）

(三) 高年級道德生活：紀律不可或缺但漸強調關懷與正義原則

國小高年級（五、六年級）僅星期三為半天（四節課），星期一、二、四、五均為全天（七節）。每天一早約 50 分鐘為導師時間，每節課 40 分鐘，下課為十分鐘。東國小五年級課程依據民國 83 年公布之課程標準訂定，其課程現有讀書、作文、英語、數學、社會、自然、道德、健康、音樂、美術、體育、電腦；而六年級則為民國 83 年之舊課程，故其道德科仍為「生活與倫理」，其餘科目名稱均與五年級新課程相同。

高年級是國小的五、六年級，也是學校中的「大哥哥、大姊姊」。根據本研究觀察員對於東國小高年級兩班的描述發現，學生越來越有其主見與獨立觀點，師生相處也傾向於開放氣氛。誠如對五年級東 5 班（代稱）之描述為：

「該班級任老師原本是位專任的體育老師，在原任級任老師離職後，接任該班的級任老師。班上的 36 位小朋友，大多十分活躍。在諸多任課老師眼中，班上的男同學猶如一盤散沙，對於任何競賽，總是一副事不關己的態度，令老師十分頭疼。反而是女同學，對於事情腳踏實地，安安分分如期完工。……這個班級的男同學，不大喜歡和女同學一起活動，有時還嫌女同學笨手笨腳、愛哭鬧。下課時，部分同學總喜歡圍著老師，和老師聊天。男同學常常為了玩，而耽誤學習。班上的男同學有時會為了遊戲卡發生爭執，而且會以肢體動作來解決他們的問題。」

其次，觀察員對於六年級東 6 班（代稱）班級的描述為：

　　對於該班級任老師印象最深刻的部分，除了他那一張不苟言笑的臉之外，就是他那一桌子某政治人物系列產品。同時，也對於整齊的擺飾感到詫異。他是位非常重視課程教學的老師，上課時，補充不少課外的教學內容。對於同學的行為則採取開放的態度，從聯絡簿和週記的內容，可以想像導師和同學之間，存在著有某種情誼。31 位同學中，有四位資優生。其實，這個班可稱之為臥虎藏龍。班上的同學大多非常優異，只要有興趣，便會主動學習或尋求師長協助。當然，他們也對於日漸繁重的課業感到壓力。」

　　五年級級任老師所寫之教師札記，提出其帶班的感想與理念，也揭櫫諸多表象外的深刻意涵：

　　「一千四百多個日子沒當班級導師，因為原來班級老師由於身體因素，所以從去年 10 月 1 日起我再由體育科任調回級任。心態調整、觀察學生，比級務適應更花時間。這一屆的學生是偏向採取『開放實驗』的做法，數學教法上是採取建構式，其他各科所謂融入鄉土式教學、輔導教學、學習單模式、讀經教學等林林總總一大堆嘗試，目前所觀察的現象是他們好活動，男生普遍好講話，多數人回家後去安親班（輔導班）或其他才藝班的學習活動。除體育課外，美勞、音樂課也是本班小朋友所喜愛的。接觸他們後，我花了相當的時間和家長聯絡，甚至計畫全班的家庭訪問。上學期功課很少，我仔細觀察學生活動，瞭解他們真正的想法；也檢視對比自己十年級任、三年行政、一年科任後，心態做了什麼調整和改變，結論是：還是最愛級任的工作。100 天前曾經在黑板寫過本班：(1)不負責任；(2)沒正義感；(3)合作心與凝聚力不夠。等到在深入瞭解他們及自己以後，才知『事實』並非如表象而已，只因本班有一個全校最『頭痛的』人物，他花費我很多的注意力，也讓其他任課老師因為他，影響對全班的『整體觀感』。我的教學理念偏向個人——我主張對自己負責、學習自律、真

實的呈現自己。除了不打學生以外，盡量採取鼓勵的手段。自己也不是『循規蹈矩』的人！班上一切的表現，反映著接近『實際面』，除非我先改變『班風』，也才會調整。越瞭解學生的家庭、家長以後，更趨近相信『有其父必有其子』。家庭教育對子女造成深遠的影響。我讓家長『自由』來校觀察本班學習狀況，以及自己孩子學習情形。兩位家長瞭解改作業的繁重，兩位家長瞭解班上『頭痛』人物。除了全校風雲人物外，其他男生的管教也不容易，原來他們自己小孩『竟然』在校是如此學習——他們在家絕對無法想像。如果老師不據實以告，或者用『暗示』的方式的話，父母一定不願相信這是我的孩子。孔子曾說過：『人莫知其子之惡，莫知其苗之碩。』就是此理。我適度採取家長建議，上課更要求『注意聽講』，早上適度的出一點『功課』，稍微要求一點『生活細節』，中午吃飯用『公差』。我瞭解『打學生』或許是最快（有效？）的方法——連荀子學派也如此主張。但我不能背棄自己，連我的子女都不以這種方式，何況是其他小孩？我認為暴力是會上癮的，而且我也不一定能控制自己的暴力！我選擇用其他較緩和、緩慢的方式——我用身體力行做給學生看，堅持盡量呈現言行一致。曾和小朋友說『天地、父母、師長或許都可能拋棄我們，而自己千萬不可拋棄自己。』帶全班去陽明山賞花走路來回，我才知道他們的耐力是挺好的。……下課我鼓勵全班盡量都離開教室去玩，男、女都要運動。打掃效率比人數重要，我常說一些其他老師都不會明說的言論，回憶多年以來從沒有其他老師『敢』將小孩放在我的班上！在家長會時，我提出的願景是：(1)許一個快樂童年；(2)培養良好的讀書習慣；(3)養成持續的運動習慣。狄更斯《雙城記》曾言：『這是個最壞的時代，也是個最好的時代。』家庭背景、家長心態、社會型態固然不是我們個人所能影響改變的，甚至對學生也不見得真正會改變多少，我以為班風、班級氣氛會隨著教師心態及觀感和形式風格而調整。我嘗試著提供表達給學生『真、善、美』——而我是較偏向真的學習。不管未來如何改變，外在環境如何變遷，希望

我們的學生都不偏離這三條大路去學習或真、或善、或美的追求。我告訴學生太久沒有當級任，已經快不會當級任了，作業改起來很累、級務繁雜、男生也不長進、科任老師常常對本班『道德訓誡』。……既然答應了帶領我們這一班，一定有始有終堅持到底，再度調整我的心態和家長深度溝通。現在的孩子究竟需要什麼？賺錢的目的又是什麼？如果孩子偏離人生大道，以後再多時間、金錢也無法彌補。每個孩子都需要親情和老師真心的關愛，更需要時間讓他們選擇真正的需求來前進，我所提供的是我個人的範例，如果有影響，他們自然會變化。」

至於六年級東6班級任老師則從學校教師之權利與義務關係，反思其對課程改革的心情與心得，他敘述：

「談談我對當前教育議題的一些看法：(1)面對九年一貫學校本位課程的新觀念，國小教師應如何自我定位？是課程設計者或課程詮釋者呢？即將在90學年度實施的國民教育新課程，強調要培養學生具備能帶著走的基本能力，拋掉背不動的書包與學習繁雜的知識教材。對於學校本位的課程概念，將課程設計與教材編纂的重責大任，下放到擔任第一線教學的教師身上，我實在不敢苟同。主政者似乎是將過去學校教學僵化、教學品質低落，完全歸咎於統一的教材與課程，似乎天真的以為由第一線擔任教學的教師所設計出來的課程，一定會比過去由課程專家所設計出來的課程，更能有效的適應學生的學習需求，更能提升學校的教學品質。(2)常常聽到老師抱怨：自己並不想當學年主任、不想當組長、不想當合作社經理、不想當教評會委員、不想當……，卻被趕鴨子上架，不得不硬著頭皮接受。如此心不甘情不願的結果，弄得當事人工作情緒低落，工作品質自然也就無法提升。學校裡有許多正式及非正式組織，例如合作社、教評會、人評會、教師會……。究竟參加這些組織，是老師們的權利還是義務呢？為什麼大多數的老師都不願意擔任學年主任、組長、教評會委員、合作社理監事

等，是不是這些組織與制度在設計上出現了問題？這是一個值得我們深思的問題。不論是教師法或其他相關的法令，從來沒有規定教師必須擔任學年主任、組長或理監事，或一定得參加教師會、教評會、人評會等。所以我認為擔任這些職務或參加這些組織，應該是教師們的權利而不是義務。而且也唯有透過民主的機制，才能讓這些組織與職務真正發揮他們的功效，真正提升他們的工作品質。」

由前述老師們札記中可知，其均重視民主與開放的正義取向，此由研究者觀察亦可佐證。在班級上下課觀察紀錄中發現：高年級的道德生活中較為凸顯尊重、自治、規矩、秩序與禮儀，例如東5班級任老師所言：

「班上有很多小朋友不喜歡別人叫他綽號，……所以我請小朋友拿出一張紙，寫出自己的綽號，算成績，寫出最喜歡人家叫你什麼？最討厭人家叫什麼？如果我在教室聽到有人叫最討厭的，至少扣十分，對於綽號說出你的看法。……我們這一節課上完以前，所有的綽號暫時凍結一下。第五條、第六條，有人很激動喔！所謂的幽默或開玩笑……我們在電視上，如果有人被開玩笑很好笑。但是這種事情若發生在你身上，最好的幽默，就是開自己的玩笑。」（摘自 2001.5.2 小五健教課）

此外，學生「講髒話」以及「語言暴力」等負面現象也漸增多，例如觀察者對於讀書課老師圈詞的描述：

「有些小朋友開始鼓譟起來，有的還激動地說：『我尻！』老師：『38 頁，犧牲。』小朋友接著說：『死死好啦！』……老師：『蛟龍。』小朋友說：『玉蛟龍。』另一位說：『幹譙龍。』老師：『蛟是一種長得很像蛇類的動物，……潰敗。』小朋友：『胃潰瘍。』另有小朋友說：『哭餓！』」（摘自 2001.5.21 小六讀書課）

　　總之，由東國小低、中、高年級班級道德生活與氣氛之剖析，可得下述特點：一是「紀律」取向的道德生活，包括秩序、常規與禮儀等，為國小道德教育的基礎與重要內涵；二是隨著年齡的增長，「關懷」取向的道德生活漸次融入，並強調人際間的同理與尊重；三是升至高年級，學生的自主性增強之際，民主開放氣氛益顯重要，亦即「正義」取向的道德生活也漸凸顯與增強。

第三節　國小校園道德氣氛之統整與反思

一、研究對象的概貌與發展

　　本章研究針對東國小進行一學期之觀察與訪談後，就學校整體道德生活與氣氛而言：該校在集體規範價值方面刻正形成中，行政人員頗為強調認同、關懷及民主參與；但不同學年教師間及其與行政人員間互動仍有些許疏離，甚或產生誤解，縱使參與校務時，仍偶存有同儕壓力及被動消極的思考模式，故易流於表面維持和諧氣氛的現象。不過，近年來之教育改革，尤以九年一貫課程之推動與實施，對東國小原本平靜純樸的校園衝擊甚大，使得學校諸多成員互動及參與頻繁，校園關係也自然地連結與逐漸活絡起來，此對百年老校而言未嘗不是一個改革的契機。其次，就各年段班級道德生活與氣氛的分析可知：國小因採包班制，故對學生常規的要求也特別多，在該校中「紀律」層面的道德生活尤為凸顯，包括良好生活習慣養成、遵守課堂規定、整潔、秩序、禮貌等。不過，在研究中也發現低、中、高三個年段師生互動的強調重點稍有差異，低年級時教師較常強調「賞罰」與「同理」，中年級時則強調「尊重」，至高年級時教師則會強調「自治」與「參與」，所以道德生活之特點是自「紀律」取向，累加「關懷」取向，而擴展至「正義」取向，不過後兩者取向仍有不足。再者，所觀察班級的級任老師中，有多位將其宗教與政治理念融入道德教育，其是否適當且其分際為何，甚值加以深入探討。

　　其次，東國小校長曾以「營造一個溫馨、和諧、自尊、自重的學習環境與

健康活潑的校園」為願景，期望建立「以學生為主體的教育觀」，一切行政作為均從最有利於學生的角度出發。除「依法行政」外，特別強調「溝通行政」，因其認為「**沒有溝通，就沒組織，如同樹木沒有水分必然枯死，軀體沒有血液必難存活。**」「我們可以不同意別人的看法，但必須學習尊重不同的聲音和意見。天底下只有不願意溝通的人，**沒有不能溝通的事，行政必須重視學生、老師、家長的意見。……」（取自該校網站資料）。不過，就研究結果所呈現，關於溝通及參與也正是東國小面臨的最重要問題，故提出建議如次：

1. 重視校園空間規劃與運用，以利教師之間之互動與交流。
2. 教師會組織、參與及運作宜更加健全，教師權利義務宜更明確。
3. 校長領導與行政人員推動業務時，宜與教師多加溝通並獲共識，避免有「由上而下」管理模式之誤解。
4. 教師對於校務亦應主動參與、表達意見、溝通協調，以建立社群意識與認同感。
5. 學校生活中教師之身心負擔與調適應受到關注。
6. 學生之學校生活中對於「正義」觀點較為薄弱，故應予強化學生之民主、公平、理性等知能，並能有實際運用的機會。
7. 高年級學生在學校生活的負面次文化應予留意與導正。
8. 整體校園之正義與關懷的道德氣氛仍有待齊力營造。

此外，針對國小校園道德氣氛之營造與增進，可參考近年我國對「公民社會」和「社區總體營造」等理念之提倡，成為校園道德氣氛重建願景之重要基石。換言之，擷取校園道德氣氛之精神並配合「學校中心」（school-based）教育改革發展趨勢，則可建構出「學校成為一個道德社群」（Brown, 1985; Thomas, 1990）之願景，其意涵為「此係一種校園改造工程，期透過交流、互動與溝通，建立教師、學生、行政人員、家長與社區人士等所有成員，對學校積極認同和主動參與行動，逐步形成『學校共同體意識』，以落實校園道德氣氛之重建與學校永續改造」。此「校園道德社群」理念強調重點有四（李琪明，1999a）：(1)以關懷和認同取代冷漠和疏離；(2)以主動和參與取代被動和逃避；(3)以溝通和共識取代對立和紛爭；(4)以多元和自律取代一元和他律。因而校園

道德社群之理念，即強調在民主自由開放環境中，尊重與容許差異存在，進而以「自我立法、自我監督、自我執行」之自律及主動參與精神，創造校園多元發展空間與特色。

二、研究歷程的多元反思

本章所述研究之歷程，對筆者而言是豐富與感動的，雖在心情上曾有轉折起伏，認知也曾失調又重建，但此對於質性研究與道德教育，這些都是寶貴經驗，故而將其重點反思如次，以供進一步研究參考。

(一) 研究對象

研究歷程中針對研究對象遭遇諸多思索與困境，首先是如何選擇學校乃最大問題。筆者因考量交通便利性與資源豐富性，乃以台北市為範圍並採立意取樣。因東國小教務主任為筆者舊識，由該主任引薦校長而應允本研究，故在個案選擇上並不凸顯特殊性，僅期望瞭解「一般」學校之現況，但因旨不在類推，所以本章力求將學校環境與背景列出，藉以彰顯學校特色與研究特點。其次，對於該研究如何與學校相關師長進行溝通亦是一大考驗。誠如前述，經東國小校長同意後，筆者與助理備妥資料逕赴該校與各處室主任，以及推派班級的級任導師進一步說明。因筆者之研究算是該校第一次面臨的大型研究，諸多老師皆有疑慮且避之唯恐不及，故受觀察班級雖是由各學年決定而非由校長指派，但對於部分老師的感覺，其決定過程仍似「由上而下」交辦的「強迫業務」。不過，幸賴觀察期間助理與老師們良性的互動與溝通，使其對於該研究有所改觀與期盼。

(二) 研究紀錄

觀察期間該研究遇到的問題有：(1)觀察員的位置如何才不會影響原有上課常態？(2)觀察員的角色扮演為何？(3)觀察員如何進入與退出現場？(4)在上課萬象中觀察什麼？如何記錄？等問題。筆者當時之處理與定位為：(1)觀察員位置於教室右後或左後方學生座位，較不影響班級上課；(2)觀察員是以「老師」身

分進入現場，小朋友較為接受；(3)觀察員是由導師介紹進入現場，退出現場時會進行問卷填寫並發糖果加以說明與感謝，不過，觀察員在退出第一個班級時，心情似乎有些不能適應，經研究成員間討論後始完全調適；(4)至於要觀察什麼，就形式而言乃著重在師生互動與教學內容，學生分組或個別之表現行為不予也無法記錄，另就內容而言乃以與道德或價值相關者為原則，故除道德單獨科目實錄外，其餘均為摘錄（其課程知識性內容並不納入紀錄之中）。

(三) 研究倫理

筆者於進行研究之前，雖已力求顧及研究倫理問題，但在研究期間仍有若干考驗，諸如：某班一位任課教師拒絕觀察時該如何處理？觀察紀錄是否要給受觀察者閱覽或修正？受觀察教師的過高期望與誤解問題如何處理？觀察與訪談紀錄的定位問題？針對前述，本研究之解決方案與定位如次：(1)當某日助理來電稱她在某堂課被老師「請出來」之際，筆者實感震驚與不忍，不忍的是助理必受相當委屈與難堪，震驚的是筆者因諸多班級任課教師過多且無法集中時間解說之限制，皆事前擬妥一份書面說明，並請各班導師（級任老師）代為轉交並口頭說明該研究案性質，且請託之際一再聲明，若有疑問可由筆者直接向老師解說，豈料這中間的傳達似乎出了問題，不過，更感困擾的是該位教師婉拒筆者的當面溝通。然而，如此一來該班一週學校生活中則獨漏該門課而顯得不完整，該如何處理？空白，還是觀察其他班級的同門課，但若是同樣的老師呢？假設是同樣課程其他老師，他們會願意嗎？這整整困擾了本研究成員兩個星期，幸賴期間觀察員以柔性方式積極與該位老師多次溝通並說明本研究之目的，才取得其同意得以重返現場；(2)筆者為求慎重特將觀察紀錄屬實錄部分請原教師過目，豈料招致頗大的質疑，認為該份文稿所述文字不可能是其上課所言，但該實錄確係依據錄音整理而成，其可能問題或在於即使錄音亦會有所疏漏，口頭表達與書面表達間會有差距，經溝通後仍以該位教師修正者為觀察文稿以示尊重；另有關所有訪談稿亦皆請受訪者過目修正，不過，一些受訪者紛紛來電，希望將訪談的紀錄做些刪改，理由不外乎是：「**那些話，是我跟你們私下談一談啦！**」「**我的觀念跟主事者不同，不要寫啦！**」基於尊重受訪者也

照其意修改；(3)在觀察期間有些教師會對於研究之目的或觀察員有過高的期許或誤解，故筆者屢與其溝通本研究重在「瞭解」而非改變與評鑑，不過，有時觀察員會與某些教師聊天談其感覺與建議，也會轉而向筆者尋求觀念與書目推薦的協助；(4)「掌握實況」與「適度詮釋」是相當不容易的，任何研究均會有其限制與盲點，故對觀察紀錄的定位指明雖係客觀陳述，但仍強調這些是觀察員之觀察紀錄，此與真實實況（或無人能真正掌握）必定有所差距，故有關訪談稿皆以受訪者修正為主，雖遭刪除部分資料甚覺可惜，但以尊重當事人為宜。

(四) 研究成果

在該研究蒐集了厚厚數疊的資料，包括錄音帶、問卷、照片、觀察紀錄、文件資料、訪談文稿等之後，所面臨的問題是如何整理為「有意義」的研究成果？其所包括的問題為：觀察紀錄如何處理？問卷資料如何處理？訪談資料如何處理？各類資料如何統整？等問題。筆者對於前述問題之處理為：(1)觀察紀錄由筆者與助理先行個別閱讀並畫出「重要句子」，經多次討論後形成一個「初步分類架構」，再以此架構將所有紀錄中重要句子予以「編碼」，最後再形成較具結構與意義的分類架構；(2)問卷資料由助理加以統計與整理，以便與其他資料彙整；(3)訪談資料經原受訪者修正後，亦由筆者與助理將受訪稿中有意義的重要句子畫出，以利與其他資料彙整；(4)各類資料初步整理後，重新由研究目的出發，找出「學校整體道德生活」與「班級道德氣氛」兩個主軸，分別將各類資料按主軸之下的細項，予以歸納整理並加以詮釋。

總之，個案研究之價值不僅在於其結果，更在於其歷程。在研究成果方面使筆者較為深入瞭解校園生活的豐富性與複雜性，並且對於正義、關懷與紀律三個道德生活的實踐面向，有了更明確的體驗。在研究歷程中，則使筆者更貼近校園情境，益加瞭解校長的理念、行政人員的觀點、教師與家長的心情及學生的生活等。由這些多元觀點所交織與激盪出的校園故事，帶給筆者一種對教育無盡的感動與躍動！這段校園故事距今雖已歷經約十年，但在道德教育改革歷程中，仍有其值得不斷咀嚼回味的價值。

第五章

國中校園道德氣氛觀察

本章延續前章，於2000年九年一貫課程改革前後，針對我國道德教育正式課程即將產生重大變革之際，期將國中小的校園生活予以記錄與探究。筆者以俗民誌的研究方法，深度觀察一所國中在整體校園環境與班級生活中，所顯露出的道德氣氛特點，作為道德教育歷史脈絡延續及其反思前瞻的起點。

校園道德氣氛探究之源起與規劃

一、道德氣氛探究之源起

　　本章接續前述第四章國小校園道德氣氛探究與瞭解，將焦點置於國中校園的故事，尤其是我國國中階段面臨升學壓力的結構性困境，國中校園的生活究竟呈現何種道德氣氛甚值加以探索。有關校園道德生活與氣氛之相關研究，計有實驗、大規模問卷調查與觀察等方法，實驗法重在瞭解改變道德氣氛之情境，問卷調查重在數量之統計結果，觀察則重在道德氣氛的風貌展現。由於本章與前章均聚焦校園實際生活之道德生活與氣氛，目的不在改變而在瞭解，且特別關注道德氣氛形成的過程及其特點，故捨實驗與調查，而採俗民誌研究且以參與觀察為主，另則將本研究定位為偏重探索性之質性研究，並非在驗證相關理論。

二、道德氣氛探究之規劃

　　筆者於 2000 年 9 月至 2001 年 1 月（89 學年度上學期）[1] 以台北市一所國中校園（以 A 國中代稱）為研究對象進行相關探究。筆者因經友人介紹認識該校校長，所以直接去電與校長相商，並至該校拜訪且與各處室主任討論後，乃確定與該校進行合作。茲將研究方法概述如次。

(一) 研究方法

1. 觀察

　　本案聘請一位專任助理擔任觀察員[2]，針對 A 國中三個年級各一個班級，

1　筆者與專兼任研究助理對於各一所國中小之觀察與訪談，分別於 89 學年度上學期與下學期執行，其研究方法均同。

2　該專任研究助理為私立大學文學院畢業，曾修習教育學程，十分認真仔細且貼心，與受觀察學校師長及學生相處愉快。筆者與助理每週均須共同討論。

分別進行各約二至三週之參與式觀察，藉以瞭解師生在學校中道德生活與意涵，及其對校園道德氣氛之感受，以錄音與筆記方式進行觀察、記錄與整理。

2. 訪談

由筆者分別訪談該校校長、教務主任、訓導主任、輔導主任、家長會會長及社區人士等，藉以較為周全地瞭解學校道德生活與氣氛之各種觀點。

3. 小規模問卷調查

針對受觀察班級學生及其教師（導師與任課教師），採用非結構式問題，填寫有關其所知覺該校道德教育現況與道德氣氛情形。

4. 教師札記

商請該校受觀察班級之導師（級任老師），針對其教學心得與對道德教育之反省，撰寫一則札記。

5. 文件與網站資料蒐集

蒐集學校有關德育相關資料與規定，如校訓、校規、週會之實施辦法、教師會與學生會相關組織辦法、學生獎懲紀錄等。

(二) 資料處理

根據前述研究方法所蒐集的資料共分五大類：一是錄音稿與實錄，盡量以原貌整理，惟遺漏與誤解之處在所難免，故在分析觀察紀錄時，均已預設其係「觀察員之描述」；二是教師札記，均依教師親自撰寫原稿呈現；三是訪談稿，為求慎重特於訪談稿整理之後送受訪者校閱；四是非正式小規模問卷結果統計；五是學校書面與網頁文件資料整理。此五類資料除盡量原貌呈現外（其中若涉研究倫理問題時，則加以處理或代稱），亦將進一步依道德生活與氣氛之各個重要主題，予以重整、歸納、詮釋與驗證。

第二節　國中校園生活之道德氣氛特點

一、國中校園環境展現之整體道德氣氛

　　依據 A 國中網站與學校日手冊所載資料得知,該校創於民國 26 年,自台灣光復後歷經九任校長,現任校長係於民國 88 年 8 月經遴選產生。當時計有普通班 96 班(一至三年級各有 32 班),另有藝術才能美術班、學習困難資源班、身心障礙資源班等特教班級。學生人數分別為:一年級 1,159 人、二年級 1,099 人、三年級 1,132 人,總計 3,390 人。該校位處台北市市中心區,亦屬著名文教區,社區資源頗豐,為台北市甚具規模學校,家長社經地位較高,對子女教育情況高度關切,對學校活動亦積極參與。A 國中於校長之下,分設教務處、訓導處、總務處、輔導室、會計室與人事室等單位,其中以訓導處與輔導室兩個單位與道德教育較直接相關。全校計約有 220 位教師,具碩士學歷或進修專業 40 學分以上老師約占一半以上。學生於才藝方面諸多良好表現,各項對外比賽成績十分優異,如合唱團、女籃、美術比賽等皆榮獲全國佳績。在升學方面,88 學年度 A 國中畢業生約 70%進入高中,全校約 20%入前三志願學校,總升學率達 98.68%。依該校學校日手冊指出,除推動「溫、良、恭、儉、讓」之校訓外,該(89)學年度工作重點共有九項:

1. 以學生為中心,尊重個別差異,發展多元智慧,培養多元能力。
2. 提升教學品質,發揮教師教育專業能力。
3. 重視情境教育,建設人性化校園。
4. 培養學生前瞻未來之能力。
5. 注重生活教育,培養美德青年。
6. 注重衛生保健,強化學生體適能。
7. 重視安全教育,提供安全教育環境。
8. 做好學生生涯進路輔導,協助學生自我實現。

9. 結合家長力量，共謀校務發展。

筆者於該研究規劃與實施除採觀察外，另設計問卷請師生填寫，並訪談學校校長、行政人員、家長會與社區里長等，以進一步瞭解其對於Ａ國中學校道德生活與氣氛之看法與感受。

(一) 對學校道德課程之觀點

1. 教師自覺負有道德教育責任但不需單獨設科

針對Ａ國中接受觀察記錄之三個班級所有任課教師問卷回答顯示：三個年級共 27 位教師中，有十位教師認為道德教育應單獨設科，15 位教師認為道德教育不需要單獨設科；不過，填答教師中有 92.6%自覺應擔負學校中道德教育之責任。至於各科教師針對本科教材覺得與道德教育之相關性，也有 59.26%覺得有密切；進一步問及教師於教學中是否會融入道德教育時，其結論是肯定的，惟「偶爾會」比率為 51.85%，略高於「時常會」之 48.15%比率。

2. 學生認為與道德教育最為相關的課程為公民與道德

就學生看法，三個年級共回收問卷 104 份（一年級 37 份、二年級 35 份、三年級 32 份），其中學生覺得學校中與道德教育相關之科目，相關性最高前五科分別為：公民與道德科（及國一之認識台灣社會篇）、國文、輔導活動、童軍及健康教育。另學生覺得學校中與道德很有關係之活動有：班會、週會、朝會、打掃、社團與公共服務。此外，學生認為與道德教育很有關係之老師，依序為公民老師（含國一認識台灣社會篇老師）、國文老師、輔導老師、訓導主任與導師。

3. 行政與社區人員強調道德教育的生活化與實踐

關於道德教育與實施，Ａ國中校長認為：

「道德教育已不能只靠公民與道德老師，我們把它實施得很廣泛了，不良幫派防治措施、請律師演講，這是潛在課程，須各科老師隨機來做教學。」「本校有導師時間，聯課活動、社會、藝能科的老師

都會灌輸和道德有關內容，學校要求是整體一致的，各科老師會將道德教育內容規劃於教學活動中。」（訪談紀錄1-校長）

輔導室主任亦表示：

「以前的道德教育是透過公民教育，也就是將德行融入日常生活中。當然道德觀念是常在改變的，每個時代的標準不同。最主要的問題是如何落實，我覺得透過團體規範、教師的不斷叮嚀、校規等等有助於道德教育的落實。」（訪談紀錄4-輔導主任）

教務主任曾分析A國中歷年公民與道德科之授課情況，指出：

「早期一般學校對於公民課的看法是流於配課性質，A國中當時情形也不例外，一般都是配給國文老師。尤其是國一、國二時是普遍的，國三才由專任的公民老師進行教學。但是慢慢的，公民老師也覺得公民與道德課，不光只是知識教育而已，國一、國二沒有正常的教學，有些觀念銜接不上。因此透過公民老師的自覺與爭取，慢慢的一到三年級都回到由專任公民老師任教，感覺上比較有連貫性。」

主任同時強調：

「公民教師的使命感很強，他們既然掛一個道德，特別是對於學生道德實踐的督促滿重視的。」（訪談紀錄2-教務主任）

至於面對九年一貫課程中，不再有單獨道德科設置，該主任之觀點為：

「道德課程是比較實踐面的，因此哪怕是沒有這樣一個課程，至少在我們學校平日的道德課程仍會持續進行，透過不同活動和集會中

去倡導。因為這是做人的基本，我們還是會規範學生守時、拾金不
昧、熱心服務等……。」（訪談紀錄 2-教務主任）

在學校一般課程之外，近年來 A 國中也推動公共服務，訓導主任認為：

「『公共服務』並不限於勞動服務、清潔打掃，像是學區內各里
若有需要的話，學校也會提供學生表演節目，或者到相關的慈善與福
利機構幫忙。基本上『公共服務』是採自願制的，由學校公布服務機
會，學生自由登記。」（訪談紀錄 3-訓導主任）

A 國中校規規定，學生在學三年六學期中，須有四學期從事服務，一學期
四個小時，共計 16 小時。學校除消極做此規範外，亦常運用時機宣導「服務別
人是一種回饋」之概念。

此外，透過該校學區之里長訪談，亦可得知 A 國中學生對社區之回饋（公
共服務項目）：

「學生會到本里幫忙掃公園、撕亂貼的小廣告啦、有些時候在辦
活動時會來表演或幫忙一些事項。……至於學生協助的事項，要看里
的需求性並衡量學生的能力來決定。目前的構想是週末兒童服務，希
望由 A 國中學生幫忙講故事給小小孩聽。」（訪談紀錄 5-里長）

由前述教師、學生、行政人員與社區里長等方面之觀點可得下列共通點：
一是 A 國中之公民與道德課程，無論就其內容或教學，均十分強調道德教育；
二是道德教育理念與實施，在國文等其他科目中亦受相當重視，相關教師亦會
適度融入課程，多數教師也自認擔負道德教育之職責；三是 A 國中也著重非正
式課程中之道德教育，如班會、週會、輔導活動等；四是 A 國中將道德教育實
施漸由校園擴展至校外，且力求與社區連結。

(二) 學校重要議題聚焦於空間分配與改制問題

依據訪談得知，在A國中並無特殊重大之全校性議題，但近來則有學校改制與學生管教兩項議題較受注目：

> 「教師談論的多是與學生相關的事項。但因為學校空間的安排，辦公室較為分散，因此非正式場合的談話較不清楚，不過在正式場合如導師會議上，倒沒有很常討論一些議題。」（訪談紀錄 2-教務主任）

> 「家長也在爭取改制成完全中學，由於學校地點不錯，如果改制成功，我們學校重建才有希望。民國92年相鄰國中開始招生後，我們就可以重建，家長也在反映。」（訪談記錄 1-校長）

> 「例如學生攜帶大哥大的問題，教育局明定不准學生攜帶，但有些家長卻認為不准孩子帶大哥大，那校方一定要保證學生的安危。站在行政的立場，是重視依法行事與貫徹法令。又如服裝規定的問題，有家長反映皮帶似乎是不必要的，學生並不樂意佩戴。但我個人認為，規定有一定效力，在未經一定程序討論下，不能因為個人意見而任意改變。」（訪談紀錄 3-訓導主任）

(三) 學校重要制衡或仲裁組織中家長會扮演重要角色

在學校中凝聚集體規範價值，多半藉由學校或班級重要會議：如行政會議、行政會報、班長會議等；另有所謂正式之組織，如教師會與家長會，其在A國中運作情形之調查與訪談如次：

1. 教師會

根據訪談教師會長瞭解教師會現況：A國中教師會自民國85年起成立，雖未強制教師皆須入會，但目前學校中僅有七位教師未入會。教師會每年5、6月

改選，任期一年，得連選連任一次，會長由理事兼任，目前會長是去年 6 月接任的。該國中教師會可稱組織健全，職掌、分工完備，每月召開一次理監事會議，經常舉辦電腦研習、運動社團、聯誼聚會等活動。教師會長認為教師會重要目的有三：

> 「一是為教師爭取應有的權益，如配課、授課時數、聘約上規定之事項等；二是爭取參與校務機會；三是爭取進修管道，以增加教師的專業能力。」（訪談紀錄 6-教師會長）

然關於教師會之仲裁功能與維護教師權益方面，依 25 位教師所填寫問卷中有 18 位認為「尚可」。

2. 家長會

A 國中之家長會組織健全，且聘有一專職人員常駐校園以利聯絡與處理相關業務。據家長會長所述：

> 「每班有家長代表兩人，39 個委員，九個常委；目前分為四組活動：輔導組、活動組、行政組、總務組。」

有關家長會的經費來源及組織運作情形，在訪談家長會秘書得知：

> 「每一學期開始四週內，由學校召開各班家長會（通常是學校日），各班選出家長代表一至兩名，將名單送交家長會秘書。秘書於六個星期內聯絡召開代表大會，在代表大會上選舉委員會、常委及正副會長。家長會的決策過程，是經過大會通過才去執行的。家長會的經費來源主要是來自家長們的募款與樂捐，每一年都有固定的募款活動。因為家長會的經費有限，因此家長會的立場，希望所辦的活動盡量是針對大多數人，而非少數幾個學生。」（訪談紀錄 8-家長會秘書）

(四) 學校成員權利與義務均依規定辦理但較少關注民主參與

學校道德氣氛中學校成員之權利與義務亦為重要層面,依訪談結果得知:

> 「有關教師部分主要是依照人事法規運作,若有爭議時,可循申
> 訴管道救濟之,學校可以申訴兩次,並可再向教育局提出申訴案;至
> 於學生之部分,對於不服懲戒者,亦可提出申訴,是所謂『一級二
> 審』制,申訴委員會由行政人員、家長、學生代表共同組成,委員會
> 隸屬訓導處之下,不過截至目前仍未發生過申訴案。訓導主任認為,
> 與其事後再透過申訴管道,不如在對學生進行懲戒前,就讓學生、家
> 長到場,於瞭解情況後再行懲戒,便能減少困擾。」(訪談紀錄3-訓
> 導主任)

此外,校長也提及:

> 「如果是教職員,我們都依人事法規由人事室來管理,這有固定
> 規章。學生的獎懲辦法都依教育部的獎懲要點,學生的權利保障都有
> 學生申訴評議委員會。……老師權利義務都規定得很清楚,如果有問
> 題都有申訴管道。」(訪談紀錄1-校長)

至於教師實際感受為何,問卷顯示:當教師被問及該校成員權利與義務之
規定與制定過程是否合乎正義時?大多數回答是「尚可」。另被問及該校決策
是否發揮民主及參與精神時,大多數也是回答「尚可」。

(五) 學校集體價值規範仍強調傳統的重要

A國中學校或班級之集體規範價值究竟為何?以及如何形成?校長認為:

> 「本校一向強調要激發學生榮譽感與道德,且在實行上時刻注意

到公正與公平的問題。」（訪談紀錄 1-校長）

當面對道德議題，學校之立場為何？校長認為：

「社會變遷，很多觀念要靠學生自行判斷，我們只能分析給他們聽，要他們自治約束。若公民課老師多舉例子，再以老師觀點總結，讓學生判斷。學校應是以討論方式，而非高壓傳統的方式，讓學生有表達的機會。」（訪談紀錄 1-校長）

另訓導主任也強調：「**A 國中除校訓外，亦極力推動『誠實、禮貌、秩序、整潔』等規範**」（訪談紀錄 3-訓導主任）。

關於若有教師不符合 A 國中之傳統或集體價值規範時，通常學校會如何處理？根據該校教師會長之說法：

「教師會會進行運作，請一些老師去溝通。同時也會請行政單位將接收到的訊息以書面方式傳達。通常來講，由教師會出面，家長會覺得有個『台階下』，比較有信賴感。」（訪談紀錄 6-教師會長）

教務主任亦認為：

「因為學校有一些傳統、一些無形的規範在。新進的老師或許帶著先前的經驗、認知而來，但一、兩年內會被整個大團體融化的。……至於無形的規範，常是家長、學校同仁對教師之期待，具體而言像是服裝方面不要讓人覺得『這個人不像本校的老師』等，都會有一些約束。……那只是一種無形之感覺，沒有對錯，而是不妥。」（訪談紀錄 2-教務主任）

(六) 對學校整體氣氛之感受

1. 行政人員認為校園氣氛良好但社區人員對於學校教育成效略有感慨

從訪談中可知，校長認為：

> 「我們強調民主開放，不會非常嚴厲，而採尊重與人性化的管理，盡量避免處罰。……本校向來也是非常重視爭取榮譽，這就是個傳統。」（訪談紀錄 1-校長）

此外，輔導主任對該校道德氣氛感覺是：「基本上教師都滿喜歡這裡的，而也滿吸引學生的，整個的感覺應該是在社會水準之上。」（訪談紀錄 4-輔導主任）。不過，里長則是從親身體驗中感到：「現在的道德推行和生活教育要加強，連公車上的讓座都是我們這種中老人讓給老老人坐。」（訪談紀錄 5-里長）這或許是對整體社會普遍現象的一種感嘆！

2. 教師與學生多半認同學校且感覺校園道德氣氛不錯

從教師們所填答的問卷中可發現，其對 A 國中整體氣氛之感受多半是「師生皆自覺是學校中重要成員，彼此合作支援，積極參與校務，並營造關懷與正義氣氛。」從學生們填答問卷中亦可發現，其對 A 國中班級氣氛感受，大多同學認為很好與不錯，且被問及假如班上有一位很不受歡迎、你也不太喜歡的同學，當他有困難時，你會去幫忙他嗎？大多數人回答「會」。再者，被問及你覺得學校就像是什麼？多數人對於學校之描述是傾向正面的，諸如學校就像大家庭、知識寶庫、樂園等；當然亦有少許負面描述，如學校就像監獄、地獄等；另則有些中性描述，如學校就像是考驗耐力之地方、是一個讓人又愛又恨之地方等。

(七) 面對校內外環境變遷多半成員自覺在社群之角色為溝通協調

從訪談資料中得知，該校校長認為：

「校長是扮演溝通協調角色，以民主的方式讓大家產生共識，再去推動，而不是以一言堂的方式去推動校務，用關懷的態度會比較調和。因為本校已經成型，老師多半有自己的一套教法，所以用什麼方式，只要家長、學生不反彈都可以，讓學生培養自己的能力與定見，不要都受家長影響。事實上，我們應讓學生表現、應多辦活動、多關心能力較差的學生，也應讓他們有所表現。推動校務應多方面推動，因為我們家長都滿積極，讓他們參與。」（訪談紀錄1-校長）

該校訓導主任亦認為：

「面對繁雜的工作，心境要能適當的轉化，要認知到學生是學校的主體，在變與不變之間的取捨。有學生→有老師→有行政人員→才有校長，永遠將學生擺在第一位。至於和校長間的互動，乃秉持『行政倫理』，在校長決策前可以充分表達，一旦塵埃落定之後，則一句話『公務員要為政策辯護』。」（訪談紀錄3-訓導主任）

至於該校教師會長則在受訪中表示：

「當然，夾在行政與教師間是很為難的，但會長所扮演的角色是溝通、協調者的角色。」（訪談紀錄6-教師會會長）

總之，由前述訪談與問卷結果可知，A 國中在學校道德氣氛所顯現特點如次：一是該校為素有傳統之老校，故其學校儼然存有諸多有形與無形規範，促使全校師生遵守；二是該校之領導決策人員十分強調民主、溝通與協調等理念，然教師實際之感受乃稱尚可；三是該校對於師生之權利和義務規定明確，且有相關機制之正常運作，如教師會與家長會等；四是學生對學校整體氣氛多傾向於正面肯定，諸如學校像個大家庭及知識寶庫等。

二、國中生一週課程中道德生活特點

(一) 觀察班級之課程與導師理念

1. A 國中一年級 A1 班（代稱）

　　國一課程包括國文、英文、數學、台灣歷史、台灣地理、台灣社會、生物、健康教育、生活科技、鄉土活動、輔導活動、社團活動、童軍教育、音樂、體育、美術、週會、自習、班會。據觀察員對該班之描述認為該班導師十分重視師生關係與溝通：

> 「導師和同學建立起一種親密的師生關係。她以溝通的方式，幫助班上的同學釐清觀念、引導思考。她也十分鼓勵同學多閱讀，認為知識能啟發同學思考。……導師察覺同學有個別的問題時，她會主動和同學聯繫，瞭解這位同學究竟有什麼困擾。同時，也引導同學享受人生，培養、提升同學學習的品質，讓同學發掘自身的興趣、才能。」（觀察員札記）

該班導師所撰寫之手札亦強調：

> 「一個班級最重要的是常規的建立，而導師處於主導的地位，班級的走向會循著導師的風格來進行，但這不代表導師的角色是專斷且獨裁的，但在領導班上時，還是必須先訂出適當的遊戲規則，讓孩子有所依歸，而也必須有管道讓他們發出心聲，並傾聽他們的心情，所以師生關係保持在『有點黏又不會太黏』的狀況會是最理想的。」

2. A 國中二年級 A2 班（代稱）

　　國二課程與國一稍有差異，包括國文、英文、數學、歷史、地理、公民與

道德、理化、家政、電腦、輔導活動、社團活動、童軍教育、音樂、體育、美術、週會、自習、班會。依觀察員描述：

> 「……該班導師是校內師生及家長口中的王牌老師，有豐厚教學經驗，不過在 36 位同學眼中，導師則是位既可敬又可怕的人物。」（觀察員札記）

至於該班導師之札記內容，指出其所重視帶班要項為：一是培養學生是非善惡的觀念；二是培養同學關心他人、幫助他人的情操；三是重視團結、分工與合作的精神；四是重視誠實的態度；五是鼓勵學生養成讀書習慣；六是行為上，允許學生有犯錯的空間；七是教導學生時間的規劃。

3. A 國中三年級 A3 班（代稱）

國三雖是升學重要時段，其課程與二年級差異不大，但每日多了第八節課，其一週課程包括國文、英文、數學、歷史、地理、公民與道德、理化、地球科學、生活科技、電腦、輔導活動、社團活動、童軍教育、音樂、體育、美術、週會、自習、班會。觀察員對該班之描述為：

> 「國三學生的生活可以灰暗來形容。下課時間，只見同學趴在桌上補眠，或三五好友聚在一起講話。……升學是他們即將面臨的關卡，所以也無法分心於其他事物。」（觀察員札記）

擔任公民與道德課程之該班導師，在其所謂的「學生生活與道德教學之省思」中則強調：

> 「道德教學的目的，是在積極地發展學生自律的道德理性；要使每個人都能站在自己的腳跟上，做獨立的道德判斷。……道德教育本是課程教學中一種明辨是非善惡的教材，除了在觀念的分析和價值的

澄清之外，更要讓學生在日常生活中能去實踐，才是最重要的地方。
若兩者相悖離，則道德教育即等於空談。」

由前述可知，A 國中是一所歷史悠久、具有豐富資源且表現優異的學校，
各班導師亦具有獨特與用心之教學理念及方法，期能培養學生全人格的發展。

(二) 一週課程之道德內涵分析

由觀察員針對 A 國中三個班級進行參與式觀察，完整的一週課程中若以道
德課程觀點約可分為三大類：一是道德單獨設科，二是道德融入各科，三是非
正式課程。據觀察紀錄顯示，在三大類課程生活中，師生的互動與教學內容均
蘊含不同程度和取向之道德內涵及教育功能。

1. 道德單獨設科

國中階段道德單獨設科乃指國一之「認識台灣」（社會篇），以及國二與
國三之「公民與道德」課程。依上課內容與教學互動之觀察紀錄分析，在此類
課程進行中最常強調的是自治、公平與賞罰觀點，即偏向正義取向；另對於禮
儀與公德等紀律取向也甚重視；至於關懷取向則較缺少。在正義取向，課程中
常強調賞罰、自治、守法與理性等觀點：

師：「沒有關係……我們這個禮拜就開始作業抽查，我們公民科
是到下禮拜，小老師，禮拜幾啊小老師？你要記起來喔！要不然我把
日期寫在你臉上。你們作業一定要全部交齊喔！作業交齊全班記嘉獎
……」（國一認識台灣社會篇 2000.12.11）──賞罰

師：「是不是事情都要老師每一天盯著，跟著跟牛跟馬一樣盯著，不需
要！」（國三公民與道德 2000.11.08）另國二也有類似情形的觀察描述，例如
老師發現同學有一題自由發揮題沒寫。他問同學為什麼不寫，同學們告訴他，
不知該依課本寫，還是照自己的意思寫，老師利用這次機會和同學溝通。他說

同學們花許多時間在功課上，而沒有花時間去思索，以至於臨時遇到問題，不知如何反應（國二公民與道德 2000.10.24）——自治。

　　師：「今天有很多很多青少年每年暑假在光華商場做什麼，在那邊賣盜版的大補貼，對不對？為什麼？因為好賺嘛！可是這種行為是種違法的行為。」（國三公民與道德 2000.11.09）——守法

老師講述課文談到職業倫理時說：

　　「第一份工作難免會有抱怨，抱怨的時候要記得，我們今天真的有不愉快，你抱怨沒有關係。我們必須要把你的抱怨表達出來，要很有理性表達出來，要跟老闆去談，不要說一天到晚抱怨東抱怨西的，那個很顧人怨！」（國三公民與道德 2000.11.09）——理性

　　其次，在道德單獨設科課程實施中，教師甚為強調紀律取向應有之德行，如整潔、秩序、禮儀、榮譽、公德、環保等：

　　師：「你們今天的表現令我非常不滿意，當我說收考卷時，有人竟然出去洗手，有人還在走動。我說過我們可以輕鬆，但不可以隨便。……什麼叫有守有為，當老師在說話，居然像無頭蒼蠅，如果你們到現在還不知到什麼時候該做什麼事情，那我不曉得我們的教育有什麼用。你們只在乎爭幾分，你們根本沒去想學這些有什麼用，學了些什麼。對不起，這雖然是少數同學的行為，但我對今天的秩序十分不滿意。」（國二公民與道德 2000.10.24）——秩序
　　師：「我們的整潔、我們的秩序拿了幾週？看看拿了幾週？依照我的規矩呢，每一週都要有，可是我們現在呢，各位看看，今天早上我就看你們的表情，報告三年級各班秩序整潔優勝比賽得獎的班級……。我都不講話，看著全班同學屏氣凝神在聽，有沒有我們班的？

三年 A3 班,啊!整潔比賽聽到我們班,啊!高興,這是什麼?這就是榮譽,這就是榮譽感。你看看,當你們一聽到我們得獎,就很高興。」(國三公民與道德 2000.11.08)——整潔、秩序、榮譽

　　師:「你們要表現出 A 國中(國中名)的精神,坐直!拿出精神!」(國一認識台灣社會篇 2000.10.30)——榮譽

　　師:「吃的同學沒有良心!我們良心到哪裡去啦?去想想看看,我們公德心到哪裡去啦?今天老師不斷地講,我們要注意,要維護我們整個教室的整潔,要維護整個教室的安靜,這是個公德,這是個公德,可是我們公德心到哪裡去了?(國三公民與道德 2000.11.08)——良心、公德、整潔

　　師:「……中午時間我絕對不講話,為什麼?我常講過『吃飯皇帝大』,做任何事情都沒有比吃飯重要。所以任何時間要吃飯,吃飯有吃飯的規矩,這是一個所謂家庭教育的重要,我們講的國民禮儀……。」(國三公民與道德 2000.11.08)——禮儀

2. 道德融入各科

　　A 國中三個班級在一週課程中,除道德單獨設科課程實施時蘊含道德內容外,其他各個課程在教學互動中亦有其道德教育內涵,且多半與「紀律」取向有關。各科教師甚為重視上課時之規矩、秩序與禮儀等;不過,在觀察中顯示在禮儀層面上,學生時而出現語言使用之次文化特點——喜歡講「髒話」,以及凡事與「性」加以聯想,甚至老師也偶在言談中使用與此相關之言語,其現象頗值注意:

　　師:「我發現你們習慣很差,不該講話的時候就會講話,要你們講話時又不講話。……」(國二數學 2000.10.26)——規矩
　　師:「怎叫我將就你們呢?不要告訴我客隨主便,我上課時,課本擺左邊習作擺右邊。」(國一台灣地理 2000.11.02)——規矩
　　師:「那個講話的要扣十分,雖然不是作弊。」老師指著同學 P

這麼說。老師叫同學 U 和同學 Z 到後面站，同學 U 說：「我又沒有講話！」老師：「你考試沒有坐好。」指著同學 Z 說：「你也一樣，前後交換批改……」（國三理化 2000.11.08）──規矩、秩序、賞罰

老師十分重視禮儀，要求同學們確實行禮，如果同學確實達到要求，老師會給小組獎賞。（國三童軍教育 2000.11.10）──禮儀、獎賞

師：「同學們發電子信要照書信禮儀，不可以罵人，你用郵件罵人，我查得出來。」（國三電腦 2000.11.10）──禮儀

輪到同學 M 這一組考試，不知為何同學 M 說了句：「×你×！」老師推她一下，制止她說：「喂！妳是優良學生耶！」同學們也紛紛吐槽她：「優良學生講髒話！」（國三音樂 2000.11.06）──禮儀（負面）

老師講到課文中作者沈復觀察時專注的神情，師：「你們做什麼會這樣專注？」同學說：「打電動，打電腦，看漫畫。」同學說：「看色情漫畫會流口水！」同學 L 則說：「看那個會夢遺！」老師一臉錯愕！（國一國文 2000.12.06）──禮儀（負面）

老師一進來：「小老師今天有沒有小考？……反正你們有很多歪理。我先跟你們說一件事，我在別班考這一節，全班有 13 個人考不到 60 分，宋代史學……。我發現你們班陰盛陽衰，都是女生會答，男生不會答……。所以要壯陽，這個愛的小手下去就可以壯陽。」（國二歷史 2000.12.15）──禮儀（負面）

由觀察紀錄也顯示：在道德融入一般課程之教學互動中，偶會出現關懷取向，譬如老師對學生之關心、強調同理心與責任等：

師：「各位同學要懂得面對一些問題，考試就是這樣，有起有落。如果我們努力過，我們就對我們的努力加以肯定，不要再執著結果，……」（國三國文 2000.11.06）──關心

當老師發現學生沒有認真做時，她會以鼓勵的方式，去激勵他們

專心做作品，如「某某同學，加油喔！」老師進行教學的方式是分次教學，讓同學有多次觀摩的機會。（國二家政 2000.10.23）──關心

師：「……當各位歡欣鼓舞地放颱風假，你們還去逛街和玩電動，有人卻在受苦受難。不要說那些人，就說菜農，原本要收成，颱風一來，什麼都泡湯了！千萬不要有那種『還好我們家沒有』的心態，……」（國三國文 2000.11.06）──同理心

師：「……你們今天怎麼了？同學們要學會自我控制，有時候難免會心情不好，但即使是心情不好，也不可以把情緒發洩在別人身上。老師也會心情不好，但老師就會自我控制，不會將情緒發洩在同學身上。相對的，同學們也不可以把情緒發洩在老師身上，別人沒有那個必要接受你的垃圾。」（國二英文 2000.10.26）──同理心

由於同學講得不是十分流利，有幾位同學嘲笑他時，老師馬上開口阻止說：「Please don't laugh at him.」（國二英文 2000.10.23）──尊重

老師在下課前，確認球數是否正確，發現少一顆球時，老師要同學到邊邊找找看，果然找到顆籃球！可是她有點感慨地說：「現在的學生都這樣！沒有責任感。」（國三體育 2000.11.09）──責任

3. 非正式課程之道德內涵

依觀察紀錄顯示，在非正式課程中包括週會、班會、導師時間、下課、自習等，亦時而強調道德教育，惟都置重點於道德內涵之「紀律」取向上，即多以規矩、秩序以及禮儀層面為主。

升旗：

今天早上，輪到三年級的同學升旗。司儀等同學都集合好後，先將同學整隊。整好隊後，接著唱國歌、國旗歌，向師長問好。接著，就是頒獎，頒整潔、秩序的獎項，以及學藝競賽得獎的同學。之後，輪到主席致詞；今天校長上台給同學們打氣，要三年級的同學振作。

又再講一次跟上一次升旗一樣的話，也就是多元入學相關的事情。除此之外，也要同學好好利用晚自習的時間，好好念書；並提醒同學不要遲到！當校長講完話後，雖還有些時間，但司儀並沒有要同學和一、二年級的同學一樣做早操，當場就地解散。（國三 2000.11.08）
——禮儀、整潔、秩序

班會：

　　副衛生股長：「工作分配是按照規矩定的，如果有什麼問題可以找我，或衛生股長，或老師反映。如果你覺得你的工作量太重，這也是沒有辦法的問題，因為大家都這樣。如果你因此不做或做不好，我一樣會將你記缺點。」（國一 2000.11.04）——規矩、自治

導師時間：

　　導師趁機對同學們說以下的幾件事：「一是丟三次垃圾記一次警告；二是繡學號，沒有繡學號的同學，要趕快拿去繡。……希望同學多多努力，也要求小組長確實盡到督導的工作。」（國一 2000.10.31）
——整潔、環保、規矩

下課時間：

　　導師在下課時，回教室提醒同學幾件事：一是秩序問題。二是同學 L 生病要同學多照顧她。三是服裝儀容，不要穿黑白以外的鞋子。老師問是否有同學自願幫同學 L 做打掃工作？同學 W 主動舉手表示願意幫忙。（國一 2000.10.30）——秩序、規矩、同理

自習：

　　導師：「我跟同學們講過，要請假一定要跟老師報告才可以請假，不要隨便到老師抽屜拿假條，老師的抽屜怎麼可以隨便亂開呢？老師的東西不可以隨便亂動，老師的座位不可以隨便亂坐，這是基本

禮貌。以後老師的抽屜只有班長能開，要請假一定要跟老師報告。」
（國三 2000.12.30）——禮儀

　　由前述觀察紀錄分析可知：A 國中三個班級之學校道德生活差異不大，在廣義的各個課程中均會蘊含似有道德教育之內涵與功能。惟道德單獨設科中較為強調「正義」取向；而各科教師在教學互動中則多為強調「關懷」與「紀律」取向；至於在非正式課程中則著重「紀律」取向。因此，正義取向似易流於理論層面，在實際生活層面中紀律取向較為明顯。

國中校園道德氣氛之統整與反思

一、研究對象的概貌與發展

(一) 具有成規與傳統校風之歷史悠久校園

　　A 國中位於台北市中心區，已有六十多年校史，班級數約百班，家長社經地位頗高，學生升學率亦佳，行政人員頗為自豪之處乃稱該校國一、國二均正常教學，著重五育均衡發展，且其「公共服務」首創國中風氣之先。故對該校師生而言，儼然有著成形的「規範與校風」。

(二) 校園道德氣氛儼然形成，著重和諧氣氛，學校成員多強調溝通

　　由訪談與問卷結果可知，A 國中在學校道德氣氛所顯現之特點如次：一是該校為素有傳統之老校，故其學校儼然有些規範存在，促使全校師生遵守，但均以和諧為主；二是該校之領導決策人員非常強調民主、溝通與協調之理念，然教師實際之感受乃稱「尚可」，而且並不十分積極參與，較屬被動因應；三是該校對於師生之權利與義務規定明確，且有相關機制之正常運作，如教師會與家長會等，尤其是家長會尚主動舉辦社團活動，積極參與校務；四是學生對

於學校的整體氣氛多傾向於正面描述，如學校像個「大家庭」等，教師亦多半認為學校氣氛良好。

(三) 一週學校生活中處處充滿道德意涵，惟各類課程重點取向不同

由觀察中得知：Ａ 國中學生一週道德生活除包括單獨設科的公民與道德課程外，亦有道德融入其他課程（如國文課等），以及學校中非正式課程（班會、週會與中心德目實施等），均扮演道德教育之角色與功能，此一現象亦與師生問卷及訪談行政人員所得之共識十分吻合。然依觀察歸類顯示：道德單獨設科之課程較強調「正義」取向，即自治、公平即賞罰等觀點，但多半停留在理念上；道德融入各科則多與「紀律」取向有關，亦即在各科教學互動過程中，甚為強調規矩、秩序與禮儀等，但也同時重視「關懷」取向，透露出關心、同理與賦予責任等；至於非正式課程所蘊含之道德生活則仍以要求學生遵守「紀律」為主。

二、研究歷程的多元反思

(一) 針對個案研究學校之建議

誠如該校校長在「校務經營理念報告」中指出，其經營理念為：「以學生為中心、實施正常教學、強調快樂學習、形塑和諧校園、營造獨特校風」。以該校既有之良好基礎，師生對學校大環境之認同，加之家長積極參與和支持，應可達「五育均衡的全方位教育目標」之願景。然在學校發展過程中，或有值得留意或強化之處，茲提出若干建議：

1. 校舍過於老舊、校園擁擠、學生人數過多等問題有待解決。
2. 教師積極互動及主動參與校務仍有待強化。
3. 家長會與學校間之互動與定位宜予釐清與規範。
4. 校長治校與行政主管領導理念，應多與師生溝通並凝聚發展共識。
5. 學校宜強化學生自治組織民主參與意識與行動。
6. 學生生活中所顯現出若干負面之次文化（如說髒話及凡事與「性」連結

等現象）值得關注。

7. 對學生之道德教育可由諸多紀律之要求轉向關懷與正義取向。

8. 整體學校道德氣氛尚待由和諧發展至民主參與式之社群意識。

(二) 對運用質性研究之建議

1. 有關研究對象之建議

在質性研究之運用方面，研究對象之選擇十分重要，除考量諸多因素外，亦須有其典型特色或代表性。另研究對象選定後之聯絡方式亦甚重要，務必藉由各種多元方式（包括口頭與書面）澈底溝通，使其明瞭與信任研究目的與進行方式，盡量避免層層轉述。再者，基於若干國外研究倫理規範，可請研究對象簽署同意函，並確保其權益不受侵害。

2. 有關研究過程之建議

研究過程係質性研究之重點，惟許多過程稍縱即逝，因而事前妥善詳盡之規劃誠屬必要，各種方法之恰當安排則有利研究對象配合與支援。此外，研究人員之知能培訓亦屬重點，唯有具敏感度與專業性之研究人員，方足以掌握具意義與價值之訊息。再者，由於質性研究率多採半結構式之訪談或觀察，故過程中研究者時時反省、討論與調整，甚至於「打破」再「重建」均是正常與必經之研究歷程。

3. 有關研究結果之建議

質性研究之資料通常會累積眾多，面對各方大量之資訊，必須能予以挑選與整理，亦即要有所取捨，尤其是要回歸至研究目的之主軸加以思考。而在諸多實錄與現象中要能找出其意義與價值，尤其要能有機統整與多元驗證諸多資訊。另在理解與詮釋之後，亦能予以超越研究對象與現場之批判，尤其是借重理論之觀點與實證產生辯證關係及反思。

(三) 對後續研究路徑之建議

1. 質性研究之延續

　　該研究乃定位為探索性之俗民誌研究，除因時間稍短外，以台北市為研究範圍亦有其侷限性。故在時間方面延長、選擇其中一個年級之某個班級長期瞭解、或離開台北市之範疇、選擇校園道德氣氛中更聚焦之主題，以及挑選具某類特點之校園等繼續深入研究，必有其特殊意義與價值。

2. 量化研究之拓展

　　研究方法並無優劣之分，端視研究目的而定。就校園道德生活與氣氛而言，筆者近年來持續進行之研究歷程實為量與質之交互運用，故而歷經俗民誌研究之後，筆者於接續研究中，採取校園道德氛氛的問卷調查方式，進行全國性抽樣調查，以獲取較為普遍且具體之瞭解[3]。再者，除瞭解中小學校園道德生活與氣氛之外，並以實際推動及實驗的研究方式[4]，藉以改變與增強校園道德氣氛，調和正義、關懷與紀律兼具之學校道德生活，並開創道德氣氛研究的多元典範。

3　請見本書第六章之研究。
4　請見本書第九章之研究。

第六章 國中小學生之校園道德氣氛知覺調查

　　基於前兩章以俗民誌研究方式探究我國國中小校園道德氣氛，本章乃以問卷調查，抽取全國 48 所學校的國小五年級與國中二年級學生，共約 2,700 人受測，藉以瞭解學生所知覺的校園道德氣氛。問卷結果並依據不同的學校所在地（北、中、南、東四區）、學校屬性（公立、私立）、學校規模（大型、中型、小型）、學生性別（男、女），以及教育階段（國中、國小）等五個因子進行剖析。

第一節 學生知覺道德氣氛調查之規劃

一、校園道德氣氛探究興起背景

溯自 1998 年 9 月教育部公布《國民教育階段九年一貫課程綱要課程總綱》，以及陸續公布各學習領域課程（暫行）綱要後[1]，我國原本以「科目中心」之德育課程模式（國小「道德」課與國中「公民與道德」科）產生了極大變化。面臨道德教育朝向「由顯而隱」趨向，亦即由單獨設科須轉型融入其他正式課程，或藉由非正式課程與潛在課程實施之際，良好校園道德氣氛（school moral atmosphere）之營造，既可配合「學校中心／本位」之教育思潮，或可視為此波教育改革中將德育「危機」化為「轉機」之關鍵因素。

學校道德氣氛之研究可溯自 L. Kohlberg 在 1974 年起逐步成形之「正義社群」概念，其認為具有正義社群特色之學校，是與民主社會公民教育一致的，其間由學生、教師與行政人員共同決策、共同訂定規則、共同負有責任及義務遵守與維護規則，使學校的團體道德氣氛成為有利於個人道德發展的環境（蘇建文譯，1993）。繼之，Kohlberg 之學生輩學者 C. Power 於 1980 年代陸續發表多篇論文闡述正義社群與道德氣氛等理念，諸如〈道德教育透過學校道德氣氛的發展〉（1981）與〈正義社群法運用於道德教育〉（1988）等。Kohlberg 本人和其同事及學生，更透過諸多實驗或觀察的經驗，於 1983 年時為文〈學校中的道德氣氛〉，強調道德教育與潛在課程的密切關係，且主張學校中的道德氣氛乃屬重要的潛在課程，在道德教育中實不容忽視（Kohlberg, 1983）。

筆者近年來持續關注校園道德氣氛相關議題，並期以多元方法瞭解校園道德氣氛之現況，進而建構理想道德氣氛。諸如筆者曾執行之「我國國民中小學德育課程評鑑指標之研究」（1999），曾針對北市國小與國中各一所，進行個

---

1 該綱要名稱於 2000 年更改為《國民中小學九年一貫課程綱要課程總綱》（暫行），其正式綱要於 2003 年公布，其後亦歷經多次的微調與增加重大議題。

案性的專案研究[2]；進而，於 2000 年「道德社群之營造——我國國民中小學校園道德氣氛之俗民誌研究」專案中，嘗試以俗民誌的方法，深入觀察與剖析校園中道德生活與氣氛（見本書第四與第五章）。由前述研究結果發現：我國國中小校園道德氣氛中關懷與照顧的氣氛固然濃厚，但民主及參與的精神仍十分欠缺，而且在校園中瀰漫著缺乏公德等「反德育」現象[3]。歷經前兩個專案的探索性研究後，筆者從中挖掘了諸多道德氣氛的面向與現象，但也時時思考其「普遍性」的問題，故乃以前述經驗為基礎，進一步以較大規模的調查方法，瞭解我國國中小校園道德氣氛之整體概況[4]。

二、道德氣氛調查研究方法與實施

(一) 研究架構

本章之研究採問卷調查法，研究變項包括自變項與依變項：

1. 自變項[5]：也就是背景變項，包括學校的所在地（北、中、南、東四區）

2　該專案設定「指標 22——學校道德氣氛」為研究主題之一，乃運用簡要問卷由教師與學生填寫，結果顯示：就國小而言，有 63.3% 學生及 56.3% 教師認為學校就像大家庭，師長就像父母一樣提供關懷與照顧；進而有 43.2% 學生及 43.8% 教師認為，該校氣氛使師生皆自覺為學校重要成員，並能積極參與校務且共同營造良好團體氣氛。另就國中而言，亦有 40.8% 學生及 51.8% 教師認為學校就像家庭，師長像父母一樣提供關懷與照顧；進而有 32.7% 學生認為，該校氣氛使師生自覺為學校重要成員，但有 46.4% 教師認為該校是大家互不干擾、各自認清自己權益，並未形成整體校風。

3　該專案結果改寫為論文發表，一為〈道德社群之檢視：一所國中校園道德生活與氣氛之俗民誌研究〉，刊登於 2002 年《師大學報：教育類》，47（1），83-106；另一為〈正義、關懷與紀律——國小校園道德生活與氣氛之個案研究〉，刊登於台灣師大公民教育與活動領導學系 2003 年出版之《公訓學報》，13，21-46。

4　本章之研究乃筆者主持國科會專案「我國國民中小學校園道德氣氛之調查研究」之研究成果。2001.8.1-2002.7.31，NSC90-2413-H-003-007。

5　因所使用問卷係國外近年發展並修正中，在國內屬首次運用，故自變項之選擇尚無既有實徵研究為依據，本研究乃以一般教育研究中大多關切之背景變項作為試探性的研究因子，並期以此提供後續研究的基礎，研究結果也顯現出此些因子有其意義。

6、學校屬性（公立、私立）、學校規模（大型、中型、小型）7、學生性別（男、女）及教育階段（國中、國小）等五個因子。

2. 依變項一：即正義取向的道德氣氛，分為四類要項[8]，一為「道德假設議題」[9]（包括助人道德議題與規範，以及偷竊道德議題與規範）；二為「學校評價」（拒絕、外在工具、熱烈認同、社會關係）；三為「學校為社群」（負面社群：權力維護、具體回饋；社群感：關聯與分享、社會契約）；四為「校園互動」（民主參與、學校關係、師生關係、課外活動、學校整體印象）[10]。

3. 依變項二：即關懷取向的道德氣氛，包括「學生對尊重的感受」、「學生對友誼與歸屬的感受」、「學生對環境形塑的感受」三個分量表[11]。

(二) 研究假設

根據前述研究目的、文獻探討以及所列研究變項，茲列本章研究假設如次[12]：

6　北區包括台北市、台北縣、宜蘭縣、桃園縣、新竹縣、新竹市、基隆市；中區包括苗栗縣、台中縣、台中市、彰化縣、南投縣、雲林縣；南區包括高雄市、高雄縣、台南市、台南縣、嘉義市、嘉義縣、屏東縣；東區包括台東縣、花蓮縣。

7　大型學校所指為37班（含）以上，中型學校為13～36班，小型學校為12班（含）以下。

8　正義量表之四類內容因在相關統計（包括原問卷與本問卷以因素分析或驗證性因素分析統計）的處理並不理想，故無法視為「分量表」，僅為暫時性的歸類，以便理解其四大重點，且仍將其分數計算與累加為總分。

9　見本節末例題一。

10　二至四項題型均同，故在筆者研究問卷中歸為「學生與學校生活」大類，見本節末例題二，其中二、三項內容概念似有發展層次關係，但原作者與本研究均尚未加以處理。

11　見本節末例題三。

12　本研究假設乃根據筆者前述相關質性研究結果，發現國中小學校園道德氣氛傾向群體和諧而較少參與，屬於道德氣氛發展序階的第三階段，未至強調民主參與的第四階段。因而，本研究假設正義取向量表分數應屬中間值，而關懷取向量表分數應較高。至於背景變項乃為試探性研究。

1. 學生所知覺的正義取向，學校道德氣氛分數為中間值，其中「校園互動」乙類分數較其他類別低。
2. 不同背景因素（學校所在地、學校屬性、學校規模、學生性別、教育階段），所影響的學校正義取向道德氣氛會有顯著差異。
3. 學生所知覺的關懷取向，學校道德氣氛分數高於中間值。
4. 不同背景因素（學校所在地、學校屬性、學校規模、學生性別、教育階段），所影響的學校關懷取向道德氣氛會有顯著差異。

(三) 研究對象與取樣

本章研究之對象乃針對我國國中小學生，取樣時以均衡分布各縣市[13]為考量，為求各因子之分布足以達到統計上之採計以及問卷回收之可行性等因素，採取「分層立意取樣」方式，於 2002 年 2 至 4 月期間以郵寄方式施測 48 所學校，每校施測一至二班，並以國小五年級與國中二年級學生為對象[14]，共計回收問卷 2,748 份，有效問卷 2,701 份。樣本分類而言包括了「地區」：北區（19所）、中區（13 所）、南區（12 所）、東區（4 所）；「型態」：公立（44所）、私立（4 所）；「階段」：國小（23 所）、國中（25 所）；「學校規模」：大型（27 所）、中型（18 所）、小型（3 所）；以及「學生性別」：男（1,388 人）、女（1,313 人）。

(四) 研究工具

本研究之問卷調查乃使用兩份經原作者授權中譯的量表[15]：一是正義取向

---

13 本章研究抽樣對象未包含外島地區。
14 本章研究以小五與國二為對象，理由為：一是必須有一定的閱讀與填答問卷能力；二是須至少處於該校環境一年以上；三是施測時間是下學期，畢業班施測不易。
15 筆者對於校園道德氣氛主題已研究多年，但之前僅限於質性研究，對於本研究採量化研究所需問卷或量表乃搜尋多時。當時策略有二：一是自編，二是就現有問卷直接引用，自編的優點是較能貼近本土，但難度較高，而就現有問卷引用，若是符合我國教育情境與本研究需求，則可進一步作為未來國際比較之用，故以引用為優先

的道德氣氛，乃採荷蘭學者 D. Brugman[16] 等所發展的「學校道德氣氛問卷──簡要版」（School Moral Atmosphere Questionnaire，簡稱 SMAQ-short form）略經修正而成，其中道德議題因原問卷過於複雜且原運用於中學生，經第一次預試後予以簡化，另有關學生自治會之運作與我國國情不相符合故予刪除，本研究稱為「正義量表」。為便於填寫，依其份量分為兩大部分，分別為「道德假設議題」以及「學生與學校關係」（包括學校評價、學校為社群、校園互動三類題目）。二是關懷取向的道德氣氛，乃採美國學者 T. Lickona 及 M. Davidson 為評鑑美國現代品德教育所發展的「學校為關懷社群概貌」（The School as Caring Community Profile II，簡稱 SCCP II）[17]，擷取其「學生版」中譯而成，稱為「關懷量表」。本研究經預試 132 位國中小學生統計結果，正義量表的內部一致性信度係數為 0.7805（原量表為 0.90），關懷量表的內部一致性信度為 0.7983（原量表為 0.91），雖均達接受程度但皆較原問卷信度為低；至於效度則僅採專家效度（本研究因考量原語文問卷結構之完整性，故未於預試時進行項目分析或因素分析之選題或檢測，但實際施測後曾運用因素分析與驗證性因素分析加以統計，統計結果顯示關懷量表結構較為完整且與原量表頗為一致，

考量。在問卷找尋歷程中另也考量諸多要素，諸如其適用對象、填答難易度、填寫時間長短、聯絡原作者授權的可能性等，當然最重要的是要能測出「團體的道德氣氛」而非「個人的道德判斷或認知」，最後，終於選定本研究使用的兩份問卷，其雖近年新發展而成的問卷，但目前已漸受關注，亦有若干外國研究生或學者與本人聯絡以交換研究心得與經驗。

16 D. Brugman 與其他荷蘭學者乃依據 C. Power 測量學校道德文化與氣氛相關研究，於1994 年發展出 SMAQ，於 1995 年於 AME（道德教育學會）年會中首次發表，後又於 1998 於 JME（《道德教育期刊》）中正式發表。筆者取得其授權中譯使用，之後常將後續研究及結果，與其在 AME 會議時討論。

17 T. Lickona 是美國推動品德教育的重要掌舵人物之一，M. Davidson 是其學生輩研究員與得力助手，該兩位學者為瞭解美國各地推動品德教育的品質，因而於 1998 年著手發展此一問卷，2000 年公布第一個版本，2001 年年底甫修正為第二版本，筆者所使用乃第二版本，並取得其授權中譯使用，之後常將後續研究及結果，與其在 CEP會議或以 e-mail 討論。Lickona 現為美國「第四及第五 R 中心」主任，Davidson 為美國 Institute for Excellence & Ethics 主任。

正義量表的結構性較為零散尚待進一步修正與重組）[18]。茲列問卷例題如次：

例題一：道德假設議題（屬正義量表）（摘錄）

　　假設有一個同學名叫安娜，她早上進入教室時看到大部分同學已經坐在位子上，但是老師還沒來，所以她把書包打開放在桌上，便去洗手間。湯姆是坐在安娜隔壁的一位同學，他從安娜的書包中看到 1,000 元，湯姆要偷這個錢是很簡單……

*想像安娜和湯姆是你的同學：

1. 處在當時的情況下，你覺得同學中有多少人會偷那筆錢？
　□ 沒有　　□ 一些　　□ 大約一半　　□ 所有或者大多數人

2. 你覺得你的同學中有多少人認為偷錢是錯誤的？
　□ 沒有　　□ 一些　　□ 大約一半　　□ 所有或者大多數人

3. 如果其他同學看到湯姆偷錢，會有多少人跟湯姆說要把錢放回去？
　□ 沒有　　□ 一些　　□ 大約一半　　□ 所有或者大多數人

4. 如果有同學看見他偷錢，你覺得有多少人會跟老師說是湯姆偷了錢？
　□ 沒有　　□ 一些　　□ 大約一半　　□ 所有或者大多數人

*不偷的原因：如果同學選擇「不偷」安娜的錢，你覺得下列這些不偷竊的原因接近班上大多數同學的想法嗎？

	非常接近	有一點接近	一點都不接近	不懂這個原因
1. 我們不偷安娜的錢，因為安娜是我們的同學。	□	□	□	□
2. 如果是我們的錢被偷了，我們也不會喜歡這樣的事。	□	□	□	□
3. 同學應該要相互信任，如果有人偷了錢，同學間就會產生不信任。	□	□	□	□
4. 如果我們偷了錢，會被老師處罰，還可能會被學校開除。	□	□	□	□

以上這四個原因（1 到 4）何者最接近大多數同學的想法？請選出一個：1234

---

18 本章研究進行之初原擬將兩份量表加以統整成為「正義—關懷」取向量表，但因兩者的題數差距過大，計分方式有所不同，以及兩者相關性達顯著水準，故合為一個量表的可行性較弱；不過，以兩個量表的分項加以進行因素分析發現其仍可有互補作用，頗能代表不同的因素面向，故此問卷仍可包括此二量表分別陳述，但不須加以統整計分、解釋或比較。

＊要湯姆歸還錢的原因：如果湯姆偷了安娜的錢，有同學要求湯姆把錢放回去，下列原因接近班上大多數同學的想法嗎？	非常接近	有一點接近	一點都不接近	不懂這個原因
1. 如果我們的錢被偷了，我們會很高興有人告訴這個小偷把錢放回去。	☐	☐	☐	☐
2. 因為安娜是我們的同學，所以我們必須要湯姆把錢還給她。	☐	☐	☐	☐
3. 如果我們要湯姆把錢還給安娜，安娜或許會給我們一些東西作為回報。	☐	☐	☐	☐
4. 如果我們允許同學彼此偷東西，那不像一個班級該有的行為。	☐	☐	☐	☐

以上這四個原因（1 到 4）何者最接近大多數同學的想法？請選出一個：1234

例題二：學生與學校生活（屬正義量表）（摘錄）	完全不同意	很不同意	尚可	很同意	完全同意
1. 我在這所學校受到良好的教育。	1	2	3	4	5
2. 當校隊贏得一場重要的比賽時，身為學校的一份子感到很光榮。	1	2	3	4	5
3. 我會上學是因為我在學校裡有很多朋友。	1	2	3	4	5
4. 學生的意見會對學校產生影響力。	1	2	3	4	5
5. 我會上學是因為若不上學會受到處罰。	1	2	3	4	5

例題三：學校關懷氣氛（屬關懷量表）（摘錄）	幾乎看不到	偶爾	普通	時常	總是看到
我覺得在學校裡……					
1. 同學們之間會彼此尊重。	1	2	3	4	5
2. 同學們會排擠與他們不一樣的同學。	1	2	3	4	5
3. 同學們會試著安慰遭遇不幸的同學。	1	2	3	4	5
4. 同學們會尊重彼此的個人財物。	1	2	3	4	5
5. 即使他們不是朋友，同學們也會相互幫助。	1	2	3	4	5

(五) 實施程序與資料處理

　　本章研究之實施程序為首先進行文獻蒐集與理論分析，以奠定本研究之基礎；其次，針對調查問卷方面選擇適用之國外問卷，並與其相關作者聯絡授權中譯事宜，中譯本經不斷修正後乃召開第一次焦點座談進行專家效度檢視；其後，乃以五位國中小學生試做並予以修正，再以四所國中小各一班學生（小五及國二共計 132 人）進行預試並計算信度後修正定稿，並擬訂登錄與計分手冊[19]。再者，進行問卷抽樣與施測，為求實施之可行性，乃以分層立意取樣方式，取樣之 48 校均有一位教師[20]擔任聯絡人負責發送與回收問卷，回收率 100%（施測時間為 2002 年 2 月至 4 月間）；其後，問卷回收後則進行有效問卷之篩選、登錄，並運用 SPSS 9.0 PC 版進行描述性統計（包括次數分配、平均數與標準差等）以及多變項變異數分析（MANOVA）[21]；統計結果並經第二次焦點座談，經討論確定無誤後進行分析與統整[22]，最後更藉由參與「道德教育協會」國際研討會之良機，與原量表作者當面商討問卷結果與修正之方向[23]。

---

19 有關問卷的名字部分，因考量若取中文名字可能會產生填答學生姓名類似的困擾，經討論後決定以英文名字較宜。

20 有關施測學校與聯絡教師之取得乃由多重管道，包括本系系友或校友、筆者以往參與相關活動或組織所熟識之教師、經人推薦介紹者，以及逕行聯絡學校輔導主任。

21 本章研究使用 MANOVA 加以分析各個因子（自變項）內的差異，乃因若單以總分呈現且運用單變項的 t 考驗或是 One way-ANOVA 看不出分測驗或分量表之間的差異性，易忽略各變項間變異數的關聯性，有可能是總分相同而分量表或分測驗差異性大，而且若以各個分量表單獨進行單變項的 t 考驗或是 One way-ANOVA，則其犯第一類型的錯誤率會為之增大，所以本研究將這些分量表視為互為相關的組合體，同時加以考量。

22 研究期間曾以 LISREL8.5 版進行驗證性因素分析（Confirmative Factor Analysis），亦以 SPSS 進行因素分析，詳見本文研究工具之說明。

23 筆者於 2002 年 11 月 7-9 日參加在芝加哥舉辦之「道德教育學會 28 屆年會」（The 28th Annual Conference of Association for Moral Education），曾與 Brugman 以及 Davidson 等原問卷作者碰面，並就初步結果加以討論。

第二節　國中小學生道德氣氛知覺之調查結果

一、學校道德氣氛中正義取向分析

本章研究正義量表共分為兩大部分，一是「道德假設議題」，另一為「學生與學校關係」，茲將結果分析如次。

(一) 道德假設議題

本章研究在問卷中有兩大題是關於道德假設議題，分別主題為「偷竊」與「助人」，前者是一般道德價值觀中屬「禁止」的行為，後者則為「鼓勵」的行為，但無論是禁止或鼓勵均可藉由多樣的「理由」，以凸顯不同的道德思維或發展階段。問卷的結果分用兩種統計方式處理，一是以各題次數分配的方法以瞭解受試者答題的趨向，二是以量表計分的方式以呈現受試者在此大項得分的高低。其結果如次：

1. 道德議題次數分配趨勢方面

針對受試者對「偷竊議題」的意見統計：有較多（66.1%）的受試者認為「所有或大多數」同學都會覺得偷錢是錯誤；處在當時情境下，較多（59.5%）的受試者認為只有「一些」（少於一半的人數）人會偷那筆錢；不過，假若同學（湯姆）偷了錢的話，僅稍多（38.6%）的受試者認為「所有人或大多數人」會勸湯姆把錢放回去；另較多（35.7%）的受試者認為僅有「一些」同學會跟老師報告此事；由數據顯示後兩題相較於前兩題篤定的程度降低許多，且回應意見分歧較大，表示「判斷偷錢是錯誤的」和進而「規勸他人應該不偷錢或還錢」之間仍有所差距。至於同學如果選擇不偷的理由為何，有29.5%的受試者選擇「1.我們不偷安娜的錢，因為安娜是我們的同學」，較為多數受試者（38.7%）是選擇「2.如果是我們的錢被偷了，我們也不會喜歡這樣的事。」另

有 10.3%的受試者選擇「4.如果我們偷了錢，會被老師處罰，還可能會被學校開除。」對於選項中「同學應該要相互信任，如果有人偷了錢，同學間就會產生不信任」則無人選擇，故在此題中「同理心」為主要不偷的理由。

其次，有關「助人議題」方面填答結果為：有稍多（38.7%）的受試者認為「大約一半」以及次多（32.0%）的受試者認為「所有人或大多數人」會認為助人是正確的事，此對照前大題有關偷竊的故事，顯示「助人」就受試者而言，較未具強制性與必要性；另有較多（67.6%）的受試者認為班上可能會有「一些」（少於一半）同學會去幫助約翰；而且，如果老師希望同學幫忙的話，也有一半（50.5%）的受試者認為應會有「一些」同學去做，回答「沒有人」的比例僅 5%，顯示教師仍對學生的言行產生一定的影響力。至於助人的理由，有 12.9%的受試者選擇「1.若是同學不相互幫助，就不是一個好班級。」較多人（38.5%）選擇「2.當我們需要別人幫助時，我們也不願意沒有人幫助我們。」18.3%受試者選擇「3.在班上，即使同學（約翰）不受歡迎，他也是班上的一份子。」另有 10.5%受試者選擇「4.如果我們不幫助約翰，老師有可能會生氣。」

由前述結果顯示：多半受試者認為偷竊是「不對」的行為，只是在「知」與「行」之間的拿捏，以及「判斷偷錢是錯誤的」和進而「規勸他人不偷錢」之間，加上有無「老師因素」等衍生若干考量；至於助人的議題，受試者的反應較為分歧，大多仍是以「同理心」的角度或是因著老師要求而幫助同學，故對此「較為主動積極」或「非絕對義務」的「助人」之行動力似乎較「禁止偷竊」而言為之薄弱。

2. 道德議題量表分數方面

道德假設議題若以量表分數表示[24]，包括「議題本身」與「規範階段」兩個層次，計分時將其分數經直線轉換為 0-1 之間以利詮釋與比較，其中偷竊議題本身，受試者得分的平均數為 0.5230，標準差為 0.1733；助人議題本身，受

---

24 本量表記分方式有兩個特點，一是將其直線轉換為 0-1，以利比較與詮釋，例如 0.5 為中間值；二是為凸顯差異之精準度，故計算至小數後第四位。

試者得分的平均數為 0.3696，標準差為 0.1888；偷竊規範階段計分後其平均數為 0.4202，標準差為 0.1685；助人規範階段的平均數為 0.4047，標準差為 0.1623。由結果顯示受試者在道德議題量表的分數除偷竊議題本身稍高於 0.5 之外，其餘均低於中間值；此外，受試者對於偷竊議題的判斷分數均高於助人議題的分數，此與次數分配所得結果有類似的情況，亦即表示對於偷竊是禁止的行為，受試者回答較為明確、一致且得分較高；但對於助人因係一種鼓勵且非絕對義務行為，受試者的回答較為分歧且得分較低。

(二) 學生與學校關係

正義量表中有關「學生與學校關係」共 57 題，多半以五點量表加以勾選，主要著重在對學校的評價、學校為社群的看法，以及校園互動觀點，其基本理念乃在於民主、參與及對學校的認同等價值。其結果亦分為次數分配及量表分數兩種方式加以統計，結果分析如次：

1. 學生與學校關係次數分配趨勢

依據研究結果顯示，受試者對於學校的感覺是頗具正面評價的，其大多基於權利與義務（59.6%的受試者選擇「完全同意」，23.5%「很同意」），以及對其人生未來很重要（54.8%「完全同意」以及27.3%「很同意」）等因素來上學；近半（49.4%）的人感受學校氣氛良好（24.6%「完全同意」，24.8%「很同意」），尤其是學校若獲有榮譽，亦會感到與有榮焉；至於師生關係一般而言尚覺良好，大多學生也覺得老師頗為親切（58.3%的受試者認為大部分的老師有時親切，另有 36.6%認為總是很親切），亦有不少學生認為許多事情除由老師決定外，學校或老師也會讓學生有參與的機會（28.2%「完全同意」，44.5%「很同意」）；不過，也有甚多（64.3%）的受試者認為，老師對待學生偶有不公平現象（9.6%認為總是不公平，64.3%認為有時不公平）；另就學生之間的關係而言，大多受試者表示其並不會僅維護自己的朋友，高年級並不會欺負低年級、舊生也不會捉弄新生（30.4%「完全同意」，34.0%「很同意」），大抵來說還算彼此信賴及合作。整體而言，較多數受試者認為學校之

於學生就像「大家庭」的感覺（有 63.9%的受試者認為「家」是最能描述他對學校的感覺；亦有 37.8%的受試者被問及學校是否有「家」的歸屬感時選擇「尚可」，有 41.7%表示「同意或很同意」）[25]。

2. 學生與學校關係量表分數得分

　　若就學生與學校關係以量表得分（見表 6.1）顯示：針對「學校評價」此一大類，受試者對於學校並非採取「拒絕的態度」（諸如我不上學會受到懲罰等），對於「無事可做」或「浪費時間」更是持相反意見；不過，受試者在有關「外在工具」的項目上得分卻僅 0.2925，分析其主因是原題目隱含的理念是學生上學應屬一種「內在價值與目的」而非為若干「外在價值」，但其困難之

表 6.1　學生與學校關係量表分數一覽表

項目	平均數	標準差
學校評價		
拒絕學校（反向題）	0.6113	0.1811
外在工具（反向題）	0.2925	0.1560
熱烈認同	0.6865	0.1841
社會關係	0.6267	0.1791
學校為社群		
權力維護（反向題）	0.5229	0.1638
具體回饋（反向題）	0.6923	0.1754
關聯與分享	0.6287	0.1486
社會契約	0.7162	0.1666
校園互動		
民主與學生的角色	0.6320	0.1829
學生與學校關係	0.6920	0.2179
課外活動	0.5595	0.2394
師生關係	0.6767	0.1834
學校整體感	0.5118	0.3004

註：標示為「反向題」者，表示其平均數是該項目標題的相反陳述，例如「拒絕學校」，意思是「學生不會拒絕學校」，分數由 0-1 評定，平均分數為 0.6113。

---

25 此一量化結果同於筆者所曾執行之質性研究結果，均將學校視為「大家庭」，基本上是處於 Power, Higgins, & Kohlberg（1989）所建構的道德氣氛發展第三階段。

一是其甚難區隔內外在價值，二是就受試者年齡層而言多半受到父母及師長如此教誨，強調上學的目的為對其人生很重要、可學到諸多東西以及可受到良好教育的好處等，甚至台灣社會的價值觀亦是強調文憑的重要性，所以此項分數較低 [26]；至於受試者在認同方面得分 0.6865，顯示其對於學校頗有認同，尤其是當學校舉辦活動或獲有榮譽時，更能激發學生的高度愛校感；而且由 0.6267 的分數顯示受試者多半社會關係良好，無論是對於師生的相處以及同學的互動，皆表現出友善與自在的感覺。

其次，針對「學校為社群」此一大類，受試者在是否會「維護權力」的得分稍高於中間值，顯示在校園中運用權力以維護學校社群的情況略為明顯，例如「會擔心老師就在身後監督」等；另受試者在是否「靠具體回饋」得分 0.6923，意味著大多學生並不會只幫助會給他獎勵的老師或是會回饋他的同學，其對其他的人也會重視，甚至於其在班上若被嘲弄也不會參與嘲弄其他同學；而且，受試者在「關聯與分享」（0.6287）以及「社會契約」（0.7162）兩項得分均高於中間值頗多，顯示其覺得學校社群有強烈的關聯與分享的感覺，包括師生相互關心，不會排擠或嘲弄同學，如果同學生病大家也會顯現關心，所以學校像個「家」的感覺；尤其是受試者對於學校有著契約的共同感，包括權利與義務的概念，以及校規等，其亦認為師生皆應為學校發生的事負責，而且「不能只一味要求學校為我做什麼，而要問我對學校有什麼貢獻。」

再者，針對「校園互動」此一大類中，各項得分均高於中間值，顯示校園互動已漸蘊含民主氣氛，受試者認為學生的意見會對學校產生一定程度的影響，諸多事情也並非全由老師決定；在校園互動中與學校亦有密切關係與情感，無論是在校時的參與活動，甚至包括畢業後亦多半會回母校探望師長；但有關活動方面大部分學生會參加校內外活動，只是學校並非經常舉辦相關課外活動，故得分僅 0.5595；至於師生關係得分為 0.6767，顯示學生與老師互動尚佳，其包括感受到老師對於學生的關心與維護，如果老師生病學生也會很關心，不過對於大多數老師對待學生是否公平，相對於其他回應顯得得分稍低；而對於學

---

26 對於此項是否為負向計分值得討論，筆者曾與原作者商議日後可修改方向。

校的整體感覺得分為 0.5118，顯示學生對於學校的互動並未進展到身為民主社會的重要參與者角色，多半仍覺得學校就像家的感覺，老師就像父母一樣照顧學生。

(三) 正義量表整體分數及其差異性

以正義量表整體分數而言，總平均分數為 0.5822（分數均等化為 0-1 之間），標準差為 0.0919，顯示分數稍高於中間值[27]；其中以社群感中「社會契約」得分最高（0.7162），以校園評價中的「外在工具」分數最低（0.2925），另道德假設議題（譬如助人、偷竊）得分亦偏低，多未達 0.5。其次，正義量表之得分，會因「地區」不同而有所差異（Λ值為 0.916，p<0.01 達顯著水準），經事後比較顯示北部得分（0.5950）高於南部（0.5563）和東部（0.5711），中部（0.5911）亦高於南部和東部，北部和中部無顯著差異；另學校所屬「型態」之得分（公立 0.5819、私立 0.5850）亦稍有不同（Λ值為 0.969，p<0.01 達顯著水準），但其差異是出現分量表中的負面社群——權力的維護（公立高於私立）、偷竊規範階段（公立低於私立），及課外活動（公立低於私立），其餘均未達顯著差異；再者因「學校規模」（小型、中型、大型）也有所不同（Λ值為 0.946，p<0.01 達顯著水準），其差異在於小型（0.6089）得分高於中型（0.5806）和大型（0.5817），中型和大型學校規模無顯著差異；尚有因受試者「性別」（男生、女生）而有所不同（Λ值為 0.946，p<0.01 達顯著水準），且女生（0.5941）分數高於男生（0.5708）；以及因受試者「教育階段」（國小、國中）有所差異（Λ值為 0.854，p<0.01 達顯著水準），且國小（0.6095）分數高於國中（0.5576）。

二、學校道德氣氛中關懷取向分析

本章研究之關懷量表共計 57 題，包含三個分量表，茲分述統計結果如次。

---

27 依據 D. Brugman 的研究，荷蘭中學生之平均得分為 0.53，不過卻不能驟言其是否低於台灣學生，此有待進一步將兩方原始資料再進行統計分析方能加以比較。

(一) 就關懷氣氛之量表分數分析 [28]

1. 學生對尊重的感受

有關此分量表共有九題，累計分數為 29.4650，平均分數約為 3.2739（分數為 1 至 5 之間），顯示學生對於尊重的感受較「普通」稍高，其中以「對老師的禮貌」（3.5765）以及「尊重同學的財物」（3.5357）兩題得分較高，對於「同學是否會說出侮辱的話」（2.8863）以及「同學們會愛惜學校的公物」（2.8860）得分最低（見表 6.2）。

表 6.2　關懷問卷分量表──學生對尊重的感受

	平均數	標準差
同學們之間會彼此尊重。	3.1896	1.0287
同學們會尊重彼此的個人財物。	3.5357	1.1119
同學們會愛惜學校的公物。	2.8860	1.1523
同學們對學校裡的行政人員恭敬有禮。	3.2281	1.0974
*同學們會對老師表現出不禮貌的言行。	3.5765	1.0879
*同學們會以大欺小。	3.3476	1.2300
*同學們缺乏運動家精神。	3.3154	1.0603
*同學們不尊重同校同學。	3.4998	1.0779
*同學們會說侮辱他人的話。	2.8863	1.1892

註：N=2701，*表示反向。

2. 學生對友誼與歸屬的感受

有關此分量表亦有九題，累計分數為 28.8615，平均分數約為 3.2068，顯示學生對於友誼的感受亦較「普通」稍高，其中得分稍高者為「協助新同學適應班級生活」（3.4317），其餘對於學生們彼此間的分享、互助、寬恕、友善等分數皆差不多，均係普通（3.1-3.2），惟對於排擠同學以及是否有耐心兩題得分稍低（3.0-3.1）（見表 6.3）。

---

28 關懷量表因其分量表結構較為明顯完整，故直接以量表分數呈現與分析，但在次數分配計算時發現有「填答趨中」現象，即在五點量表中傾向於圈選「普通」乙項。

表 6.3　關懷問卷分量表──學生對友誼與歸屬的感受

	平均數	標準差
*同學們會排擠和他們不一樣的同學。	3.0633	1.1069
同學們會彼此幫助，即使他們不是朋友。	3.1696	1.1183
*高年級會對低年級表現出不友善的態度。	3.1407	1.2154
同學們在課內外活動中合作得很好。	3.2836	1.0064
同學們會協助新同學被其他同學接納。	3.4317	1.0560
同學們會願意寬恕其他同學。	3.1918	1.1103
同學們對彼此都有耐心。	3.0178	1.0355
在課堂討論中，同學們會彼此傾聽對方的意見。	3.3236	1.0882
同學們會相互分享他們所擁有的東西。	3.2395	1.1042

註：N=2701，*表示反向。

3. 學生對形塑環境的感受

　　有關此分量表共有八題，累計分數為 25.7775，平均分數約為 3.2222，顯示學生對於形塑環境的感受仍為較「普通」稍高，其中以對於同學們是否打架（3.4047）、對同學身心傷害是否會彌補（3.4698），及安慰遭遇不幸的同學（3.4217）等項得分較高，至於彼此要求遵守校規（2.9378），及幫助學校解決問題（2.9593）等項得分較低（見表 6.4）。

表 6.4　關懷問卷分量表──學生對形塑環境的感受

	平均數	標準差
同學們會試著安慰遭遇不幸的同學。	3.4217	1.0772
當同學傷害到別人時，他們會彌補過錯。	3.4698	1.1338
同學們會互相要求對方遵守校規。	2.9378	1.1868
同學們會配合學校的措施，努力使學校更好。	3.2355	1.0646
同學們的言行會對其他同學產生好的影響。	3.2618	1.0360
*同學們會用打架、威脅的方式來解決爭執。	3.4047	1.2621
當同學看到有同學被欺負時，他們會阻止。	3.0870	1.1634
同學們會參與協助學校問題的解決。	2.9593	1.1800

註：N=2701，*表示反向。

(二) 關懷量表分數及其差異性

關懷量表總計 84.1040 分（26 題），平均分數為 3.2348（分數為 1-5 之間）[29]，其中分量表「學生對尊重的感受」得分為 29.4650，平均分數為 3.2739，「學生對友誼與歸屬的感受」分量表得分為 28.8615，平均分數為 3.2068，「學生對形塑環境的感受」分量表得分為 25.7775，平均分數為 3.2222，此三者以學生對尊重的感受得分稍高，學生對友誼與歸屬的感受得分較低。其次，關懷量表之得分，會因「地區」不同而有所差異（Λ值為 0.965，p<0.05 達顯著水準），經事後比較，北部得分（86.1379）高於南部（80.7758）和東部（80.9887），中部（84.9102）亦高於南部和東部，北部和中部無顯著差異，各分量表亦呈顯此一結果；另學校所屬「型態」之得分（公立 83.9363、私立 86.1463）雖稍有不同，但未達顯著水準（Λ值為 0.998，未達顯著水準）；再者因「學校規模」（小型、中型、大型）也有所不同（Λ值為 0.992，p<0.05 達顯著水準），其差異在於小型（88.4362）得分高於中型（84.0341）和大型（83.8804），中型和大型學校規模無顯著差異，且其分量表「學生對尊重的感受」及「學生對形塑環境的感受」兩者亦均呈顯此一差異；尚有因受試者「性別」（男生、女生）而有所不同（Λ值為 0.983，p<0.05 達顯著水準），且女生（85.4879）分數高於男生（82.7932），三個分量表亦均呈顯女生分數高於男生的情形；因受試者「教育階段」（國小、國中）有所差異（Λ值為 0.969，p<0.05 達顯著水準），且國小（86.0739）分數高於國中（82.3164），三個分量表亦同呈顯此一差異。

---

29 本量表記分是採五點量表（1-5），3 視為普通（中間值）。原編著者之一 M.Davidson 當時所進行研究的美國得分結果統計資料為：三年級學生平均得分 3.15，四年級為 3.04，五年級為 3.04，六年級為 2.71。

學生校園道德氣氛知覺之結果與反思

一、研究結果

(一) 正義取向

　　由本研究結果顯示，國中小學生所知覺的道德氣氛，在正義取向上乃著重和諧，較乏積極參與，且道德假設議題相較其他項目認知層次稍低。以正義量表整體分數觀之，總平均分數為 0.5822（分數均等化為 0-1 之間），顯示分數較高於中間值；但其中道德假設議題（譬如助人、偷竊）得分偏低（多未達 0.5），且其多半是以「同理心」的角度加以思考判斷；另就學生與學校關係而言，以社群感中「社會契約」得分最高（0.7162），而校園評價中的「外在工具」分數最低（0.2925），整體而言受試者所感受的學校正義氣氛顯示師生互動與同學關係尚佳，且感覺學校就像「大家庭」一般和諧，惟「積極參與」之情形仍嫌不足，此係仍停留在道德氣氛發展序階之第三階段。該結果與本章研究假設一之假設相近，惟道德假設議題偏低結果，則為始料未及。

(二) 關懷取向

　　由本研究結果顯示，國中小學生所知覺的校園環境，頗具關懷的道德氣氛，其中又以對尊重的感受得分較高，對友誼與歸屬的感受得分較低。由關懷量表觀之，其得分為「普通」偏高，平均分數為 3.2348（分數為 1-5 之間），其中分量表「學生對尊重的感受」平均分數為 3.2739，「學生對友誼與歸屬的感受」分量表平均分數為 3.2068，「學生對形塑環境的感受」分量表平均分數為 3.2222，此三者以學生對尊重的感受得分較高，次為學生對於形塑環境的感受，另學生對友誼與歸屬的感受得分最低。此與研究假設三之假設結果相同，關懷量表得分高於中間值。

(三) 道德氣氛感受的差異

由本研究結果顯示，國中小學生所知覺的道德氣氛，因地區、學校規模、學生性別及教育階段之不同而具有差異性。學校道德氣氛之正義量表與關懷量表均有同樣之情形，即因地區、學校規模、學生性別及教育階段之不同而有所差異。就不同地區而言，北部得分高於南部和東部，中部亦高於南部和東部，北部和中部無顯著差異；其次就學校規模而言，小型學校得分高於中型和大型，中型和大型學校規模無顯著差異；再者就學生性別而言，女生得分高於男生；另就受試者教育階段而言，國小學生得分高於國中。此與研究假設二與四之假設相近，即諸多背景因素會影響學校正義與關懷氣氛，惟學校類型（公私立）對於道德氣氛之影響力未達統計上的顯著水準。

二、反思與建議

(一) 對教學與行政之建議

1. 提升學生對於道德議題的認知層次

根據研究結果顯示，國中小學生在道德氣氛正義取向上，對於道德議題的思考較著重在同理心，然對於較為普遍性與高層次的道德價值尚未建立，故在學校的教學與行政的設計與實施方面可予以增強，諸如道德兩難情境的討論，以及批判思考能力的培養等可適時融入。

2. 積極營造學生參與的校園道德氣氛

根據研究結果顯示，國中小學生對於主動參與校園的意願與能力仍顯薄弱，但其乃校園道德氣氛中十分重要的環節，因而班級與學校均應積極營造「以學生為主體」的校園參與氣氛，使其發揮校園一份子的權利與責任，諸如班規的制定、班會的召開、學生自治團體的運作等。

3. 強化學生同儕間友誼歸屬並重視學校環境形塑

根據研究結果顯示，國中小學生對於同儕間友誼歸屬的感受稍有薄弱現

象,或因該時期過度重視而產生的需求不足之感受,或是升學競爭而產生之敵對意識,又或是一種成長過程的自然現象,總之學校環境應強化學生同儕間的友誼歸屬並形塑良好學校環境,諸如增加同儕間合作與競爭的機會、教導人際關係的適切處理之道等。

4. 增強南部與東部地區學校的校園道德氣氛

根據研究結果顯示,北部地區國中小學生得分高於南部和東部,中部亦高於南部和東部,北部和中部無顯著差異,此或因地區的特性差異或因城鄉之別所致,其原因雖仍有待深入探討,但仍應推廣各地區學校的校園道德氣氛營造,使其兼具正義與關懷的雙重面向。

5. 增強中大型學校規模的校園道德氣氛

根據研究結果顯示,小型學校的國中小學生得分高於中型和大型,中型和大型學校規模無顯著差異,其或因小型學校的師生互動較為頻繁與親近,中大型學校的互動較為疏離所致,惟在增強中大型學校的校園道德氣氛可著重在班級、年級或分群的建立與互動,以增加學生對於學校的認同感及參與活動機會。

6. 強化男性學生對校園道德氣氛的正向感受

根據研究結果顯示,國中小學女生得分高於男生,其或因女生身心發展於此階段較男生為之成熟,所以感受之校園環境也較具正義與關懷氣氛,也或因男女生所面臨的校園環境與師生互動有異,因而導致感受的差異。無論何種原因,校園中均應致力提升男學生的道德氣氛正向感受,諸如增加兩性互動,使其在合作、競爭、分享與討論中,藉由異質性的觀點加以反省與批判,另學校教師與行政人員亦應以平權的觀點對待男女學生,以免造成刻板印象或是標籤化的現象。

7. 提升國中學生對校園道德氣氛的正向感受

根據研究結果顯示,國小學生的道德氣氛認知得分高於國中生,其或因國中階段面臨課業與升學壓力,且學校活動較少之故,也或因對於道德氣氛的認知有不同的詮釋深度所致,因而處於外在環境仍有其限制之際,可適度增加國

中生的課堂參與機會及其思辨能力的培養，藉以提升其道德氣氛之正向感受。

8. 建立具有特色的學校本位道德氣氛

面對教育改革的權力下放與多元化趨勢，校園道德教育的正義與關懷氣氛之營造亦無固定模式，藉由校園德育由顯至隱的趨勢中，如何建立有特色的學校本位道德氣氛，實乃當前德育化危機為轉機的關鍵。

(二) 進一步研究之建議

1. 道德氣氛差異原因的加廣與深入探究

根據本章研究結果顯示，諸多因素影響學校道德氣氛，但是否有其他因素相關，且這些因素為何會造成影響，故在深度與廣度方面均值進一步探究。

2. 道德氣氛之多面向呈現

本章研究之道德氣氛僅侷限在學生知覺的角度（且僅以國小五年級與國中二年級學生為對象），其面向尚可從其他學生的角度、教師的角度、校長或行政人員的角度、家長的角度，甚或社區人士的角度加以構建出校園道德氣氛的全貌。

3. 修訂量表以強化道德教育之實徵研究

本章研究取材自國外的兩份量表，惟兩者若欲統整為一份問卷仍有待修正，且在本土適用過程中亦發現若干可商議之處，此均值得進一步探討，並充實道德教育之實徵性研究及相關工具。

4. 瞭解其他階段道德氣氛及其相關因素

基於本章研究的基礎，將可進一步建構與瞭解其他教育階段的校園道德氣氛（如高中、大學等），或是瞭解道德氣氛與其他變項之間的關係（如學生道德認知或實踐能力、校長領導風格等）。

5. 進行比較研究藉以瞭解我國道德氣氛之特點

本章研究的兩份問卷分別源於荷蘭與美國（均以英文呈現），雖須考量我

國特性與轉化，但進行跨國性的研究仍具可行性與價值，若能進行比較研究，將可更為彰顯我國校園道德氣氛的特點與限制之所在，亦可進而瞭解他國實況與經驗。

6. 建立資料庫藉以長期研究與次級分析

　　本章研究藉由兩千餘份問卷調查所得之量化數據，將可提供相關資料庫之使用，一則可作為長期研究之用，二則可於日後運用「次級分析」加以推廣，以增進研究之效能。

| 第七章 | 國中小教師之校園道德氣氛知覺探究 |

師資的良窳是道德教育成敗的關鍵，因而本章將校園道德氣氛著重點由前章關注學生轉移至教師，透過訪談 16 位教師與師資生，以及進行國中小教育階段在職教師 336 人與師資生 328 人的問卷調查，藉以瞭解我國教師道德發展情形、教師對於校園道德氣氛的知覺，以及其相關影響因素。

教師之校園道德氣氛知覺訪查規劃

一、教師發展與校園道德氣氛之關係

(一) 背景與重要性

「教師是推動教育搖籃的手，在教改過程中扮演著關鍵性的角色。任何教育改革，若得不到教師們的接受，認同和配合落實，是難有成效的。」（林清江，1999：6）此一精神置於道德教育尤然，我國自古以來即有「師者，所以傳道、授業、解惑也」（韓愈〈師說〉）之說，即強調身為教師除扮演「經師」的角色外，如何成為「人師」亦為不可忽視的環節。國外諸多文獻中，亦可凸顯教師在道德教育中的重要性。譬如 P. W. Jackson 等人於 1993 年所著《學校的道德生活》（*The Moral Life of Schools*）一書中發現：學校中的教師無論其是否為有意的言行，均會對於學生的道德產生甚大的影響力，故教師無疑地成為一個道德行動者（moral agent）與示範者（exemplar）（p. 237）。同樣地，在 Schulman（1995）所著《學校即道德社群：針對學校行政者、主管及教師的工作架構與指導》（*Schools as Moral Communities: A Fram work and Guide for School Administrators, Principals, and Teachers*）一書，乃將學校視為一個隨時隨地對學生產生道德影響力的社群，而教師正是其間的重要施教者。

教師在學校道德教育中位居重要角色，其本身之道德發展，亦會直接或間接地影響道德教育實施之成敗。Campbell（1997）在〈教學倫理與道德教育之連結〉一文中強調：教師既為傳遞價值的主體，則其本身的價值及其實踐，自應受到關注，而其對於倫理或道德面向教學意識的激發，實為重要課題。Ryan（1988）在〈師資培育與道德教育〉一文亦指出：培育學生具有道德責任是教育過程中的重要部分，而教師則扮演著促進學生道德成熟的重要角色；然而，面臨現今社會，有些教師卻對其本身價值感到困惑，其專業的權威也逐漸受到

腐蝕，加之近年來若干教學方法所強調的「價值中立」（value neutral）等策略，以及所謂「有效能的教師」（effective teacher）往往建立在教學技巧與表現能力等層面的影響所致，教育著重的乃是學生的腦力（head）而非心靈（heart），故重新檢視與定位教師的觀念與角色實有其迫切性（p. 19）。此外，在 R. H. Hersh 等人原著，單文經和汪履維編譯（1988）的《道德發展與教學》一書中，亦曾以專章談論教師的角色，並將該章名為「道德教育的藝術」，文中提及教師就是道德教育的重要工作者，並強調當教師由道德理論轉到實務時，在觀念上必須重新檢視其教師角色與自身的道德價值信念，在行為上也必須配合若干道德教育的策略與方法，才能達到道德教育的目的（p. 120）。

前述理念置於現今台灣亦然，觀諸近年向採「科目中心」德育模式之國民中小學階段，經九年一貫課程之教改後，原本道德教育科目逐漸消隱於各個學習領域中，或是漸趨由所有教師共同擔負道德教育責任的「廣域課程」或「社群文化」模式。面臨此一轉型的巨變與挑戰，究係危機或是轉機，實考驗著教師所持有的道德觀，亦即處於今日多元與民主社會中價值不斷重建的歷程，教師的自我道德反省以及學校整體環境的形塑，將成為學校道德教育成效良窳的關鍵。基此，本章乃著重於探討我國國民中小學教師的道德發展及其學校影響因素，以作為道德教育、師資培育、教師專業成長以及學校環境規劃之參考。

(二) 教師道德發展相關研究

有關教師道德發展的相關研究，大抵分為兩個重點：一是著重教師道德推理或道德認知判斷；二是著重教師對道德教育的知覺與信念。前者相關的研究，譬如 Diesser（1991）在〈民主教室的師資教育：道德推理與意識型態批判〉研究中，曾以界定議題測驗（Defining Issues Test，簡稱 DIT）與道德判斷晤談（Moral Judgment Interview，簡稱 MJI）兩種工具，對職前與在職教師施測，藉以瞭解其道德推理能力，並進而推論其在學校形成民主教室的可能性，結果顯示大部分教師或準教師的道德推理層次處於「道德成規期」，乃著重人際關係與既成法規，並難以進行批判性思考，以致民主氣氛不易達成。

另有諸多相關主題的研究，諸如 Althof（1990）之〈教師在教室中的道德

判斷、專業責任與人際衝突中的做決定能力〉、Hilton（1989）〈教師的道德推理與其所影響學生的知覺〉、Conroy（1986）〈教師的道德推理及其有關紀律之態度與行為〉，以及 Bailey（1985）〈小學教室中教師的道德判斷層次與其知覺干擾學生之關聯性研究〉等，皆顯示出類似的研究結果。國內的相關研究，則以張鳳燕（1995a，1995b）及其所指導研究生如盧政吉（2001）等所做的教師道德推理最具代表性，其基於我國教師之獨特性與適用性，在 DIT 的基礎之上，發展了「教師道德推理測驗」（The Test of Teachers' Moral Reasoning，簡稱 TTMR），藉以瞭解我國教師的道德推理能力，並進而運用於中小學教務、輔導與訓導等領域。

其次，關於教師對於道德教育知覺與信念的相關國外文獻甚多，諸如David（1993）〈職前教師對於道德教育的態度與知覺〉之博士論文，乃以晤談方式探究師資生對於道德教育的態度與知覺，主要包括兩大部分，一是對於道德教育的瞭解與信念，其中關注的是準教師對於親師關係的態度、自認為何種角色模範的扮演、教師是否應中立、對於各種道德教育理論的嫻熟度等；二是其知覺的影響因素，包括對於道德教育的關懷、學校教育的影響、師資培訓課程等。此外，亦有 Owens（1992）的〈公立小學教師對於其道德教育角色與效用的知覺〉研究，其乃針對美國北伊利諾州四所小學教師進行調查，結果顯示大多數教師認為其應該扮演積極傳遞道德價值的角色，而不應只是中立；此外，大多數教師亦認為學校道德教育的效果是有限的，必須家庭與社區共同配合方能奏效。再者，Lanckton（1992）的論文有關〈七年級與八年級的教師如何知覺其道德教育者的角色〉，研究成果中呈現教師對於其身為道德教育者的詮釋、其對扮演此角色的感覺、他／她們實質上對學生提供的道德教育、其觀點與學校領導階層及家長間的異同，以及其對該角色所做的準備有哪些等重要問題。另尚有諸多相關研究，如 Donovan（1995）〈道德教育的哲學與德行的培養：教師對於其本身作為道德教育者的知覺之探討〉、Power（1992）〈寄宿學校中教師與學生對於道德教育的知覺〉，以及 Sanders & Wallace（1975）〈公立學校教師與家長對於倫理道德教育的觀點〉等，均與教師的德育知覺研究有關。歸納而言，教師德育知覺所關注的主題約為：教師是否知覺其為道德教育者？

若身為一個道德教育者其扮演的角色為何？（中性或傳遞某種道德價值？或諸多類型中何種類型的道德教育者角色？）影響教師知覺的因素為何？這些均是重要探討線索。

　　至於我國有關教師對於道德教育知覺與信念的相關國內研究甚少，且多為碩士論文，諸如陳淑美（1998）〈國中公民與道德科教師之德行觀點及其教學分析〉（台灣師大）、劉楚鳳（2006）〈國民小學教師品德教育現況調查研究——以新竹縣為例〉（新竹教育大學）等。至於學者研究則以溫明麗所編製「教師品格素養量表」可資參考，她於 2005 年調查台北縣等五個縣市，共計國中100 位教師，並得出十項具共通性的教師品格內涵為：誠實、感恩、節制、勇氣、樂觀、正直、堅毅、仁愛、尊重、公平（溫明麗，2008）。

(三) 學校環境之影響

　　教師的道德發展乃是連續的過程與結果，且受諸多因素影響。其中，社會脈絡因素係不可或缺的環節，諸如 Windmiller, Lambert, & Turiel（1980）主編之《道德發展與社會化》（*Moral Development and Socialization*）、Kurtines & Gewirtz（1987）主編之《道德發展與社會互動》（*Moral Development through Social Interaction*），以及 Lind, Hartmann, & Wakenhut 主編於 2000 年再版（1985 年初版）之《道德發展與社會環境》（*Moral Development and the Social Environment*）等書，均顯示道德發展與社會環境因素存有密切關聯。不過，本章乃將社會環境因素聚焦於「學校環境」作為探討面向，期望瞭解教師道德發展及其學校環境的影響因素。所謂學校環境又概分為：曾在師資培育階段所處的學習環境，以及在職後所處的教學環境與該學校道德氣氛。

　　目前已有諸多研究顯示學校環境（學校氣氛、學校文化）是影響教師或學生發展的重要因素。譬如早自 Proctor & Davis（1975）〈高中校園環境知覺及其道德推理〉、Peterson & Skiba（2001）〈營造學校風氣以防止校園暴力〉，以及 Williams（2000）之博士論文〈學校專業學習環境特徵與教師自我效能信念：關聯性與測量議題〉等，均可顯示學校環境之重要性。此外，Freiberg（1999）主編《學校風氣：測量、促進與維繫健全的學習環境》（*School Cli-*

mate: Measuring, Improving and Sustaining Healthy Learning Environments）一書，更進一步深入探討學校（或班級）風氣對於教師或學生成長之影響力。

　　至於學校環境中與道德最為直接相關者即為「學校道德氣氛」，此可由美國學者 L. Kohlberg 之理論窺得個人道德發展與學校道德氣氛的關係。Kohlberg 於 1974 年左右開始發展「正義社群」的概念，強調團體道德氣氛的重要性。他認為具有正義社群特色的學校，是與民主社會公民教育一致的，其間是由學生、教師與行政人員共同決策、共同訂定規則、共同負有責任及義務遵守與維護規則，使學校的道德氣氛成為有利於個人道德發展的環境（蘇建文譯，1993）。這種主張，在其本身與諸多學生輩學者（例如 C. Power、A. Higgins 和 F. Oser 等）的陸續實徵研究中不斷被驗證與修正[1]。

　　總之，個人道德與學校環境有其緊密之關聯性，教師的道德發展亦受其學校環境（直接或間接）或深或淺之影響。誠如 Goodlad（1992）曾發表〈學校教育與師資培育的道德面向〉一文，強調教師個人的道德判斷乃深受學校道德氣氛的影響。然而，教師道德發展是如何受到學校環境的影響？其歷程為何？其間是否會有所改變？學校環境中又是哪些具體因素影響教師道德發展等問題亦是本章所關切重點。

二、教師校園道德氣氛知覺之訪查設計

　　本章分別以質性與量化研究進行剖析，有關質性研究是於 2002 至 2003 年間採深度訪談與半結構問卷方式[2]，以多樣性考量選取 16 位國中小教師（及準教師）。訪談文稿經整理歸納後，歸納研究結果分為兩個面向：一就教師道德發展；二就學校環境而言，分別歸納出職前學校環境與在職學校環境中，有助

1　最新的一篇論著可參考 Power, C., & Higgins-D'Alessandro, A. (2008). The just community approach to moral education and the moral atmosphere of the school. In L. Nucci & D. Narvaez (Eds.), *Handbook of moral and character education* (pp. 230-247). New York: Routledge.

2　該研究案為筆者主持：教師道德發展與學校環境——職前與在職國中小教師之比較研究(I)，2002.8.1-2003.7.31，國科會專題研究 NSC91-2413-H-003-006-。

於教師道德發展的影響因素。其次在量化調查方面，筆者於 2004 年間進行[3]針對國中小在職教師發出 48 所學校計 336 份問卷[4]，另師資生施測對象以大三、大四為主，計發出 328 份問卷。茲說明如次。

(一) 質性探究——深度訪談

本章研究乃先採質性研究中的深度訪談，並運用半結構式的訪談大綱。具體方法與實施分述如次：

1. 受訪對象

針對國中小教師，採「立意取樣」且重在其「多樣性」（包括兼顧職前師資培育機構的師範校院與一般校院、學校分布、教師性別、任教科別、任教階段、初任與資深者等均納入考量），選取典型代表原定 20 人，實際訪談時以質性研究中之「多餘性」原則，最後實際訪談人數為在職教師 12 人，另納入實習教師以及大四師資生各兩人以瞭解現今師資培育環境的學校影響，故共計 16 人，各當面訪談一次（二至三小時）並利用網路互動多次，藉以澄清與溝通相關資訊，且確認訪問稿內容。其受訪教師相關資料整理如表 7.1。

2. 訪談重點（半結構方式）

(1) 選擇教職之原因？對於教師角色的自我期許？對於教育的看法？以及對於教師和道德教育關係的看法？

(2) 陳述自己自小至今道德發展的情形？其間的歷程為何？受到哪些因素的

---

3 該研究案為筆者主持：教師道德發展與學校環境——職前與在職國中小教師之比較研究(II)，2003.8.1-2004.7.31，國科會專題研究 NSC92-2413-H-003-003-。

4 有關在職教師施測對象的取樣與第六章國中小學生的取樣學校一致，主要原因有二：一是原本立意取樣 48 所學校已具代表性且聯繫較為方便；二是藉由同一所學校的教師與學生對於校園道德氣氛的感受可進一步瞭解其異同，但有關比較師生異同之處在本書並未提及，具體研究成果可另行參閱筆者於 2008 年發表之專書論文：Student and teacher perception of moral atmosphere in Taiwan. In F. Oser and W. Veugelers (Eds.), *Getting involved: Global citizenship development and sources of moral values* (pp. 215-226). Rotterdam: Sense Publishers.

表 7.1 受訪教師相關資料表

順序	1	2	3	4	5	6	7	8
代號	A	B	C	D	E	F	G	H
在職／職前	國中教師	國小教師	國中教師	國小教師	大四	大四	國小教師	國中教師
學校地區與性質	台南	台北	台北	台北	台北師範	台北非師範	宜蘭	高雄
性別	女	男	男	女	男	女	女	男
任教學科領域	語文	自然與生活科技	社會歷史	語文	社會公民	自然與生活科技	自然與生活科技	健康與體育
任教年資	25 年	18 年	11 年	6 年	--	--	15 年	19 年
訪談日期	2002/10/05	2002/10/16	2002/10/24	2002/11/20	2002/11/21	2002/12/04	2003/03/22	2003/04/08

順序	9	10	11	12	13	14	15	16
代號	I	J	K	L	M	N	O	P
在職／職前	國小教師	國中教師	國小校長	國中實習教師	國中實習教師	國中校長	國中教師	國中教師
學校地區與性質	台中	台北	台北	台北私立非師範	台北私立非師範	桃園	台中	台中
性別	男	男	女	男	男	女	女	女
任教學科領域	藝術與人文	數學		社會公民	藝術與人文	語文	健康與體育	綜合活動
任教年資	22 年	10 年	40 年	--	--	17 年	7 年	23 年
訪談日期	2003/04/11	2003/04/11	2003/04/12	2003/04/17	2003/04/23	2003/05/08	2003/05/12	2003/05/12

影響？從職前至在職自我之道德發展有無轉變？為什麼？

(3) 陳述自己所感受到的職前師資培育以及在職國中小學校環境為何？其間有無異同？

(4) 感覺學校環境影響道德發展最重要的面向為何？職前與在職學校環境對於自己道德發展的影響為何？其間的歷程為何？

(5) 感覺學校環境中有些什麼重要道德議題或關注焦點？

(6) 對於自我道德發展的期許以及職前與在職學校環境的建議為何？

3. 資料蒐集、整理與運用

資料蒐集以現場錄音及筆記，並於事後轉為逐字稿方式行之，經原受訪者檢核後，續由研究群（筆者與兩名助理）進行資料之開放性編碼工作，並參照理論探討與研究目的等加以分類、比較與歸納。

(二) 量性探究──問卷調查

1. 研究問題

筆者接續質性訪談後一年，乃針對全國教師（以師資生與在職教師為自變項）採立意抽樣方式進行問卷調查，並以其道德發展與學校環境感受兩者為依變項，其具體研究問題如次：

(1) 師資生的學校環境感受情形。

(2) 國中小在職教師的學校環境感受情形。

(3) 師資生的道德發展情形。

(4) 國中小在職教師的道德發展情形。

(5) 不同背景的師資生之學校環境感受是否有所差異。

(6) 不同背景的在職教師之學校環境感受是否有所差異。

(7) 不同背景的師資生之道德發展是否有所差異。

(8) 不同背景的在職教師之道德發展是否有所差異。

(9) 師資生與國中小在職教師所知覺的學校環境感受是否有所差異。

(10) 師資生與國中小在職教師之道德發展是否有所差異。

(11) 教師（師資生與在職教師）道德發展與學校環境感受之關係。

2. 研究工具

本章研究以「台灣職前與在職國中小教師道德發展與學校環境」問卷進行調查。問卷包括兩份經授權中譯的工具：一是道德發展量表乃將德國學者 G. Lind 的「道德判斷測驗」（Moral Judgment Test, 簡稱 MJT）英文版加以中譯[5]，其包含員工的困境與醫生的困境兩則故事；二是關懷量表乃以中譯原英文的「學校道德氣氛與生活問卷」（The School as Caring Community Profile II，簡稱 SCCP II）[6]，擷取「教師版」略經修正而成，其包含五部分：IA 感受學生（同學）對尊重的言行、IB 感受學生（同學）對友誼與歸屬的言行、IC 感受學生（同學）對於形塑環境的言行、IIA 感受學校同仁的支持與關懷、IIB 感受來自學生家長的支持與關懷[7]。該問卷於 2004 年 3 至 4 月間經兩次預試，針對 26 位國中小在職教師及 26 位師資生的預試，統計結果顯示，MJT 的內部一致性

5　MJT 問卷為 G. Lind 自 1970 年代發展迄今，原為德語版與英語版，現已有數十多種語言版本，亦包括筆者於 2004 年所授權翻譯且經信效度檢驗的中文繁體版。筆者中譯該問卷主要係於 2001 年參加 G. Lind 於 Association for Moral Education 的工作坊，而後經其同意進行繁體中文翻譯，又經得其檢定符合信效度標準，之後則運用於相關研究後乃與其共同場次發表或討論，其亦將筆者相關研究結果置於其網頁中。主要參考資料為其所提供網頁：http://www.uni-konstanz.de/FuF/SozWiss/Psych/ag-moral/mut/mjt-intro.htm#content，另亦可參閱書籍 Lind, G. (1985). The theory of moral-cognitive judgment: A socio-psychological assessment. In G. Lind, H. A. Hartmann, & R. Wakenhut (Eds.), *Moral development and the social environment: Studies in the philosophy and psychology of moral judgment and education* (pp. 21-53). Chicago, IL: Precedent Publishing Inc.

6　T. Lickona 是美國推動品德教育的重要掌舵人物之一，M. Davidson 是其學生輩研究員與得力助手，該二學者為瞭解美國各地推動品德教育的品質，於 1998 年著手發展此一問卷，2000 年公布第一個版本，2001 年年底甫修正為第二版本。筆者所使用乃第二版本，取得其授權中譯與使用，並均將相關研究結果撰寫為論文後與其分享。Lickona 為美國 Center for the 4th and 5th Rs 主任，Davidson 現為美國 Institute for Excellence & Ethics 主任。

7　師資生僅適合 IA、IB、IC 之填答內容，在職教師則多加 IIA 與 IIB。

信度係數為 0.70，重測信度（相隔三個星期）為 0.64，而 SCCP 的內部一致性信度為 0.688，重測信度為 0.95，各個分量表的信度也都高於 0.59。至於效度則採表面效度，在研究歷程中（2004 年 2 月）舉行焦點座談共計五人，協助檢視問卷草案藉以修正。該問卷例題如下：

「道德判斷測驗」（MJT）例題：

※醫生的困境

　　一位女士得了癌症而且存活的希望渺茫，她非常痛苦，而且身體非常虛弱，只要一劑大量的止痛劑（例如嗎啡），就有可能造成她的死亡。在她病情稍有起色時，她乞求醫生給予她足以致命的嗎啡劑量，因為她再也無法承受這種痛楚，而且她頂多只能再活幾個月，於是醫生遂了卻她的願望。

　　假設有人主張醫生的行為是正確的，以下支持醫生行為的理由，您接受的程度如何？

1. 醫生是依其良心行事，這位女士的病況特殊，所以醫生並不違反維繫病人生命的一般道德義務……

你是否同意醫生的行為？非常不同意（-4 -3 -2 -1 0 1 2 3 4）　　非常同意

「學校道德氣氛與生活問卷」（SCCPII）例題：

1. 學生們之間會彼此尊重。
2. 學生們會排擠與他們不同意見的同學。
3. 學生們會安慰遭遇不幸的同學。
4. 學生們會尊重彼此的個人財物。
5. 學生之間即使沒有情誼，也會相互幫助。

---

3. 調查對象

　　本章研究正式施測乃以盡量分布台灣各縣市與各師資培育類型為考量，採分層立意取樣，於 2004 年 4 至 5 月間針對中小學教師，發出 48 所學校計 336 份問卷，回收 335 份，有效問卷 331 份。分類而言包括不同地區：北部（19 所）、中部（13 所）、南部（12 所）、東部（4 所），不同型態：公立（44 所）、私立（4 所），不同階段：國小（23 所）、國中（25 所），不同學校規模：大型（27 所）、中型（18 所）、小型（3 所），以及教師不同性別：男（103 人）、女（222 人）（其餘未填寫）。另師資生部分，對象以大三、大四為主，計發出 328 份問卷，回收 322 份，有效卷為 310 份，其包括學校類型：

師大（1所）、師院（3所）、一般大學教育系所（3所）、一般大學設教育學程（4所），若以地區分布而言包括：北部（5所）、中部（2所）、南部（3所）、東部（1所），以及不同性別：男（77人）、女（232人）（1人未填寫）。

第二節　教師道德氣氛知覺訪談剖析與反思

　　本節乃針對教師道德氣氛知覺訪談結果加以剖析，分為兩大部分：第一部分是受訪教師道德發展的分析與討論，包括教師對於道德的界定及其道德觀、教師對於道德教育的看法、各學習領域（或各科）與道德教育的關係，以及德育角色知覺與自我期許四點；第二部分則是學校環境影響道德發展的相關因素之剖析，分為職前學校環境及在職學校環境兩者，各有其相關影響因素的剖析。

一、教師道德發展的各個面向

(一) 教師對於道德的界定及其道德觀

　　由受訪教師的回應中發現，其對於道德的界定以及道德觀可歸納為四類：

1. 將道德視為規範約束

　　第一類強調道德是一種約束，包括自我與外在約束，所以強調盡本分、守法、有責任感的重要性。例如：

> 「傳統來講，還是自我的一個約束力，加上你對外在法律、內在道德的綜合、融會之後的一個表現，其實它很抽象，但它也很具體，……是非善惡能夠很明確的辨別，能夠長幼有序、盡本分、守法。」（A教師）

2. 將道德視為生活態度

第二類強調道德是一種生活態度與言行，亦即其面對生活時所選擇的態度。例如：

> 「我覺得什麼叫道德，我覺得就是一個人的生活態度跟他／她的責任感，周遭的環境所給的一些的影響，讓其怎麼去處世，怎麼去對人，就是我覺得一個人的道德所在。」（F 教師）

3. 將道德視為合宜行為

第三類強調道德是日常生活中恰如其分的行為表現。例如：

> 「我會覺得一個行為一個觀念，在他表現出來的時機是否合適，來判斷是否符合道德，這是我對道德一詞的詮釋。如果他在適當的情況下表現出來，他就是符合道德的概念，一個規範，那如果同樣的事情，但是在不同的場合或不同的情境下表現出來，也許就不符合道德的規範。……不是一件行為有沒有道德，而是看他所處的環境所處的場合下，才能來判定它是不是一件符合道德規範的事情。」（M 教師）

4. 將道德視為契約溝通

第四類強調道德是一種契約與溝通，且是奠基於基本的尊重與互信之上。例如：

> 「人與人間的相處，需要有一些基本的尊重和互信，如何達到尊重和互信，必須先有一些作為，別人也可以把這些作為看在眼裡並能接受，彼此再來做溝通和瞭解，最後才能共同建立一個我們都可以接受的一個類似契約或守則的情況。」（J 教師）

該四類的界定存有若干歧異，顯示受訪教師對於道德的觀點不盡相同。然而，若以 Kohlberg 道德發展理論觀之，基本上均傾向於第四「法律與秩序導向」以及第五「社會契約合法性導向」兩個階段，亦即屬於成規期與成規後期層次。

(二) 教師對於道德教育的看法

歸納受訪教師的回應中可得，若干教師對於學生的生活常規十分重視，也時常將道德教育的概念與之等同。不過，其中有的教師採取廣義的道德教育觀點，認為教育即道德教育；也有教師將道德教育系統性地分出不同層次，茲歸納其看法如次。

1. 道德教育即生活規範

有些受訪教師重視生活常規，且認為道德教育就是強調生活規範。例如：

> 「我們自己實際在職場上走，也發現到，現在的老師，中學老師還是傾向生活常規是非常重要的情況，這其實我們自己捫心自問，因為時代變到現在來，我們講說學校不要一直講管理，但我們不得不說，很多職場老師，包括我自己，都還是認為生活常規重要。」（J教師）

2. 道德教育即教育本質

有受訪教師採取廣義的道德教育界定，認為「教育本質」就是一種道德教育，道德教育應從生活中去體驗、發現與實行，而且道德教育也是展露一種愛與關懷的精神。例如：

> 「道德教育就是……其實整個學校的教育本質上就是一個道德教育，包括各種的……其實我們平常在推動的生活教育之類的，我認為它都是道德教育的一環，就是它要怎樣跟人相處，我覺得是這個部

分，所以我會把它看得比較廣，而不是說教忠孝仁愛信義和平這樣
子。」（N教師）

3. 道德教育具多層次

另有受訪教師將道德教育系統地分為法律、公德心、民族精神及愛心四個
層次，例如：

> 「我認為道德教育可以分成幾個層次。最基礎的是法治教育。我
> 把法律當做是最低的道德要求，也就是學生他必須在求學過程裡頭他
> 應該去養成知法守法的習慣。……第二個層次我會覺得應該要有公德
> 心，就是說有些東西他可能是做了不違法，可是會影響到別人，學生
> 應該養成不做這些事情的習慣，這種是屬於公德的部分。第三個因為
> 我任教的學科是歷史，所以我還是會把民族精神教育當做是道德的一
> 部分。……最後一個就是他的愛心，這是很個人的，比如說他樂意去
> 當志工，或者他去奉獻他的時間、奉獻他的金錢，我覺得這也是道德
> 教育的一部分。這是屬於比較高的層次，他行有餘力可以實踐這一個
> 層次。」（C教師）

由前述教師的道德觀雖是傾向道德成規與成規後階段，但多數受訪教師對
於道德教育的觀點，基本上仍以生活常規為重點，再加上廣義道德教育在生活
中的學習，所以可謂較為重視道德低層次的守規矩與人際關懷，較少提及高層
次的道德思辨與批判。

(三) 各學習領域（或各科）與道德教育的關係

經由訪談教師的過程中發現，每一領域的教師皆認為其任教科目與道德教
育息息相關，且其內容亦時時彰顯道德的內涵與精神。

1. 語文——國文課有許多忠孝節義的文選

　　例如：「目前我任教科目，就道德教育來講的話，最有相關性，老師最有影響力的是國文跟公民，那因為教材的關係，因為它畢竟都是正向的，所以在這方面有很多是可以去刺激啊，給學生提醒。」（A教師）

2. 社會——歷史課的民族精神亦是道德教育

　　例如：「我教的是歷史嘛，所以我們在評斷一個人這個人是好人或是壞人，這個人對他的對大家的影響是好的還是壞的，我們還是會把那個國家的立場，跟民族的精神會當做是他評斷的標準之一，雖然不是全部。」（C教師）

3. 社會——公民課強調倫理道德以及教師人格典範

　　例如：「我覺得在公民教育的部分，又大概可以分成所謂社會科學領域跟所謂倫理道德教育的這個部分，對我而言，社會科學領域或許其他的學科可以去取代，可是我覺得在倫理教育部分，因為我覺得這個部分是一種境教、是一種身教的部分，所以在一個所謂人格，就是說教師的人格發展上是非常重要的。」（D教師）

4. 體衛——體育課培養學生互助合作之道德觀及人格教育

　　例如：「我覺得體育是最好能夠養成學生道德素養的一種課程，從我們的上課活動當中，在沒有壓力的情況之下，你也不用告訴他什麼叫道德觀念。從我們教學活動設計中，無形中，你很容易就可以告訴學生，不可以歧視弱者、強者要幫助弱者、在團體活動時要互相配

合，只要體育課上得好，他們就可以領略到這些東西，進而應用在他平常生活上。」（O教師）

5. 藝術——音樂課是淨化心靈以達真善美境界的最佳途徑

例如：「我知道音樂可以淨化一個人的心靈，……真的學音樂的孩子不會變壞，是因為……學任何一個東西只要他深入到他的心靈他才不會變壞，但在這之前他需要靠道德教育來規範他，或是來培養他，因為有道德教育以後他才有好的用心，用那個道德的、比較純潔的、誠懇的心靈去面對音樂，那他才會得到音樂藝術本身的真善美。」（I教師）

6. 數學——強調觀察與生活運用能力，與道德教育不謀而合

例如：「要把數學學好，必須要有一些組織的功力，或者除此之外，還必須有觀察的能力，數學一直強調這樣的事情，甚至說能否從生活中發掘數學問題，當你把它推到生活教育或道德教育時，就是說能否發現生活上的問題，進而用所學到的東西解決發現到的問題，這是我們數學科的一個中心目標。」（J教師）

7. 藝術——美術課重視適切表達情感與經驗，與道德教育相輔相成

例如：「我覺得應該是經驗比技巧來得重要，……，國中生來講，美術教育它要的不是一個很會畫畫的畫匠，而是一個能適當表達自己的情感，還有接收別人情感的一個人。所以美術教育強調的是一個讓生活可以更豐富，而不是一個很會畫畫的畫匠，……我覺得美術課，不是要訓練畫匠，所以我會讓他們用一種比較輕鬆的心態，來看自己的想法、自己的感覺、自己的經驗到底有什麼東西。」（M教

師）

8. 綜合──輔導課強調價值的澄清與引導，就是一種道德教育

　　例如：「因為我有輔導的背景，我會比較去用活動的方式，或者是用引導的方式去做價值澄清，然後從這裡面帶小朋友去瞭解什麼東西是必須要知道的所謂的道德，但是我比較少用這兩個字，那我就會在整個裡面去呈現這些東西。」（P教師）

(四) 德育角色知覺與自我期許

　　就受訪教師對於德育角色知覺與自我期許中的反應，幾乎每位教師均有強烈的德育知覺及自我期許，惟觀點不盡相同，大致可歸納為五類。

1. 循規蹈矩型

　　該類教師強調對於由上而下行政命令的遵循，盡職盡責地進行教學，就是其德育角色的知覺。例如：

　　「我是屬於那種乖乖牌的，我一直都覺得我是循規蹈矩的，所以當你給我什麼教材，我會真的是很盡職地去把它教出來，所以我可能還是滿傳統的。比如說，因為我是國文老師嘛，裡面有談到『良馬對』，是岳飛的，有談到文天祥的，它還是滿八股的，它那種道德精神還是很傳統的。」（A教師）

2. 人格感召型

　　該類教師強調身教與正確人生觀的重要性，亦即運用生命與人格影響及感召學生。例如：

「我覺得一件事情你可以做到影響別人，就是你的生命可以影響
另外一個人，這是一件，對我來講很棒、很刺激，然後很有趣的事
情。因為很多工作是沒有……怎麼說呢，可能就是很刻板、很呆板
的，可是如果你可以生命的接觸去影響別人，我覺得那個意義是很大
的……」（D 教師）

3. 反省修正型

該類教師強調對於自身價值觀的澄清、反省以及修正能力。例如：

「我們學習到的大多只是理論和方法，以便提供如何幫助學生去
瞭解他的道德，反倒很少來反省教師自己，教師自己本身的道德。所
以我們會覺得學生如果做了一個不道德的行為的時候，我們會試著來
糾正他，但是卻很少有教師會注意到說，如何來反省教師自己的道德
的觀念。」（M 教師）

4. 多元開放型

該類教師強調開放心胸與多元背景知識，以帶給學生思考與啟發。例如：

「我覺得一個老師他的邊際知識夠不夠，或者是他／她的背景常
識多不多，會影響教學的精彩度，因為你把課本上的那些東西念出
來，每個人都會，可是教得精不精彩，就是那個老師的功力。」（F
教師）

5. 溝通對話型

該類教師強調以學生為主體引發其思考，並強調規則的共同訂定與師生彼
此間溝通的重要性。例如：

「我是常常透過和學生的對話當中，去分析怎樣的做法會是比較

好的，我覺得我比較喜歡用這樣子的方式。這當然不能算是『價值澄清法』，應該說是『情境的處理』。遇到這個事情的時候，假如他這樣做可能會遇到什麼樣的情境的一個分析。我覺得雖然這樣的分析不算是道德教育，但是我覺得假如老師常常引導小朋友做情境分析的話，他會慢慢學會去思考，至少他處理事情以後不會那麼衝動。」（C教師）

二、學校環境如何影響教師道德發展

(一) 職前學校環境影響因素

1. 文化傳承與校風

　　有多位師範院校畢業的教師受訪時表示，在職前學校所受到文化傳承與校風的影響甚大，尤其是對將來身為教師的準備，是影響其心態的重要因素。例如：

　　　　「從大一進去就是要準備當老師，以前也不用考，所以一進來心態上已經 ready 的，就是要準備好去當歷史老師，既然心中準備要當老師，對於老師應該有的角色他們心中就會有一些想像、模擬和準備，所以其實當老師真的不是只有教歷史而已，也是要做所有老師應該做的事情，所以對於學生的一些生活指導、道德方面……我覺得是學校整個校風給我的感覺，氣氛，學校的那個氣氛，就是讓我們形成準備好要去教書和進入學校。」（N教師）

　　不過，有受訪教師表示學士後再至師資培育機構，就感到較無直接與明顯的影響；另在某些設立教育學程的大學，雖不是強調師資培育的校風，卻提供了另一種多元的校風以及學習。例如：

　　「我覺得說就校風而言，一般大學的教授會很鼓勵學生去多方面

發展，……因為我們就是這樣子出來的，所以我會鼓勵我的學生去做

他想做的事情，那當然我還算是保守的，我會覺得學生你要對自己負

得了責啦。」（F 教師）

2. 師範院校的潛在課程

　　有受訪教師提及以往師資培育一元化的時候，校園中十分強調生活教育。對此，受訪教師看法似乎兩極，有教師表示其類似軍事管理，無關道德教育所應著重的高層次思考；但也有教師認為此種生活教育，正是發揮人格教育的潛移默化功效。例如：

　　「我想以前當初師專那種應該不叫道德，是叫做生活教育，它整

個生活教育方式應該類似軍事管理，因為當初讀師專進去的時候就是

要折棉被，跟軍事化一樣。他早上六點起床，六點起床就吹喇叭，就

跟軍中一樣，就是那種過程，然後就是整理你的內務，內務整理完之

後教官還去檢查，所以我想當初就是說大概做一個循規蹈矩的學生這

樣子就夠了。」（B 教師）

但有老師認為：

　　「師專是一個培養人格非常好的地方，整個學校的校風潛移默

化，因為老師本身就也要有個人格跟規範，……校規很嚴，校規很嚴

並不是說完全限制你的自由。它的嚴格是使你不會逾越適合的極限，

可以很明確的告訴你什麼是可以做什麼是不能做，這給一個很好的標

準。」（I 教師）

3. 大學師生互動及其教育觀

　　有受訪教師表示大學中教授的教育觀及其身教，也是影響其道德發展或價

值觀的因素；另師生良好互動或是導師制度的安排等，均為增進職前教師道德
發展的激因。例如：

> 「我接收到的是他的教育觀，而不是課本上的教育理念。對，我
> 接收到比較多的是老師的教育觀，那我覺得那一些老師的教育觀，對
> 我們的影響應該也是比較大的。」（M教師）

4. 校內外社團活動或比賽

有多位受訪教師表示在大學校院期間，因著參加一些校內外的社團與活
動，對其人際關係的學習助益甚大，尤其是擔任重要職務之際，更學會去關懷
與理解周遭的人，此對於一個人的道德成長是有明顯增長。此外，藉由學校中
所舉辦的各項比賽，更可凝聚同學彼此的向心力，增進對於團體的認同感。例
如：

> 「我覺得當這個東西也許對我道德發展也會有發展的地方是，我
> 慢慢會去關懷到我周遭的人，就是說你當一個社長，你不是只有面對
> 你自己，不是只有你自己修身養性而已，你還要去顧慮到考慮到每一
> 個社員，他們想要什麼東西，或是要怎麼樣讓社員去發展。那你當一
> 個社團的輔導員也是一樣，所以你慢慢就會去觀測，去學會到瞭解別
> 人他心裡想要是什麼東西，可能就是學會到慢慢會去關懷其他周圍的
> 人。」（B教師）

5. 正式課程中對於道德相關議題的討論

有受訪教師表示在大學或是研究所階段，接受有關道德相關課程的學習，
諸如「倫理學」或是「道德教育」，或者是在教育學程中對於教育知能有了進
一步的瞭解，皆促進其道德觀的建立與發展。例如：

> 「就像當初我們可能在沒有修習一些教育學分的時候，我會覺得

道德它只是一種教條式的，就是它是沒有系統的，就是說它是各自獨
立的。可是進來修習，譬如說倫理學的部分或道德教育的東西，當然
一開始不能接受的部分，因為它跟所謂的哲學有很大的連結，可是當
漸漸瞭解到它的哲學之後，你會發現到原來這些所謂的道德原理，它
有基於一個共同目的所衍發出來。」（E 教師）

6. 引導與討論式的教學方式

多位受訪教師表示在師資培育過程中，課堂上若是以討論與引導式的教學
方式，對其助益較大，其亦是令其正向感受較為深刻，以及實際發揮影響力的
課程。例如：

「我覺得不是修那些學分而是受教育的經驗，在受教育的經驗裡
老師是否用討論的方式在上課？老師可不可接受不同意見？還是老師
只是照本宣科？……因為有討論的時候就比較容易接受不同的意見，
……沒辦法強迫別人一定要接受自己的觀念，就是一種尊重，每個人
可以表達，是一種尊重。」（C 教師）

7. 教師實習制度的培訓

有受訪教師提及教師實習培訓制度，亦即從學生轉至教師身分，是一個重
要的轉捩點也是極大的考驗，因而在實習的學長姊以及實習指導老師的價值觀
皆會產生若干影響；不過，有受訪教師提及在實習期間，仍須保有自我的判斷
與修正能力。例如：

「我覺得環境一定會有落差的，但是我覺得更大的落差是在角色
上面。……那當你變成老師的時候，我想應該要如何教的時候，最先
浮現出來的是以前的老師，以前老師帶給我什麼教學理念、教學觀
念，或者是一些想法，……。那因為到現在實習快一年了，我想我會
開始有我自己教育的想法跟觀念，有很多也是來自於現在的老師，

　　……老師之間他們會跟我們做一些意見的交流，比如說這個學生做了
什麼，我們就應該怎樣，我們就應該怎麼做比較合適，也許是他們既
有的認知或觀念，或他們的經驗來講應該要這麼做，但是依我的想法
我會覺得，我不會全盤接受，這跟在學生身分時是有落差。」（M教
師）

(二) 在職學校環境影響因素

1. 公私立學校性質

　　受訪教師中有人談到其歷經公私立學校的不同經驗，他認為因著學校性質
的不同，會產生不同的生態環境，進而影響教師的教學態度與著重點，尤其在
導師的責任方面有較多的強調。例如：

　　「因為我當時進入職場的時候，是先到私立學校去，那私立學校
它也是一個滿特殊的環境，因為它畢竟跟公立學校那一種生態是不太
一樣……私立學校一般導師的責任是說很重要，有時候要求會比較
多，不管是工作或其他方面，一定會比公立學校還會來得多。」（H
教師）

2. 校長領導理念與風格

　　多位受訪教師提及校長對於學校道德教育的影響是十分顯著的，校長的理
念與風格對全校師生會產生領導的作用，因而更換校長時學校氣氛就會隨之改
變。例如：

　　「一個學校的行政措施我是覺得也滿重要的因素。領導者的理
念，行政的一些做法作為，我覺得這是非常的重要。如果你一個主任
或校長有一個教育理念的話，我想在推動學校道德教育的方面，應該
會是比較會有正面的影響。但是如果你本身沒有那種教育理念的話，

……，你做下來的時候，老師也跟你應付，然後學生也跟你應付，所以到最後大家都在應付，那反而對發展沒什麼影響。」（B教師）

不過，也有一位教師提出不同看法，其認為校長有時亦會有「力不從心」的時候，因為校長是輪替的，學校文化卻是長久累積且易被少數人所把持。例如：

「校長有些東西一直使不上力，因為畢竟這一批人（指教職員工生）太龐大。他可以把所有行政的組長都掌握，……但是他的道德教育怎麼可能（都掌握）？」（I教師）

3. 教師擔任行政職務或導師

有多位受訪教師表示，在學校因著擔任行政工作或導師職務，使其視野更為開闊、責任更為加重，也增進其對道德問題的關注與理性思維能力的提升。例如：

「接行政的話就是說你在看這個事情的面向的時候，你不是著重在一個比較小的範圍，因為你要顧及到全校老師，你會放開。放開的話，相對來說，你在看學生行為或學生的一些行為、一些道德問題的時候，你同樣會把它伸展開來，我是覺得這個很重要。」（B教師）

4. 教學與行政間的關係良窳

在學校中教師常須面對教學與行政之間的互動，有受訪教師認為他／她們會盡量依照行政的要求去執行，即使再怎麼不服氣，也是會遵照學校體制的運作與方向。例如：

「我們早期『三、四、五、六年級生』（指民國30年至60年出生）的教師剛出來的時候，對於學校行政人員主任、組長、校長啊，

都是畢恭畢敬，就是把他當學長看待，不太有太多自己的意見，覺得
一切就是服從長官，有這樣一個潛在的意識，就算有自己的意見也會
很客氣的表達。」（A教師）

然而有老師表示，他／她們雖不會做出對於行政對抗或否定的動作，但會
適度地保留自我的若干想法，而不會全盤接受行政的要求。例如：

「其實我覺得面臨的問題就是，教學跟行政常常會有某部分的衝
突。……那其實行政方面有沒有錯呢？也許也沒有。他們有上面的壓
力，可是教學上面，老師有時候真的覺得有些東西是比較形式，可以
不必要的。……以我的方法是，我也不會完全抗拒你，我不會做那種
對抗，可是我可能保留一部分我的，再加進去一部分你的，對，就修
正自己，這跟你原來想的東西還是會有不一樣。」（D教師）

5. 學校相關組織對學校的影響

對於近年來學校相關組織的成立，諸如教師會與家長會等，對於學校與教
師的影響如何？綜合受訪教師的意見顯示出「水能載舟，亦能覆舟」的現象，
亦即其影響的正負面，端視教師與家長以何種態度參與，若是取得良好的互動
關係，當可促進多贏的局面，反之則會促成內耗。例如：

「那因為教師會因為教師法成立，老師變成有這樣一個權力可以
去把持的時候，它變成一個力量去跟學校行政抗衡、制衡，那當初教
師會它的一個設置，是一種制衡的力量，但是如果這種制衡的力用錯
地方的話，那就變成一個反作用的力量，就會產生更多的紛爭，那老
師也會比較敢。」（H教師）

6. 教師同儕經驗的影響

多位受訪教師表示，從師資培育機構至職場多半會產生理想與現實之間的

落差，或是由於起初對教學與帶班熟悉度欠缺，故而同事之間的協助與經驗傳承扮演頗為重要的角色，甚而有教師表示其道德發展與觀念亦是受到同事的啟發。此外，亦有受訪教師表示，藉由同事間的良性互動，也可共同促進校園文化的形成與進步。例如：

> 「可能就是從同事之間學習而來的，因為在學校裡面畢竟都有一些比較要好的同事，那麼他們帶班級、輔導學生的技巧上面，他／她們都做得比我好，所以我那時剛進去的時候，也不是都很有辦法，所以從他／她們身上也學到很多，可能因為這樣的觀念而學到一些。」（H 教師）

不過，也有教師認為現今教師同儕相處的關係漸趨疏離，同事間甚或會有因利益的爭奪而反目，以致倫理精神逐漸喪失。例如：

> 「學校已經開始變質了，因為我們原來的學校都有一個很好的傳統，這就是老師之間也有一個道德傳統，真的是很好。它可以教一個年輕人怎樣好好當一個老師，可以說是最根本的，犧牲奉獻的精神，如何去關照人，令我覺得我來這個地方受到很好的關照，很好的一個溫暖的學校，人情非常濃厚。可是慢慢的因為我們是大學校，每一年進來有二、三十幾個新進的老師，也有人退休，人際之間因為一下進來很多年輕人……年輕人過程當中慢慢發現他們只有利（益）。」（I 教師）

當然，也有一位受訪教師認為他不會受到同儕間氣氛的影響，是個較為「擇善固執」的人，反倒是其他老師受到他的影響；或是有教師認為應有自己的獨立判斷，不須涉入紛爭之中：

> 「我覺得我個人的改變比較不多，倒是其他同事越來越多人，他

們慢慢能夠接受這種他們當時候認為是新人類的想法……我是一個滿
固執的人（擇善固執），除非說對方的理由真的可以說服我，否則我
是一個比較固執的人。」（C 教師）

7. 在職進修與閱讀習慣

有多位受訪教師認為在職後的國內外研究所進修，無論是對於道德相關科
目的深入探討，或是對於批判思考的培訓，皆有極大的助益。例如：

> 「那真正會有道德覺醒，我想應該是到了研究所這個階段，尤其
> 是讀○○所碩士班的時候，才慢慢會有那種道德意識出來。因為那時
> 候剛好是上那個○○老師的那個倫理學的課，我慢慢知道說我所認知
> 的道德，跟原來我所知道的那個道德是不一樣的。我知道的那種道德
> 可能是傳統的那種，就是說那種長輩或是大人講的話就算對，或是書
> 上講的東西就算對這種東西，可是真正學會道德批判的東西，應該是
> 從碩士班開始。……可是到研究所階段因為要慢慢學會批判思考，那
> 慢慢就會質疑說學校那些規則對或錯。所以也就是因為研究所這個階
> 段的訓練，所以我回到學校去之後，我看到學校一些不滿的事情，我
> 就敢在會議裡面出來講。」（B 教師）

除了進修國內外研究所外，養成良好持續的閱讀、聽演講與思考習慣等，
秉持終生學習的理念，也是促成教師道德發展的影響因素。例如：

> 「平常養成閱讀的習慣，或思考問題的習慣。一般說來比較容易
> 接受新觀念的人，大概平常有閱讀的習慣。閱讀不一定是有學位的進
> 修，就是說平常他看到一個報導，他／她會去找相關的資料來讀，有
> 這樣習慣的人，我發現他是比較容易有開放的想法，容易去尊重別人
> 有不同的想法的。」（C 教師）

8. 學生反應與回饋

在受訪教師中有兩位教師分別提及學生對他／她們的影響，不過一是強調學生給予的正面回饋，使其受到激勵；但另一教師則是提及其所感受的負面經驗，使其一度「逃離」教學現場：

> 「其實我真的滿感恩的，……那我真的覺得很有趣的是你真的可以看到生命的變化，……你發現其實是有一點影響力的，……我是很享受那種感覺的，因為我覺得那種真的是很快樂的感覺，是當老師的快樂是很難說的，所以現在我覺得跟我當初，我會真的是越感恩當初的決定，因為覺得那時候的決定是對的。」（D 教師）

> 「我很喜歡教書，教英文。可是教人的部分就很挫折，因為小孩不是像原先想的那麼好帶。所以我可能道德教育沒有教好，就是那個東西跟教書是完全截然不同的東西，不是那麼容易就把那種知識傳輸過去，你會碰到滿多實際上的小孩子的狀況並非你能掌握的，那你在處理上新手總是不是那麼順，所以就會滿挫折的，所以才會去念碩士。」（N 教師）

9. 政府教育政策與大環境

在訪談過程中，有教師提及教育政策與大環境的影響，其認為整體社會大環境對於教師的道德觀影響甚大；不過，也有教師認為，無論外在環境與教育政策如何變化，教師所堅持的教育理念與本質應是不變的。例如：

> 「我覺得校長主任的影響都不大，真正影響我們教師道德觀，比較多是整個社會大環境。」（J 教師）

> 「其實我常常在思考的是，所有身分當中，老師的立場，就是我自己的立場到底是什麼，……因為你在思考你的教育的哲學，所以你說現在的教改能不能幫助學生建立他的道德觀，我覺得是要看這個老師自己的，（覺察？）對，他自己給學生，他到底有沒有想說要給學

生什麼，還是說上面一個政策，然後他就要跟著政策做，如果跟著政
策的話，其實老師基本上是疲於奔命的，因為教改一直在改，而且是
真的很混亂，所以我覺得要視老師而定。……一個知道自己在做什麼
的老師，他給學生什麼東西，我相信教育的某些本質是一定的，是一
直存在的，不管教育的方式或技巧怎麼改。」（D 教師）

10. 自我察覺反省並修正

有位受訪教師提及自我察覺、反省與修正的重要性，其認為這才是教師永
保進步的源泉：

> 「以前的道德教育好像比較偏向指導的部分，……那這些東西常
> 常會在你的教學裡面會出現。因為它是已經伴隨你好多年的時間會出
> 現，所以我馬上覺察到這樣好像不太對勁，我就會修正。我以前受的
> 教育常常浮現，當我知道它不太理想了，我會瞭解到，然後修正。」
> （P 教師）

Ryan（1988）曾在〈師資教育與道德教育〉一文指出，教師要成為道德教
育者的七種必備能力分別是：一是必須成為學生良好品德的楷模；二是必須瞭
解學生道德生活與品德，且將其視為教師專業的重要責任；三是必須激勵學生
參與道德論辯；四是必須很清楚地瞭解自己對於道德與倫理議題的觀點；五是
必須幫助學生能理解其他人的道德世界；六是必須在教室中營造良好的道德氣
氛與彼此互助關懷的環境；七是必須盡量提供學生在學校或社區中實際經驗的
機會，以表現出道德與利他的行為。

該篇論文距今雖甚久遠，仍對當代的道德教育有極大的啟發。尤其我國處
在傳統同質且一元社會價值瓦解、現代異質與多元社會價值不斷重建的歷程中，
教師不應也無法侷限於既有知識的傳播者或複製者的消極角色，而應成為民主
開放社會中主動積極的道德基礎建構者。因此，教師對於自我道德觀的持續反
省與永續成長、師資培育機構對於準教師的道德知能專業培養、國中小校園對

於教師道德的繼續社會化的優質環境營造，以及教育政策對於道德教育的重視與推行等，均將成為中小學道德教育品質提升的關鍵因素。

第三節　教師道德氣氛知覺調查結果與省思

一、教師道德氣氛知覺之調查結果

(一) 師資生對其就讀的大學院校道德氣氛感受情形

　　根據本章研究顯示，師資生對於其所就讀大學校院環境感受的分數平均為3.46，在五點量表中屬普通偏高；就分量表而言，各項都屬普通偏高，且其分數由高至低分別為：IA 感受同學對尊重的言行（3.61），IB 感受同學對友誼與歸屬的言行（3.48），IC 感受同學對於形塑環境的言行（3.23）。

(二) 國中小在職教師對其任教學校的道德氣氛感受情形

　　在職教師對於目前任教學校環境感受的分數平均，整體而言（包括對於學生、同儕和家長的感受）為 3.47，僅就其對學生的感受（即IAIBIC）為 3.28，前者明顯高於後者。就分量表而言，其分數由高至低分別為：IIA 感受學校同仁的支持與關懷（3.75），IIB 感受來自家長的支持與關懷（3.71），IB 感受學生對友誼與歸屬的言行（3.31），IA 感受學生對尊重的言行（3.30），IC 感受學生對於形塑環境的言行（3.21）。

(三) 師資生的道德發展情形

　　師資生的道德判斷在 MJT 的 C 分數平均為 24.60，依原德國作者 G. Lind所區分六等級分別為：非常低（1-9）、低（10-19）、中等（20-29）、高（30-39）、很高（40-49）、非常高（50 及以上）觀之，其屬於「中等」層次。中國學者 Yang & Wu（2008）曾以 MJT 研究其青少年的道德判斷能力，其

中大學生的平均 C 分數（大一 29.209、大二 27.263 、大三 26.921、大四 31.443）比我國師資生得分為高。

(四) 國中小在職教師的道德發展情形

在職教師的道德判斷在 MJT 得 C 分數平均為 19.79，依原德國作者所區分六等級分別為：非常低（1-9）、低（10-19）、中等（20-29）、高（30-39）、很高（40-49）、非常高（50 及以上）觀之，其屬於「低」層次，而且，該平均分數低於前述師資生的 24.60[8]。

(五) 不同背景的師資生之學校環境感受是否有所差異

1. 差異達統計顯著水準者

本研究顯示，師資生因其不同性別、學程、學校類別、學校屬性、學校地區，對學校環境感受差異達顯著水準。針對師資生在學校環境感受量表之得分是否因性別（男、女）而有所不同，依結果顯示 t 值為-4.061，其差異達 0.001 顯著水準，表示不同性別在學校環境感受量表得分有所差異，且女性（N=226，M=3.52）高於男性（N=70，M=3.26）。其次，師資生得分因修習學程（國小、國中）之不同，而對學校環境感受有所差異，依結果顯示t值為 3.249，其差異達 0.01 顯著水準，且修習國小學程者（N=151，M=3.54）高於修習國中學程者（N=141，M=3.37）。再者，師資生得分因學校類別（師範院校、一般大學）之不同，亦對學校環境感受有所差異，依結果顯示t值為 3.119，其差異達 0.01 顯著水準，且師範院校師資生（N=154，M=3.53）高於一般大學師資生（N=138，M=3.37）。此外，師資生得分亦因學校屬性（公立大學、私立大學）之不同，亦對學校環境感受有所差異，依結果顯示t值為 2.641，其差異達

---

8 有關我國在職教師的道德判斷分數低於師資生，乍看結果或許驚訝。但因該道德判斷的理論奠基於 L. Kohlberg 的道德認知發展理論，故而若以我國教師與中小學校園環境的較為「保守性格」，相較於現今大學生活的較為多元開放，顯現於該測驗中實可理解。不過，這僅是一次的調查研究，仍有待持續探究該議題，也迫切需要發展我國本土化的研究工具。

0.01 顯著水準，且公立大學師資生（N=266，M=3.48）高於私立大學師資生（N=29，M=3.26）。最後，師資生在學校環境感受量表之得分，因就讀大學所屬地區（北、中、南、東四區）而有所不同，依結果顯示 F 值為 3.484，其差異達 0.01 顯著水準，經事後比較發現其差異結果，主要係由中區高於北區所致。

2. 差異未達統計顯著水準者

本研究顯示，師資生之學校環境感受不因其背景因素（就讀年級、未來主要任教領域、是否修過道德教育相關課程、有無擔任校內外社團組織幹部、師資培育期間上課時教授是否採用互動式教學等）而有所差異。

(六) 不同背景的在職教師之學校環境感受是否有所差異

1. 差異達統計顯著水準者

本研究顯示，在職教師因其性別、教育階段、身分別、教學年資、大學曾任社團領導人、任教學校性質、任教學校地區、任教學校規模等之不同，對學校環境感受差異達顯著水準：

(1) 針對受試者在學校環境感受量表之得分，是否因性別而有所不同，依結果顯示 t 值為 2.020，其差異達 0.05 顯著水準，表示不同性別在學校環境感受量表得分有所差異，且男性（N=83，M=3.55）高於女性（N=187，M=3.42）。

(2) 針對受試者在學校環境感受量表之得分，是否因任教學校階段而有所不同，依結果顯示 t 值為 4.661，其差異達 0.001 顯著水準，表示不同任教學校階段在學校環境感受量表得分有所差異，且國小（N=129，M=3.60）高於國中（N=142，M=3.34）。

(3) 針對受試者在學校環境感受量表之得分，是否因有無兼任行政職務而有所不同，依結果顯示 t 值為-3.881，其差異達 0.001 顯著水準，表示有無兼任行政職務在學校環境感受量表得分有所差異，且兼任者（N=83，M=3.63）高於未兼任者（N=185，M=3.39）。

(4) 針對受試者在學校環境感受量表之得分，是否因其教學年資而有所不同，依結果顯示 F 值為 2.740，其差異達 0.05 顯著水準，表示不同任教年資在學校環境感受量表得分有所差異，其差異在於超過 16 年者得分高於少於 5 年者。

(5) 針對受試者在學校環境感受量表之得分，是否因有無在大學擔任社團領導人而有所不同，依結果顯示 t 值為 2.172，其差異達 0.05 顯著水準，表示有無社團領導人經歷在學校環境感受量表得分有所差異，且有此經歷者（N=165，M=3.51）高於無此經歷者（N=103，M=3.38）。

(6) 針對受試者在學校環境感受量表之得分，是否因其任教學校性質而有所不同，依結果顯示 t 值為-5.310，其差異達 0.001 顯著水準，表示在職教師因其任職公私立而在學校環境感受量表得分有所差異，且任職私立者（N=21，M=3.82）高於公立者（N=250，M=3.43）。

(7) 針對受試者在學校環境感受量表之得分，是否因其任教學校所處地區而有所不同，依結果顯示 F 值為 4.191，其差異達 0.01 顯著水準，表示不同任教地區在學校環境感受量表得分有所差異，其差異在於任教東部與中部者得分高於北部與南部。

(8) 針對受試者在學校環境感受量表之得分，是否因其任教學校規模而有所不同，依結果顯示 F 值為 5.504，其差異達 0.01 顯著水準，表示不同任教學校規模在學校環境感受量表得分有所差異，其差異在於任教小型學校者得分高於中型與大型學校。

2. 差異未達統計顯著水準者

本研究顯示，在職教師之學校環境感受並不因其職前師資培育是否修過道德教育相關課程、大學期間師生互動經驗、在職期間是否參加過道德教育相關研習、最高學歷（專科、大學、碩士、博士）、就讀大學或專科時背景屬性（師範院校、非師範院校、一般大學教育系所），以及至該校任職年資等而有所差異。

(七) 不同背景的師資生之道德發展是否有所差異

本研究顯示，師資生之道德發展不因其背景因素（性別、就讀年級、就讀大學屬性、就讀大學所屬縣市、就讀大學所屬地區、未來主要任教領域、未來可能任教學校階段、於職前師資培育或在職期間是否修過道德教育相關課程、在大學或專科求學期間有無擔任校內外社團組織幹部、在職前師資培育期間上課時教授是否採用互動式教學）而有所差異。

(八) 不同背景的在職教師之道德發展是否有所差異

1. 在職教師之道德發展得分，因其在職期間是否參加過道德教育相關研習而有所不同，依結果顯示 t 值為 2.076，差異達 0.05 顯著水準，參加者得分（N=247，M=20.74）高於未參加者（N=63，M=16.49）。

2. 在職教師之道德發展不因其性別、任教階段、身分別（一般教師、教師兼行政人員）、職前師資培育是否修過道德教育相關課程、學校性質（公私立）、最高學歷（專科、大學、碩士、博士）、就讀大學或專科時背景屬性（師範院校、非師範院校、一般大學教育系所）、任教年資差異、至該校任職年資差異、任教學校所屬地區、學校規模大小（總班級數）而有所差異。

(九) 師資生與國中小在職教師所知覺的學校環境感受是否有所差異

針對受試者在學校環境感受量表（IAIBIC）之得分是否因在職教師與職前教師而有所不同，依結果顯示 t 值為-4.417，其差異達 0.001 顯著水準，表示在職教師與職前教師在學校環境感受量表得分有所差異，且師資生（N=297，M=3.46）高於在職教師（N=288，M=3.28）。

(十) 師資生與國中小在職教師之道德發展是否有所差異

針對受試者在道德發展量表之得分，是否因在職教師與職前教師而有所不同，依結果顯示 t 值為-4.034，其差異達 0.001 顯著水準，並且師資生得分

（N=295，M=24.60）高於在職教師（N=315，M=19.79）。

(十一) 教師（職前與在職）之道德發展與學校環境感受之關係

研究結果顯示，師資生與在職國中小教師之道德發展（C 分數）與學校環境感受（SCCP 之 IAIBIC）之相關未達顯著水準，表示個人道德發展與學校環境感受之間沒有關聯性。

二、教師道德氣氛知覺之調查省思

本章之量化研究，除在編譯兩份問卷過程甚為關切其信效度，以及力求兼顧本土化與國際化而不斷修正外，因施測的對象為師資生（大學生）及國中小在職教師，其自主性較強，且對於問卷填寫有所排斥或厭倦心理，故在聯絡與施測過程備感艱困。然而，辛苦耕耘仍可見果實的收成，其具體成果與相關建議如次：

(一) 持續教師道德專業發展的實徵基礎

本章研究乃增強國內對於教師層面德育探討之實徵性研究，尤其是師資生與在職教師之道德發展，及其對學校環境感受的情形與異同，此為教師專業發展之不可或缺的重要面向。然而，此一研究畢竟僅引玉之效，仍有待後續研究累積更多的研究結果。

(二) 重視師資培育與在職之校園氣氛與環境

本章研究凸顯國內對於學校氣氛與環境之研究與實務應予重視，包括師資培育機構（大學校院），以及國中小校園氣氛與環境均顯重要，以使道德教育理論與實踐之間的連結更為緊密。

(三) 增強教師之道德思維與判斷知能

本章研究強調教師道德發展現況瞭解的重要性，研究結果顯示無論是師資生或是在職教師的道德判斷分數都不高，而且在職教師反而低於師資生，在職

教師中又會因有無接受道德教育相關培訓有所影響，故在德育政策、師資培育政策以及在職進修等方面宜有所通盤規劃與推動。

(四) 建議後續研究的取向

本章仍有若干限制之處，有待後續研究調整與關注：諸如第一年質性與第二年量化研究結果之統整與脈絡深度詮釋尚有不足；教師道德發展與學校環境之相關諸多變項，均因受限於問卷長度而窄化或簡化，實有缺憾；此外，未來若能發展我國兼顧國際與本土的道德發展與學校環境問卷，當更有利於呈現我國教育現況及其脈絡的掌握。

第三篇

校園營造與展望

第八章　品德校園文化營造之理念建構

　　本章基於我國目前正值道德教育轉型時期，乃結合國內外品德教育的發展思潮及校園文化營造的趨勢，提出「品德校園」模式，期以作為多元創新推動德育的參考。其包括論述品德校園概念的背景與基礎，意涵與歷程，以及策略和評鑑等面向，藉以建構出將理論化為實踐，以及反思修正的原則與依據。

第一節　品德校園文化營造之背景與基礎
　　一、品德校園文化營造的背景
　　二、品德校園文化營造的基礎
第二節　品德校園文化營造之意涵與歷程
　　一、品德校園文化營造的意涵
　　二、品德校園文化營造的歷程
第三節　品德校園文化營造之策略與評鑑
　　一、品德校園文化營造的策略
　　二、品德校園文化營造的評鑑

品德校園文化營造之背景與基礎

一、品德校園文化營造的背景

(一) 我國道德教育正值轉型時期

道德教育自古迄今始終有其重要性，但因當前社會正值轉型時期，以致其意涵與價值常遭誤解。誤解之一是認為談道德太沉重與保守，且因以往過於虛應教條，故以為民主社會僅遵法律作為行為準則即可，殊不知法律與道德固有重疊但亦有所差異，但法律無法解決所有人際互動，更無法全然指向社會正義與關懷的理想境界，所以道德仍有其重要性；誤解之二是以為道德多半在於「知而不行」，且僅限於「生活常規」層次，豈不知當前多元異質社會中已衍生諸多公共倫理議題，亟需廣博統整知識、深度詮釋理解以及批判反省思考等能力之培養，且須在自由選擇與道德困境中進行澄清、判斷、取捨、意志發揮，方能進而知行合一且形成良好德行與人格；誤解之三是自「國民中小學九年一貫課程」正式全面實施以來，許多人以為道德課程早已劃下句點，縱使部分教師有心也力有未逮，然殊不知德育實本應內含於教育歷程中，單獨設科的消解，或可成為凸顯整體課程均含道德教育的契機與轉機。因而，本章品德校園文化之營造，或可視為此一開放多元中的參考模式。

(二)品德校園之政策源起

有關「品德校園」概念乃源於筆者在 2003 年參與教育部所組成「品格及道德教育工作推動小組」，並負責執筆擬訂「品德教育促進方案」草案之際，指出當時道德教育的重點在強調民主社會亟需公民資質的新德育思維，可借重與轉化美國部分經驗並融合我國既有優良文化，故和與會先進及代表共同商討與決議，提出「品德本位校園文化營造」之新概念，簡稱「品德校園」，後因「本

位」兩字易引發爭議，已將其改為「品德校園文化營造」。

　　當時有關品德校園概念的提出，乃基於數點考量：一是因應台灣在正式課程中已無道德教育單獨列科之現狀，品德校園文化的營造為目前可行替代方案；二是觀諸國外道德教育研究與推動經驗，品德校園相關概念頗為符合重視校園道德氣氛，以及整體文化營造的國際趨勢；三是品德校園概念可奠基我國傳統與現況，易於轉化並融入創新元素，且符應當代台灣朝向多元民主思潮所需。而今，台灣教育與社會各界對於道德的關注有增無減，品德校園提出作為道德教育多種實踐模式之一，亦甚具時代意義。

　　基此，本章藉由品德校園模式之理念建構，強調當前我國國民中小學校園中道德教育解構與重建之必要性，亦即在內容上須由個人修養同時關注公共倫理議題之深層思辨，在方法上由訓誡灌輸轉為多元引導與互動策略，在範圍上則由正式課程擴展為校園整體生活。期能藉此，使國民中小學之親（家長）、師（教職員）、生（學生）甚而社區，共塑學校本位之倫理核心價值與行為準則，將品德帶進教室，把民主融入校園，以達優質與全人教育之理想。

二、品德校園文化營造的基礎

　　品德校園乃奠基於正義、關懷與正向／發展紀律等理論，並強調將學校文化形塑成當代公民社會的理想。因此，校長道德領導的強化、行政人員與各科教師德育專業知能的提升、親師生甚而擴及與社區建立關懷關係，以及親師生民主參與的促進等，均屬品德校園所須掌握的重要面向，如此方能在校園中彰顯自由與自律的道德生活。品德校園除基於前述理論基礎外，亦參考美國多個學術單位，包括品德教育夥伴、第四及第五R中心，以及品德優質中心等，其所推動之當代品德教育經驗，共通點均屬綜合型模式，亦即強調品德教育以整體校園為範疇。因而，本章之品德校園乃期奠基於理論基礎，並將美國實踐經驗，經轉化後融入我國教育環境中，以確立相關理念與原則[1]。

1　該理論與實踐基礎，請分別參見本書第二章與第三章。

品德校園文化營造之意涵與歷程

一、品德校園文化營造的意涵

(一) 品德校園的界定

　　品德校園強調的是形塑校園中所有成員具有多元面向與層次的品德，其包含三個相互關聯且具影響之層面：一是道德認知層面，包括對於道德議題之意識與察覺、理解道德價值、具有角色取替能力、有道德推理能力、能慎思與做決定，以及自我知識統整等內涵；二是道德情感層面，具有良心、自尊、同情、珍愛善的價值、自我控制，以及謙遜等重點；三是道德行動層面，包括實踐德行之能力、擁有實踐之意願，以及進而養成習慣等內涵（Lickona, 1991）。

　　延續前述品德的界定，品德校園就是「將品德融入校園文化營造的一種學校本位道德教育推動模式。」此模式強調學校、地區／家長或地方政府積極合作成為夥伴關係，營造學校整體校園與文化成為品德涵蘊場所，期使學生發展出當代倫理重要價值（諸如關懷、誠實、公正、責任、自尊尊人等普世價值）；其次，該概念亦強調品德教育是藉由民主參與及凝聚共識方式形成，以使青少年在良好校園文化涵蘊中，培養公民資質、社群生活之正向參與，以及良好公民德行；再者，學校除營造一個正向道德文化外，教師與行政人員均扮演照顧者、模範與良師益友角色，並藉由民主關懷教室氣氛，以及合作、反省、討論等方式做出道德決定與解決紛爭，以使學生品學卓越且能創造出兼具正義、關懷與紀律的優質校園，以養成良善卓越個人，並形塑未來理想公義社會。

(二) 品德校園的目標

　　品德校園之教育目標，誠如「教育部品德教育促進方案」（2004 年公布、2006 年修訂）中所述：

「1.增進學生對於當代品德核心價值及其行為準則,具有思辨、推理、選擇,進而認同、欣賞、實踐與反省之能力;2.引導並協助學校發展以『學校本位』的精神,使全體成員(包括學生、教師、行政人員、家長或結合社區／民間人士等),於對話溝通及共識凝聚歷程中,建立其品德教育之核心價值、行為準則及其校園優質文化之方向與願景,並進而使學校成為蘊含正義、關懷與紀律氣氛的道德社群;3.提升家長／社區對於品德教育之重視程度,並增進其對於當代品德之核心價值及其行為準則之認識與實踐,進而發揮家庭／社區教育之德育功能,並期與學校教育產生相輔相成之效。」

(三) 品德校園的特點

品德校園模式計有十個特點,以凸顯其兼具理論與可行性:

1. 具正義、關懷、正向紀律與當代公民社會理念基礎。
2. 整合道德／品德教育理論研究與實踐推動。
3. 符應學校本位道德氣氛／文化需求與發展願景。
4. 以多元、創意與民主方式及策略推動品德教育。
5. 強調校長道德領導以及學校行政部門溝通合作。
6. 強調各科教師均須強化其品德教育專業。
7. 鼓勵家長積極參與並共同推動品德教育。
8. 彰顯學校對於學生的信任且賦權參與校務。
9. 將品德與服務學習結合並增強學校與社區或他校的關聯性。
10. 有系統、有步驟且完整的品德教育計畫、執行與評鑑。

二、品德校園文化營造的歷程

(一) 品德校園推動歷程階段

品德校園推動歷程,約可分為四個階段:

1. 預備階段

　　首先，各校須組成品德教育推動核心小組（包括校長、各處室主任、教師代表、家長代表與學生代表），作為領導團隊與協調中心；其次，藉由定期集會與溝通，凝聚核心小組共識；再者，籌備與舉辦品德校園知能增進工作坊，以增進相關師長與代表的品德教育專業知能。最後，則是以全校民主參與方式，經討論與票選方式，選出學校的倫理核心價值，並進而依據校園特色與需求，制定親師生的行為準則。

2. 執行階段

　　定期召集核心小組會議，以策劃並檢討品德校園執行情形；將品德教育明確納入學校行事曆與學校推動計畫中，並有系統且密集地全面融入校園各類課程、活動與生活；教師、行政人員與家長須提供良好言教、身教與境教外，亦應充實品德校園專業知能。

3. 評鑑階段

　　教育評鑑就像定期體檢般同等重要，品德校園的評鑑可藉由參與對象的問卷前後測、觀察訪談、核心小組評估檢討，以及教師行動研究等，運用質量兼顧的研究典範，以得知其歷程與總結之成效。

4. 推廣與永續經營階段

　　品德教育乃須長期永續經營，因而完整記錄、建立與統整品德校園歷程與結果的資料檔、資料庫或網站資料；並將品德教育納入每年學校生活的常態，而非外加要求；且經不斷改善與精進後，可提供他校加以參考或轉化，以建立各校的品德校園特色。

(二) 品德校園推動歷程之要項與步驟

　　依照前述四個歷程，各階段實施要項與具體步驟如次，參見表 8.1。

表 8.1　品德校園實施歷程[2]

歷程	實施要項	具體步驟
1.預備階段	1.1 組成校園推動品德教育領導團隊與協調中心	• 1.1.1 成立品德校園推動核心小組，成員包括校長、各處室主任、教師會代表、家長會代表、學生自治會代表。 • 1.1.2 由校長指定某一單位擔任品德教育推動總協調中心。
	1.2 凝聚核心小組共識（可視各校情形藉由多次會議／活動以達成）	• 1.2.1 說明品德校園文化概貌與精神。 • 1.2.2 共同檢視本校使命、需求與願景。 • 1.2.3 共同體檢本校目前品德教育實施現況與挑戰。 • 1.2.4 凝聚本校推動品德教育的可能方向與相關成員角色。
	1.3 籌備品德校園知能增進工作坊	• 1.3.1 尋求人力與物力資源。 • 1.3.2 針對本校教職員生與家長／社區進行品德需求問卷調查。 • 1.3.3 確立工作坊參與成員（核心小組擴大成員，並將自願參與班級師生代表納入）。 • 1.3.4 確立工作坊課程、講師與工作人員等。
	1.4 舉辦品德校園知能增進工作坊	• 1.4.1 著重對於品德校園文化營造方案的深度瞭解。 • 1.4.2 增強對於品德校園文化營造方案的實踐知能。 • 1.4.3 針對本校問卷調查結果加以對話，且凝聚學校本位的倫理核心價值。 • 1.4.4 針對核心價值訂定本校具體內涵與行為準則（可區分為行政、教師、學生與家長／社區各自可資依循的行為規範）。

2　表 8.1 係筆者彙整而成，參考資料來源可見網站 Center for the 4th and 5th Rs. A 12-Point Comprehensive Approach to Character Education. 2004 年 12 月 8 日取自 http://www.cortland. edu/character/12pts.html; CHARACTERplus. Ten Essentials of the CHARACTERplus Process 2004 年 12 月 8 日取自 http://www.characterpl us.org/main.asp? nID=356&NavID=2

（續上表）

歷程	實施要項	具體步驟
		• 1.4.5 依據本校核心價值與行為準則擬訂全方位的實施策略與目標。 • 1.4.6 具體擬訂計畫且納入本校各類課程與活動，並請參與者思考在各自不同崗位之可行推動策略。 • 1.4.7 檢討與評估工作坊成效。
2.執行階段	2.1 定期召集核心小組會議	• 2.1.1 定期審閱本校推動品德校園文化營造的各個課程教案與活動實施計畫。 • 2.1.2 核心小組每月定期開會進行檢討與持續規劃課程與活動。
	2.2 品德教育融入校園課程與生活	• 2.2.1 將本校核心價值與行為準則明確融入正式課程、非正式課程與潛在課程。 • 2.2.2 校園生活包括班級層次、全年級／全校層次，或擴及將社區納入。 • 2.2.3 確實掌握並實踐品德校園文化營造的精神為正義、關懷與正向紀律。
	2.3 提供品德教育的經驗學習	• 2.3.1 可提供學生若干假設性的品德相關情境，使他／她們常有機會分析與反省，並增進深思負責做決定，以及解決問題和論辯溝通的能力。 • 2.3.2 藉由提供學生諸多體驗、活動與表現核心價值之機會，並使其在實際生活情境中，透過服務學習、合作學習與同儕互助等方式，實踐、討論並反省品德特質。 • 2.3.3 將品德教育方案透過日誌方式加以反省，亦可讓若干學生擔任同儕指導，且成為其他同學的榜樣。 • 2.3.4 可藉由自治組織或班會／社團活動，使學生積極參與並促進領導資質之養成。
	2.4 成人提供品德教育良好身教	• 2.4.1 無論是家長或是學校中的教職員，其言行均會影響品德校園的成敗，所以品德校園強調所有成人，均須系統化且有意地關注本校核心價值與校園道德氣氛，並成為孩童與學生學習模範。

（續上表）

歷程	實施要項	具體步驟
		• 2.4.2 提供學校教職員以及社區人士相關培訓，以使他／她們瞭解品德校園文化營造方案的重要性，並促使其將良好品德運用於生活中。
3.評鑑階段	3.1 進行參與對象的問卷前後測以及觀察訪談	• 3.1.1 學校推動之初可先選擇較小規模實驗班級，對象包含教師、學生，及家長／社區；或是全校推動之際仍選擇若干班級作為具體密集關注對象。 • 3.1.2 評鑑重點之一在於學生道德推理能力、對學校道德氣氛的知覺，以及對本校核心價值的認知與實踐是否有所提升。 • 3.1.3 評鑑重點之二在於教師及家長／社區對學校道德氣氛的知覺，以及對本校核心價值的認知與實踐是否有所增進。 • 3.1.4 量化評鑑主要針對學生，其前測在執行階段之初，後測則在執行階段之完成，其間間隔時間至少半年為宜，且需有對照組為宜。 • 3.1.5 質性評鑑方面兼顧學生與教職員與家長等，著重在推動歷程的觀察（最好能錄影並加以分析），以及進行實施前後的深度多元訪談。
	3.2 品德校園核心小組評估檢討	• 3.2.1 核心小組每月定期召開會議加以掌控品德校園實施品質，避免偏離方案目標與精神。 • 3.2.2 每月定期會議加以反省檢討，並廣徵校園各成員對品德教育之看法與意見，加以研商與修正。
	3.3 設計行動研究與反思	• 3.3.1 設計教師行動研究，以深入瞭解品德校園文化營造方案推動情況，及其在校園實施的可行性與限制。 • 3.3.2 結合大學校園相關領域學者與研究，進行理論與實務的交流與反思。

（續上表）

歷程	實施要項	具體步驟
4. 推廣與永續經營階段	4.1 統整品德校園資料檔、資料庫或網站資	• 4.1.1 將推動歷程與結果及其成效與反省，製作資料檔、資料庫或網站資料，以供經驗傳承與資源活用及推廣。
	4.2 將品德教育納入學校生活的常態	• 4.2.1 學校將品德校園文化營造視為教育目標與本質，每年納入學校生活中，並以不同策略與方法，以求永續經營。 • 4.2.2 倫理核心價值可每二至三年再透過民主參與方式重新選取與推動。
	4.3 他校可加以學習並且建立自我品德校園特色	• 4.3.1 他校或學群可在此經驗中，發展具有自我特色的品德校園，以營造正義、關懷與正向紀律兼具的道德氣氛。

第三節　品德校園文化營造之策略與評鑑

一、品德校園文化營造的策略

(一) 有系統地結合與統整各類課程

　　品德校園運用的策略原則上是多元創新且彈性開放，但其仍有推動原則，以掌握其精髓與品質。基本上，品德校園強調有效品德教育需要有意的、主動的及全面的在學校各個層面（包括正式課程、非正式課程與潛在課程）加以積極地規劃與推動[3]。其次，品德校園就參與及所關切的成員和對象亦強調多元，包括行政人員、教師、家長與學生都共同有機會與責任，在營造歷程中付出、學習與共享。再者，對於學生而言，必須有諸多機會進行道德行動與練習以發展其品德，其並應被視為在不斷經驗累積中主動建構的學習者，經由日常生活

3　改寫自美國 CEP 所提有效品德教育的 11 個原則之 3。

之挑戰與練習，使其品德在與他人合作及共識中得以健全發展[4]。因此，具體而言，若要整體學校營造有所具體成效，宜兼顧校園生活的各類課程，以強化校園生活的廣度與深度，正式課程強調品德教育必須也能夠融入各學科／學習領域；非正式課程著重校園各活動與學校制度，須能彰顯品德教育；潛在課程則是強調校園軟硬體的周全規劃與精心考量，以共同提供與營造品德校園文化，詳述如次：

1. 正式課程

將品德教育融入各個學科／學習領域，並非侷限於某些類科教師的職責。不過，不同學科／領域可能運用的品德教育方法及內容，以及在該科扮演的角色比重會有所不同。因而，教師對於品德教育專業知能的提升益顯重要，例如社會科可採用道德兩難討論，國文科可運用文學欣賞啟發道德思維，體育科則可在競技時強調運動家精神等。

2. 非正式課程

校園各類課外活動與學校制度亦可彰顯品德教育，包括班級層次的班會活動與跨班的社團活動，學校層次的規章制定以及學生自治組織等，都是賦予學生「發聲」的良機，藉以彰顯民主參與的品德教育精神。例如服務學習結合品德教育活動，往往成效良好且獲親師生肯定。

3. 潛在課程

品德教育亦孕育於潛在課程中，因而妥善規劃校園軟硬體設施與營造道德氣氛，使得校園整體文化蘊含正義、關懷與自主自律精神，親師生互動良好且認同學校，以及具有照顧弱勢或彰顯人權的友善校園環境等，都可強化品德教育的成效。不過，這是品德校園形塑中最為困難的部分。

(二) 策略之原則與做法

除前述理念外，筆者參考美國「品德教育夥伴」所提出的 11 項有效品德教

4　同前註，改寫自 CEP 的有效品德教育的 11 個原則之 5。

育原則，以及「第四及第五 R 中心」所發展的 12 點綜合取向的品德教育，經
實驗與轉化為我國實施品德校園的相關原則與做法可資參考（見表 8.2）[5]。

表 8.2　品德校園實施策略及其原則與做法

策略	原則、做法、舉隅
正式課程—— 品德教育融入 各學科／學習 領域（班級層 次）	1. 原則： (1) 有效品德教須配合有意義與挑戰性的學術課程，以教導學生道德認知與在資訊充分的情形下做智慧判斷、推理與溝通。 (2) 可配合多元教學方法（如閱讀、研究、寫作、討論、辯論、道德兩難假設議題、歷史事件中的兩難、日常生活中的道德議題、合作學習、問題解決、經驗為主之方案等）以促進道德思考、論辯與反省[6]。
	2. 做法[7]： (1) 各科／領域教師可從其所任教學科性質及其整體教育目標中，思考或共同探討其中品德教育的定位與內容，並反省自我的道德教育者角色。 (2) 各科／領域教師可從其所任教學科之課程綱要與教科書中，探詢有關道德價值的部分，並融入學校核心價值的精神，嘗試透過各種方式與適當途徑教導學生。
	3. 舉隅： (1) 每個科目／領域都可發揮其特色以教導道德，例如語文可藉由閱讀激發學生的思辨與表達溝通；社會可藉由討論提升學生對社群意識的認同及參與知能；數理可藉由推理增進學生的理性思考判斷；健體可藉由活動促成學生的合作負責與良性競爭；藝術可藉由欣賞提升學生的情感與關懷；綜合活動可藉由實踐引發學生的生活體驗與行動等。

5　表 8.2 係筆者整理而成，資料來源參見表 8.2 前段文字所述，可參考 Center for the 4th and 5th Rs. A 12-Point Comprehensive Approach to Character Education.2004 年 12 月 8 日取自 http://www.cortland.edu/character/12pts.html; Character Education Partnership (CEP). Eleven principles of effective character education. 2004 年 12 月 8 日取自 http://www.character.org/

6　參考自 CEP 的有效品德教育的 11 個原則之 6。

7　部分參考自第四及第五 R 中心 12 點中 6、7、8 點。

（續上表）

策略	原則、做法、舉隅
	(2) 每個科目／領域的教師均可激發學生對於該科之認真負責感，並培養達成工作目標之良好習慣（自制、勤奮、堅毅與負責等），以發展其未來的職業良知。 (3) 教師本身應對學生樹立好的工作模範，例如準時及認真教學，對學生有適度的期望與支持，協助學生精益求精，為學生提供有意義的課程內容，以引發其興趣與專長，並提供學生適當與有意義的作業。
非正式課程 ——校園各活動與學校制度彰顯品德教育	1. 多元班會與班規（班級層次） (1) 原則：教師可運用班會等學生自治機會（最好每週至少一課時），使學生學習如何做決定與負責任，以及彼此關懷，並進而建立民主教室環境，使得學生由遵守外在規則，轉化為發展成內在動機與潛能，並對學校核心價值有所認同及承諾[8]。 (2) 做法舉隅： 　①藉由班會建立班規，並建立違反規則的相關規定與程序；藉由班會討論班上的重要事務；藉由班會使學生共同參與並解決問題，並付諸行動。 　②班會中可提供合作學習的機會、活動或相關討論，促使學生在角色取替、溝通、欣賞中，發展與他人合作與分享之能力，且在合作學習後教師可帶領學生有所反省與改進。 　③班會中可教導學生如何公平地解決紛爭，包括傾聽、適切表達、理性協商等，以維繫班級成為良好道德社群，而不是用恐嚇、威脅、欺凌與暴力方式。
	2. 學生自治（全年級／學校層次） (1) 原則： 　①適度運用道德紀律，使學生在自治活動或校規參與過程中，發展其道德推理、自我控制與尊重他人之能力。因為紀律必須是促進道德成長的工具，而不是管理的手段，道德紀律可促使學生發展自我控制以及對他人的尊重。

8　參考自 CEP 的有效品德教育的 11 個原則之 7 及第四及第五 R 中心 12 點之 4。

（續上表）

策略	原則、做法、舉隅
	②學校規則的建立必須藉由學生道德推理與被賦權的方式得之，以使其瞭解該規則的價值與重要性，並進而願意遵守其規則，而非用一種外在獎懲迫使學生遵守。 ③破壞規則的後果應有助於學生的道德反省，使學生瞭解規則的必要性，並增進其對團體的義務感與責任心[9]。 (2) 做法舉隅： 　①設立學生自治組織，仿照班會模式，有一定期聚會時間，可共同討論或檢討學校校規與重要措施，並可進一步對學校提出具體建議；其參與者除學生自治代表外，品德教育推動核心小組成員亦須加入。 　②校務會議納入學生自治組織代表，使得學生的意見及建議得以受到重視與表達，學生代表亦必須於會前針對某些議題凝聚學生共識，會後確實傳達相關訊息與結論。
	3.跨年級／跨校活動（全年級／學校層次） (1) 原則：運用跨年級／跨校活動使學生學習如何與他人互動、合作、關懷與被關懷，並可利用學生仲裁機制或家族組織，以同儕調解方式，培養學生解決問題以及為自己負責的能力。 (2) 做法舉隅： 　①成立跨年級家族制度，每一家族約 10 至 15 人左右，每週定期家族聚會時間（例如利用中午午餐時間），並推出「家長」以培養年紀較長學生學習領導與照顧年幼者的機會，較為年幼學生亦可從中學習被領導與領受關懷。 　②設立學生仲裁機制，可接受較為高年級學生自願參與，接受培訓後，專門負責仲裁學生間衝突或糾紛等事宜，或是違反校規時的懲處建議與申訴。 　③可適時舉辦跨年級／跨校活動，並協助學生參與整體／部分活動規劃與籌備，以增強學生對自己學校的認同感與凝聚力，且能開拓視野瞭解他人或他校，並培養活動規劃與領導能力。

9　參考自第四及第五 R 中心 12 點之 3。

（續上表）

策略	原則、做法、舉隅
	4. 學校／社區服務學習（全年級／學校／社區層次） 　(1) 原則：學校可提供多種機會給予學生，使其察覺他人的需求，並養成其協助與關懷他人的意願與能力，讓其為學校或社區服務，使關懷範圍走出教室或校園，並透過經驗與反省中體驗且學習服務的精神，以及他人生命與生活的可貴。 　(2) 做法舉隅： 　　①服務必須能讓學生體會其意義，且須考量其能力與各方因素，而能具體實踐者為宜。 　　②服務必須含括知能的培養、詳實的規劃，以及實踐後的反思分享等歷程。 　　③服務可由近而遠，先從班上做起，再擴大範圍至全校甚至校外。 　　④學校可設立服務性社團，使學生可藉由參與服務性社團，培養其相關知能，並進而在學校或至社區、校外服務。
潛在課程——校園軟硬體共同提供與營造品德校園文化	1. 班級／校園物理環境 　(1) 原則：藉由班級／校園的環境參與及布置，使學生欣賞、愛護與認同校園環境，進而產生社群感，以達到潛移默化的品德教育功效。 　(2) 做法舉隅： 　　①將學校核心價值與行為準則化為各種形式，彰顯於班級／校園環境之中。 　　②班級／校園環境的布置應考量符合正義、關懷與紀律的精神，亦即照顧弱勢、不存偏見、具空間美感、良性互動與展現生命力等。 　　③班級／校園環境的布置應納入師生的討論與意見，使其對於該環境產生認同與社群感。 2. 班級／校園道德氣氛[10] 　(1) 原則：創立學校道德文化，並積極建立關懷社群與學校核心價值，使得所有成員包括教職員工生，在此道德氣氛中知情意行一致，進而產生對學校的社群感、認同感、

---

10 參考自第四及第五 R 中心 12 點之 11。

（續上表）

策略	原則、做法、舉隅
	學校成員中彼此尊重與合作的氣氛，以及成員對道德議題的關注與反省等。 (2) 做法舉隅： 　①校長與相關行政人員成為全校成員的道德領導與楷模，且具備正義關懷的精神、民主多元的胸襟以及道德實踐的知能。 　②教師在教室中成為學生的道德領導與楷模，且在與學生溝通與對話中，營造正義與關懷的班級氣氛（包括師生關係與同儕文化），並幫助學生在學校中建立自尊及價值，進而尊重他人與實踐學校核心價值。 　③建立全校成員及家長／社區參與學校核心價值實踐，以及有效表達意見的暢通管道與方式，形成良好的彼此互動與溝通，進而形塑民主參與式的道德氣氛。

二、品德校園文化營造的評鑑

(一) 品德教育評鑑的反思

　　長久以往我國中小學校園對於評鑑始終存有懷疑或負面印象，且誤以為評鑑是一種「上有政策，下有對策」的虛應，加上品德相較於其他教育專業為之抽象，所以品德教育便往往成為無法加以評鑑的範疇。誠然品德教育評鑑確實並非易事，但不表示就不應為或不可為，因為評鑑是維繫品質與追求卓越的不可或缺環節，猶如體檢之於健康的重要。茲以美國為例，其自新品德教育興起後，雖然各級學校與民間組織甚多投入發展與推動相關課程方案，但仍有諸多品德教育方案未具科學性或理論基礎，這些極有可能遭致誤用或濫用，而傷害教育的本質（Berkowitz & Bier, 2004）。換言之，並非每一個名為品德教育的方案，均是成效良好且符合教育意義，美國學者 M. Berkowitz 等人，蒐集了一百多種近年在美國較為盛行的品德教育課程方案進行分析，發現其中僅有三十多種具有明確的科學基礎，亦即甚多品德教育方案缺乏具體目標、理論基礎、

有效方式及科學驗證（Berkowitz & Bier, 2004）。

此外，我國目前對於品德教育評鑑確實遭遇多重實施上的困境，究其原因約可為三：一是在學術研究方面，台灣學術界長期有志於品德教育相關主題的研究人力十分單薄，投入實踐策略與評鑑方面者更是寥寥無幾，故難以累積具科學基礎的研究成果，僅為個別且零散實務經驗或是主觀感受；二是教育政策的鼓勵仍少，且政府相關部門較乏永續經營的具體規劃，以致品德教育推動缺乏長期目標與功效，所幸近年因應各方需求，教育部公布的品德教育相關政策，已漸產生若干引導與推動作用，但若推動歷程不符原案精神，且未加以歷程管控與結果檢討，亦恐徒勞無功；三是校園面對紛繁複雜的校務與政策推行，以及升學至上的龐大壓力下，對於品德教育推動多半有心無力，即使有心有力也不知如何使力，甚而有時使力也有誤用情形，因而校園中的品德教育或被忽視，或賴教師自由心證與己身經驗法則，這些多半缺乏科學性加以驗證，更遑論評鑑以確保品質。因此，當前我國教育界亟需建立健全且長期的評鑑理念與機制，並充實正確的評鑑觀念與相關知能，以利品德教育符合科學與專業的有效推動及其永續發展。

(二) 品德校園評鑑面向、標準與方式

鑑於前述評鑑之於品德教育的重要，筆者所推動與實驗的品德校園方案乃以三個重要面向，並運用十項預期標準加以檢核，據以瞭解其實施成效，茲分述如次（見表 8.3、表 8.4）。

至於品德教育的評鑑方式雖然不易，但並非不可執行，尤其參考美國推動品德教育的經驗而言，前述綜合型模式推動相關組織方案之發揮成效，均是經過科學化檢證的歷程，故其均備有具體且具信效度的評鑑方式與工具。而且，評鑑就如健檢一般，可作為改進缺點及精進優點之用。

表 8.3　品德校園評鑑面向 [11]

1. 核心倫理價值及其行為準則的揭示

- 1.1 學校教職員工生與家長／社區對學校所欲推動的核心倫理價值的共識程度。
- 1.2 學校是否清楚界定核心倫理價值及其行為準則，且其是具體可行並可以在學校、家庭與社區中加以觀察。
- 1.3 學校是否詳盡且有效地展示並陳述核心倫理價值及其行為準則，且讓學校每一成員以及家長周知，並幫助其瞭解核心價值在生活中的意義及其為何正當的理由。

2. 學校生活蘊含正義關懷與正向紀律精神

- 2.1 學校生活中是否蘊含正義氣氛，使得其成員感受公平且無偏見或歧視，並能針對校內外倫理議題，具有判斷、思考、推理與反省的能力。
- 2.2 學校生活中是否蘊含關懷氣氛，使得其成員感受到他人關懷，且願意對他人與團體付諸關懷的一種認同感。
- 2.3 學校生活中是否蘊含紀律氣氛，使得其成員感受到個人與群體間連帶關係的重要性，且在自由與自律中尋求平衡點。

3. 學校本位的品德教育社群營造

- 3.1 學校是否彰顯學校本位與需求為基礎的品德教育，並力求凸顯各校的環境脈絡與特點。
- 3.2 學校是否彰顯校園文化營造是以公民社會的由下而上的精神，透過民主參與及溝通，以達成發展學校品德教育的共識。
- 3.3 學校是否彰顯品德校園是要促進全體成員的道德發展與社群感，藉以形成良好的道德氣氛。

表 8.4　品德校園評鑑預期標準 [12]

標準 1	品德校園精神及倫理核心價值融入正式課程。
標準 2	班會與班規彰顯班級民主與和諧氣氛。
標準 3	師生關係與同儕文化展現尊重與關懷。
標準 4	跨年級家族制與仲裁機制有效設立與運作。
標準 5	學生自治組織與校務代表實質參與且行動。

11　表 8.3 之 2、3 大項係筆者編寫而成，表 8.3 之 1 改寫自 CEP 的品德教育品質標準，可參考其網站 http://www.character.org/

12　表 8.4 係筆者自行編寫。

（續上表）

標準 6	班級／學校／社區服務學習展現成果與反省。
標準 7	學生道德思辨等能力強化且德行實踐提升。
標準 8	教職／家長／社區共同參與且為品德教育夥伴。
標準 9	校長／教師成為校園／班級道德領導與楷模，並能永續專業成長。
標準 10	學校具優質校園物理環境與師生互動良好氣氛。

　　總之，「教育部品德教育促進方案」的公布僅是一個政策宣示，以及作為我國品德教育轉化的起點，其中對於品德校園相關理念與實施原則雖略有揭示，但如何具體落實卻無法詳述。因此，筆者以多年品德教育實驗與研究經驗，嘗試提出「品德校園」在我國國民中小學實施的具體策略與評鑑方式，期望提供一個具理論基礎、實驗研究歷程、吸取他國經驗，以及創造轉化為我國學校脈絡的完整參考模式。不過，這個綜合型品德校園模式並非是完美與標準的型模，仍有待不斷地實踐、修改、驗證、轉化與創新。

第九章　品德校園文化營造之實驗示例

　　本章基於前章品德校園文化營造的理念，期能將理念與實踐加以連結，因而在 2005 至 2007 年間於我國國中小學各邀約一所學校進行實驗研究案，並歷經兩年的規劃、執行與評鑑。本章內容乃重在呈現兩所學校如何形塑其學校本位的倫理核心價值，將核心價值透過學校整體及班級各類課程與活動推動與實施，以及不斷進行歷程與結果的評鑑與反思等。該實驗案雖非完美，卻彰顯品德校園營造的可行性與發展性。

品德校園實驗之規劃

一、品德校園實驗規劃歷程

(一) 品德校園實驗之目的

　　基於我國道德教育自 2004 年後全面不再單獨設科的教改歷程，以及國內外普遍重視德育的趨勢中，品德校園理念的揭櫫乃彰顯本土與國際兼具的道德社群方案，以及凸顯正義、關懷與正向紀律的精神，而且強調具科學且專業的推動模式。然而，其是否會限於象牙塔般的思維，或是其有效性與可行性如何等，均值將此付諸實踐以求驗證。因此，為將前述品德校園的理念落實台灣中小學場域，筆者於 2005 年 8 月至 2007 年 7 月，邀集台北市一所國小（金國小代稱）與一所國中（銀國中代稱）進行實驗合作研究[1]，採用質量兼顧的多種研究方法加以規劃、執行與評鑑，包括專家諮詢座談、工作坊與會議的舉辦，以及準實驗研究的訪談、觀察與問卷調查等。

(二) 實驗學校簡介及展開合作

　　筆者所邀約的國中小各一所乃品德校園實施的重要場域，因此先簡介其學校基本資料與特點，以及邀請合作的過程。

1. 金國小

　　金國小位於文教區，為北市明星學校之一，共 54 個普通班，學生數約 2,300人，以國語文及生命教育推動著稱。該校校長[2]期望在既有基礎上，強化其校

1　本案為筆者主持（2007）建構道德社群──我國國中小品德本位校園文化營造之規
　　劃、執行與評鑑（2005.8-2007.7 二年計畫）。國科會專案研究 NSC94-2413-
　　H-003-006 與 NSC95-2413-H-003-001。
2　本方案執行結束後，該校校長亦似功成身退般退休。

品德教育發展，因其與筆者為舊識且恰巧得知尋求夥伴學校事宜，所以便開啟合作的第一步。首先，校長邀約至校針對全校教師演講品德教育；接續，分別面對學校行政主管、家長會、教師會與中年級級任導師說明品德校園案[3]，並徵得其同意參與，其中行政人員與家長或因校長的鼓勵完全支持，但導師多半以忙碌為由加以婉拒，後由兩位當時之四年級導師自願參與；再者，進一步邀約該兩個班級的其他任課老師，其中導師所任課的國語文、班會，加上社會、音樂、體育三位科任老師願意參與；最後，則針對兩班的家長與學生當面說明，並取得其同意後展開研究案，家長與學生均十分支持，尤其學生對於受邀為「品德教育小尖兵」多感興奮。不過，每一所學校均有其特點與待精進之處，茲提供該校自我分析概況如表 9.1。

表 9.1 金國小學校自我分析概況表（2006 年提供）

項目	S（優勢）	W（劣勢）	O（機會點）	T（威脅點）	S（行動策略）
地理環境	• 交通便利。 • 緊鄰植物園、林業陳列館、歷史博物館、國立藝術館、郵政博物館、中正紀念堂、青年公園，社區資源豐富。	• 校地狹小，學生活動空間不足。 • 運動場地少，上課頗為吃力。	• 結合鄰近社教機構，享有豐富社會資源。 • 鄉土課程素材多，易於推展。	• 學區太廣，越區就讀者多，親師聯繫較不易。 • 家庭到學校途經交通繁忙區，險象環生。	邀請各里辦公室、愛心商店加入巡邏導護，維護學生上學、放學安全。
學校規模	• 建校 60 週年。 • 普通班 64 班、資源班四班、幼稚園六班。 • 家長會、志工團支援多。	• 越區就讀的學生比學區內的學生多。 • 事務性職工不足，事務性支援較不容易達成。	計畫性減班，緩和教室空間不足壓力。	學校名氣造成包袱。	• 協助教師專業成長、專業對話、讀書會、自我超越。 • 延伸學生學習空間至社區，擴展學生學習領域。

---

3 本方案因受限各方資源，共計有全校性與班級性活動，後者班級性活動乃鎖定中年級班級進行邀約，原本希望是全年級進行，但未竟其功。

（續上表）

項目	S（優勢）	W（劣勢）	O（機會點）	T（威脅點）	S（行動策略）
硬體設備	• 設有活動中心、視聽教室、陶藝教室、多媒體教室。 • 資訊設備充實，普通班、專科教室均配置單槍與電腦設備。	專科教室不足，美勞教室、圖書館、資源班、社會教室、多功能教室均在地下室上課。	• 場地空間充分規劃利用、支援教學。 • 制定辦法，加強活動空間管理與使用。	財政日漸困難，部分老舊設備汰舊換新速度慢。	• 爭取外籃球場與建綜合大樓，逐年編列及爭取預算改善教學設備。 • 妥善規劃與運用社區文教機構。
教師資源	• 教學富於專業熱忱、教師間相處和諧。 • 勇於接受挑戰與進行實驗、研究工作。 • 專業對話，樂於分享。 • 高學歷教師越來越多，有助研究發展。	退休制度不定，資深教師紛紛退休，造成新舊傳承的落差。	• 教師進修成長意願高。 • 各領域教師專業素養高，能發展各領域教學特色。 • 發展教學群以及學習型組織，拉近共識，創造契機。	• 教學時數很難平均分配，造成教師心態不平衡。 • 年輕新進教師自主性高，亟待加強對學校之認同度，培養愛校之情操。	• 持續辦理並開放多元教師專業成長進修機會，鼓勵教師進行專業對話。 • 鼓勵教師從事行動研究，解決教學問題。 • 實施協同教學，組織教學群。 • 擬訂各領域發展計畫，發揮各領域特色。
學生	• 熱愛學校，可塑性高。 • 學生素質較高，語文能力頗強。 • 家長配合度高，能協助學生學習。	• 學生自我觀念很強。 • 70%學生越區就讀。 • 學生過度保護，生活常規有待加強。	• 加強生活教育，遵守學校的生活常規。 • 實施開放多元教學，激發學生潛能。	• 學校校地有限。 • 學生常規尚有努力的空間。	• 加強班級常規訓練，辦理多元運動競賽，讓學生有充分發表的機會。 • 加強個別輔導與適性教育。
家長	• 大部分家長有不錯之社經地位。 • 家長熱心主動參與校務、關心教育。	家長過度關心，時有干預教師教學之進行。	家長學經歷豐富，可善用家長資源，支援教師教學。	部分家長重視成績，形成教師班級經營壓力。	辦理親職教育講座、家長成長班，鼓勵家長踴躍參與。

2. 銀國中

　　銀國中亦位於北市文教區，且鄰近多所知名大學，計有普通班 15 班，學生約 370 人，然因諸多內外因素所致，近年不斷面臨招生減班的困境。因此，銀國中校長與相關師長寄望於此重塑校園特色與名聲。筆者因原預定邀約學校之婉拒，加之北市國中各校升學壓力之故，故考量因素有三，以利推動品德校園案：一是學校校風須較為自由；二是學校規模不宜過大；三是交通須便利，以利筆者與學生頻繁往來。經若干師長提及銀國中頗符本案考量因素，加之由網頁得知銀國中校長重視品德教育等訊息，故進而拜訪校長與行政人員並獲得同意參與，因考量升學以及排除體育班，加之須導師與相關任課教師有意願配合者，於是選定當時七年級（國一）之兩個班級。進而，筆者亦於家長日舉辦時至校向家長說明，且另約時間向學生說明，且徵得大多數同意。雖然多數家長同意但有少數家長有所疑慮，甚而有一位家長在整個方案進行歷程中不斷以各種方式質疑，雖經學校努力溝通仍始終無法化解，實為遺憾；另學生方面也始終有部分學生因其學校既有校風或問題，導致間接排斥本案，雖經師長與筆者溝通後不再反對，但仍表現不甚積極。銀國中學校之特點與弱點之處，據其分析如表 9.2。

表 9.2　銀國中學校自我分析概況表（2006 年提供）

項目	S（優勢）	W（劣勢）	O（機會點）	T（威脅點）	S（行動策略）
地理環境	● 近大學城，文化氣息濃。 ● 近軍事重地，安全夠。 ● 近公館商圈，交通便。 ● 偏巷內，鬧中取靜。	● 後山地處偏僻，附近住宅少、腹地小。 ● 地近軍事重地，易受通訊干擾。	● 近大學城。 ● 教學資源充足。	交通及捷運噪音易影響教學效果。	● 充分運用大學城資源。 ● 教室配置避開噪音影響。
學校規模	● 全校 21 班，學生數不多。 ● 校園廣，活動空間大。	● 規模小，人力不足。 ● 課程不易調配。	易利用小校規模來發展學校特色。	學生易流失而面臨減班危機。	● 加強親師聯誼，促進社區之良性互動，積極培養學生

（續上表）

項目	S（優勢）	W（劣勢）	O（機會點）	T（威脅點）	S（行動策略）
		● 校地的擴建不易，影響校園規劃。			愛校觀點，提升員工對團體之參與及認同。 ● 善用小校精神，高關懷、高倡導。
硬體設備	● 專科教室數量足。 ● 設有活動中心、室內游泳池、視聽教室、英語會話教室、多間資源教室。	● 設備老舊，維護困難。 ● 專科教室設備不足。 ● 學校圖書室空間未能做有效設計。	場地空間充分支援，教學兼備多元教學。	部分老舊設備汰舊換新速度緩慢導致不足。	創新教學並鼓勵教師提供及參與校園整體規劃，並逐年編列及爭取預算改善教學。
教師資源	● 學經歷水準高，研究氣氛佳。 ● 專業自主，能配合社會脈動。	● 教師平均年齡偏高，一些教師資訊能力不足。 ● 囿於法令，未能引用外語師資協助教學。	● 近年教師新陳代謝快，教師參與校務的經營意願頗高。 ● 臨近各大學均能提供教師成長空間，研習方便。	● 新舊教師之間的傳承有待銜接。 ● 逐年減班，無法新聘教師。	● 結合臨近各大學進行行動研究夥伴關係。 ● 鼓勵教師成果發表。
行政人員	● 年輕有活力。 ● 溝通協調管道暢通。 ● 領導階層有風範，處處以學生為主。	● 教師變遷大。 ● 行政人力不足。	● 年輕、資訊素養好。 ● 行政資訊化可行性高。	● 教學鐘點時數高、工作量大。 ● 教師兼任意願不高，行政與教師互動有潛在衝突。	依法行政並建立教師與行政之有效互動模式，以消除個人之本位並培養多元之思考。
學生	● 聰明、活潑，素質佳。 ● 越區及歸國學生能帶動多樣思維。	學生良莠不齊，部分學生文化刺激不足，生活教育有待加強。	● 有思考能力且勇於表達、可塑性高。 ● 社團表現傑	學習意願被動並較以自我為中心，且缺乏團隊共識。	加強生活教育及活化家長學校之聯繫功能。

（續上表）

項目	S（優勢）	W（劣勢）	O（機會點）	T（威脅點）	S（行動策略）
			出（女籃、童軍……）。 • 小班小校，學生表現機會多。		
家長	• 多數學經歷佳，關心教育。 • 許多家長為大學教職員，相當熱心主動參與校務關心教育，可望與之合作教學整合。	家長社經地位差距大。雙薪家庭常因忙碌，相對於孩子照顧不足，偶有被寵壞的孩子。	家長學經歷豐富，可與同學分享人生經歷、協助學生生涯規劃。	部分家長重視升學，偏重主科課業，部分家長強調多元活動，內部意見未能整合。	加強多元入學方案之宣導並鼓勵家長參與親職教育之講座。
社區參與	附近有許多文教機構，相關教學資源豐沛。	• 學校與社區溝通管道不算通暢。 • 未能適切利用相關教學機構資源。	可結合周圍文教區機構團體，若能結合並善加運用前途看好。	社區人士對教育並非全盤瞭解，易產生誤解，而相關經費不足及可運用與社區溝通時段較少。	建立夥伴群組關係並設計及鼓勵社區人士積極關心參與學校之活動。
地方資源	有多所國立大學校區及中小學眾多可資源共享，並常有附近大學的學生協助相關社團發展，擴大學生視野。	近○○繁華商區，學生易受誘惑。	地方資源多，如能加以充分利用，將有利於教學。	近年來附近網咖林立，部分學生易受誘惑，沉迷網咖等不良場所。	• 社團多樣化，並充實內容，養成學生良好學習態度及加強學生校外之生活管理與輔導。 • 發展學校本位課程善用地方資源。

二、品德校園實驗規劃內容

(一) 規劃概述與流程

本章所述之實驗案以兩年時間（2005 年 8 月至 2007 年 7 月）完成，第一年重在國內外文獻資料蒐集、統整、批判與轉化，並據以形成品德校園草案，藉由召開焦點座談會，邀請學者專家與學校實務人員加以討論及修正。接著尋覓合作夥伴，並進行金國小與銀國中兩校的溝通與同意後，組織兩校核心推動小組，每月定期開會、選出學校倫理核心價值並進而制定其行為準則、舉辦第一次工作坊培訓，以及發展各種課程與策略的具體規劃與準備。繼而，第二年重點則在進行準實驗研究，亦即將核心價值與品德校園精神融入學校各類課程，在此歷程中亦舉辦多次工作坊等溝通與交流，並以兼顧質性與量化實徵研究方式評鑑其具體成效。方案結束後，筆者彙整各類資料陸續發表論文，並於他校進行多場演講，以推廣與分享品德校園發展經驗。

(二) 規劃策略要項

品德校園案規劃內容除依前述理念外，茲舉八要項加以闡述其重點，其中均為筆者與兩所實驗學校經討論後，將理念加以調整或具體化後定案，其要項參見表 9.3。

表 9.3　品德校園案規劃內容要項

要項	目標	策略	參與者
1. 核心推動小組 　1.1 組織核心推動小組 　1.2 核心推動小組定期開會 　（2005.12 邀約組成小組； 　2005.12-2007.6 原則每一至兩 　個月定期各自召開開會，有時 　以兩校聯席會議方式舉行，會 　議由筆者與校長共同主持）	● 建立品德校園案 推 動、協調、支援、檢討之重要校園組織。 ● 並使參與者建立對於品德校園案推動的瞭	● 定 期 有 效 開會，會前備妥議程與參閱資料，會後完整記錄並執行。 ● 運 用 各 種 方式，鼓勵所有參與者發言與	● 台師大研究團隊（筆者與助理）。 ● 實驗學校各自組成以校長為首，含括各處室主任、教師會、家長會及

（續上表）

要項	目標	策略	參與者
	解與認同。	討論。	學生代表，以及實驗班教師。
2. 工作坊與成果發表會 2.1 第一次工作坊 （2006.4.19 與 5.3） 2.2 第二次工作坊 （2006.8.25） 2.3 第三次工作坊 （2007.1.26、1.29、1.30、1.31 分組舉行） 2.4 成果發表 （2007.6.28 與 6.29）	• 對於參與者增強其對品德校園的深度瞭解與相關知能。 • 透過兩所實驗學校分享討論產生激勵作用。 • 進而將此成果與其他學校分享。	第一次工作坊邀請學者專家與校長演講與座談，以及筆者詳細介紹品德校園案。	• 台師大研究團隊（筆者與研究生）。 • 實驗學校核心小組所有成員。
		第二次工作坊重在品德教育各類課程教案與方案的發表、討論與修正。	• 台師大研究團隊（筆者與研究生）。 • 實驗學校核心小組所有成員。 • 開放研究生與大學生旁聽。
		第三次工作坊重在第一學期實施後的檢討與修正。	
		成果發表會，一則感謝所有參與者；二則將品德校園案初步成果發表，並邀請外部人員進行評估。	• 台師大研究團隊（筆者與研究生）。 • 實驗學校核心小組所有成員。 • 邀請學者與中小學校長。
3. 學校倫理核心價值 （2005.12-2006.2 舉行） 3.1 各團體與班會討論 3.2 全校親師生票選與宣導 3.3 擬訂行為準則	• 加強親師生公民素養並強化公民責任與民主價值之品德教育。 • 以民主方式建立學校特色與需求的核心價值及其行為準則。	• 實驗學校教師及家長相關會議、各班班會、班長會議或學生代表會議，分別討論並提出推薦核心價值。 • 核心小組討論並彙整推薦核心價值。	• 台師大研究團隊（筆者與助理）。 • 實驗學校全體親師生。

（續上表）

要項	目標	策略	參與者
		• 全校親師生票選學校倫理核心價值，並公告與宣導。 • 核心小組根據選出之核心價值，制定行為準則。	
4. 發展課程教案與方案 　（2006.1-2006.8舉行） 　4.1 台師大團隊研發 　4.2 研發小組與任課教師溝通會議 　4.3 試教與修正	研發教案與方案，作為實踐品德校園的具體依據。	• 藉由道德教育課程與教學研究，帶領五位研究生研發。 • 研發歷程中藉由 e-mail 與會議等方式，促使研發成員與任課教師互動與討論。 • 各類課程發展後，各找一非實驗學校班級試教並修正。	• 台師大研究團隊（筆者與五位研究生）加上實驗學校各兩位教師自願研發。 • 實驗學校四個品德校園實驗班之導師與任課教師。
5. 全校性課程 　（2006.9-2007.5舉行） 　（本案並未特別規劃乃強調融入學校行事曆、設置網站，與統整既有或原設定相關課程或活動）	藉由倫理核心價值建立，融入金國小與銀國中親師生校園各類課程與活動，以彰顯其學校特色。	金國小與銀國中各依據其特性，發展若干課程：例如金國小規劃自治會代表講品德故事；銀國中發展「公民護照」等。	實驗學校全體親師生。
6. 班級性課程 　（金國小五年級與銀國中八年級各兩班實驗班） 　（2006.9-2007.5舉行） 　6.1 品德教育融入國語文 　6.2 品德教育融入社會／公民 　6.3 品德教育融入音樂	基於品德校園之實驗需求，以及自願原則，乃針對實驗四個班級進行有系統且為期近一年的品德教育融入，以具	• 本案計發展22個教案，每教案課時約四至八課時，故平均每週融入二至四課時。 • 品德教育融入	• 實驗學校四個品德校園實驗班之導師與任課教師。 • 台師大研究團隊，筆者進行觀察，助理與

（續上表）

要項	目標	策略	參與者
6.4 品德教育融入體育 6.5 品德教育融入閱讀（僅銀國中） 6.6 品德教育融入多元班會	體掌握推動歷程與結果；並期彰顯各學科均與品德相關之價值與可行性。	各科策略不同，以維持該科特性為原則。 • 各課程進行均由台師大研究團隊錄影並觀察，筆者亦會於課後與任課教師進行非正式討論與分享，錄影與觀察以盡量不打擾課堂為原則。	其他支援研究生或大學生進行錄影與觀察。
7. 跨校跨教育階段課程 （2006.9-2007.5 舉行） 7.1 小手連大手 （銀國中至金國小） 7.2 大手牽小手 （金國小至銀國中）	藉由金國小與銀國中兩校實驗班級的跨校跨階段兩次互訪接待活動，融入服務學習（學習、實踐、反思）精神。	• 金國小接待銀國中，自製學校介紹扉頁，且安排導覽與節目表演等。 • 銀國中接待金國小，規劃團體與小隊分組活動且執行。	• 兩所實驗學校核心推動小組成員。 • 實驗班級導師、家長代表與學生。 • 台師大研究團隊，筆者進行觀察，助理進行錄影。
8. 質性與量化評鑑 （2006.9-2007.6 舉行） 8.1 量化 8.2 質性	藉由實徵研究方法以瞭解品德校園案的成效與限制。	• 量化研究著重學生對其學校道德氣氛的感受，乃進行準實驗研究實驗與對照組的前後測。 • 質性研究著重所有參與者對於品德校園案的感受與建議。	• 兩所實驗學校核心推動小組成員。 • 實驗班級家長代表與全體學生。 • 對照組原校班級以及另三所學校六個班級全體學生。 • 台師大研究團隊進行訪談、觀察、錄影、調查等。

品德校園實驗結果分析與討論

一、學校倫理核心價值的共塑

(一) 民主參與歷程

本章研究之兩所實驗合作學校，乃依據由下而上原則，先經討論後有票選的民主方式，以民主程序逐步建立該校倫理核心價值，其步驟如次：

1. 由兩校品德校園核心推動小組經由活動（溝通互動討論與票選活動），推薦若干該校倫理核心價值選項，並將此帶入學校教師相關集會中討論。

2. 由學生經由活動（溝通互動討論與票選活動）同樣提出若干該校倫理核心價值推薦選項。金國小是藉由一至六年級班長會議，銀國中是經由實驗班級全體學生所提出。

3. 將前兩項統整為票選單。

4. 製作大型海報且張貼學校網頁，並於各種集會中宣布全校親師生票選活動。

5. 選票發給全體學校成員（學生、教師、行政人員）及學生家長。

6. 選票回收進行統計票數並公布，分別依學生、教師與家長三種類別的最高票擇之。

7. 運用核心小組會議，依據倫理核心價值，明確訂定親師生各須遵循的行為準則，以利融入學校生活與課程，以及家庭與社區中。

(二) 倫理核心價值票選結果與積極宣導

兩所實驗學校歷經前後約兩個月討論與票選活動後，為表重視不同群體的「發聲」機會，故分別選出教師及行政人員、家長、學生三個群體最高票，成

為該校共同的倫理核心價值。依此原則，金國小選出的倫理核心價值為尊重、孝悌與誠實；銀國中選出的為尊重、心中有愛（為學生與家長最高票）（統計結果見表 9.4 與表 9.5）。票選後則運用核心小組會議，對應倫理核心價值，明確訂定親師生等各須遵循的具體行為準則（行為準則見表 9.6 與表 9.7），以利融入學校生活與課程，以及家庭與社區中。

表 9.4　金國小倫理核心價值共塑全校票選活動結果統計表

核心價值 ＼ 票數	教師及行政人員 發出 162 回收有效票 93	家長 發出 2,197 回收有效票 1,964	學生 發出 2,197 回收有效票 2,044
1.孝悌	7（8%）	470（24%）	284（14%）
2.仁愛	3（3%）	69（4%）	116（6%）
3.服務	1（1%）	35（2%）	68（3%）
4.負責	25（27%）	420（21%）	212（10%）
5.尊重	31（33%）	297（15%）	284（14%）
6.誠實	11（12%）	441（22%）	404（20%）
7.合作	2（2%）	31（2%）	144（7%）
8.禮貌	6（6%）	104（5%）	171（8%）
9.愛國	0（0）	29（1%）	250（12%）
10.守法	7（8%）	68（3%）	111（5%）
最高票 票選結果	尊重	孝悌	誠實

表 9.5　銀國中倫理核心價值共塑全校票選活動結果統計表

核心價值 ＼ 票數	教師及行政人員 發出 61 回收有效票 54	家長 發出 83 回收有效票 80	學生 發出 145 回收有效票 144
1.尊重	18（33%）	16（20%）	33（23%）
2.負責	10（19%）	6（8%）	19（13%）
3.心中有愛	14（26%）	19（24%）	37（26%）

（續上表）

票數 核心價值	教師及行政人員 發出 61 回收有效票 54	家長 發出 83 回收有效票 80	學生 發出 145 回收有效票 144
4.禮貌	2（4%）	2（3%）	7（5%）
5. 誠信	5（9%）	9（11%）	14（10%）
6.守分	1（2%）	2（3%）	2（1%）
7.合作	0	5（6%）	5（3%）
8.奉獻	0	0	5（3%）
9.孝順	1（2%）	12（15%）	14（10%）
10.誠實	3（6%）	9（11%）	8（6%）
最高票 票選結果	尊重	心中有愛	心中有愛

表 9.6　金國小品德校園倫理核心價值與行為準則

對象 \ 倫理核心價值	尊重	誠實	孝悌
學校 行政人員	● 設身處地為他人著想。 ● 積極接納與關懷同仁、學生及家長。	● 依法行政。 ● 以身作則。	● 尊重行政倫理。 ● 以身作則，敬老尊賢。
教師	● 接納學生的個別差異及多元想法。 ● 以引導思考代替責罰與權威指導。	● 說話三思，言出必行。 ● 勇於省思，面對自己的過錯。	● 對資深者的尊重、對資淺者的相互提攜。 ● 以身作則，尊重倫理。
學生	● 體會「我希望別人怎麼待我，我就怎麼待別人」之道理，並實踐之。	● 對不當的言行能勇於承認、負責。 ● 認真學習，考試不作弊。	● 做好自己分內的事，不讓父母操心。 ● 與兄弟姊妹及同學和諧相處。
家長與 社區	● 關心、瞭解與接納孩子的狀況。 ● 瞭解學校願景及教師教育理念。	● 以身作則，言行一致。 ● 瞭解孩子的能力或困難，真心面對。	● 常懷助人與禮讓之心。 ● 關懷長者，愛護幼小。

表 9.7　銀國中品德校園倫理核心價值與行為準則

倫理核心價值／對象	心中有愛	尊重
學校行政人員	• 多讚賞、獎勵。 • 同理心關心，包容周遭人、事、物。 • 主動關懷與提供支援。	• 重視親師生意見。 • 尊重各領域之專業。 • 徵求大家的意見並加入行政考量。
教師	• 教師教學過程能寬容學生無意的過失。 • 能有服務熱忱，能愛每位學生並友善、謙虛對待他人。 • 多讚美鼓勵。	• 處處以學生為主體，不剝奪其學習的機會。 • 重視每個個體的價值。 • 重視個別差異、因材施教，協助學生。
學生	• 認同學校，端莊有紀律。 • 愛護團體榮譽。 • 能將心比心，體諒別人。	• 願意與同學分享學習經驗。 • 遵守團體紀律。 • 多說請、謝謝、對不起。
家長與社區	• 熱心參與、提供服務。 • 發揮推己及人的精神，愛自己的子女，也關愛別人的子女。	• 彼此互相合作，重視他人權利。 • 瞭解學校措施並避免干涉。 • 維護環境整潔。

(三) 倫理核心價值融入校園生活

　　品德校園理念的策略是透過正式、非正式與潛在課程融入校園生活，而兩實驗合作學校所選出的學校本位倫理核心價值與行為準則，亦透過多元創新策略加以推動。在全校層次，乃首先將倫理核心價值相關推動課程與活動納入學校行事曆中以示重視；另藉由教師相關專業發展會議，討論如何納入各學習領域之中，並製成相關展示以彼此觀摩；此外，培訓學生自治組織成員，運用班週會時間以說故事方式，將倫理核心價值融入其中；再者，亦藉家長會召開或集會之際，積極宣導學校倫理核心價值與行為準則；兩校亦將倫理核心價值公告於學校網站，並於公共集會中積極宣導，而且金國小將之印製於師生名牌帶上與筆記本中，銀國中則將其印製於學生「公民護照」之內。在班級層次，則兩校各選定兩班進行密集式且系統性的品德校園融入模式，包括多個學科（國語、社會、音樂、體育等）以及導師時間和班會等，均經設計詳實教案而將倫

理核心價值納入課程與活動中。值得關注的是，倫理核心價值融入校園生活既是一種專業展現，亦是一種民主過程。因而，筆者在研究歷程中乃舉辦多次教師專業成長工作坊，以及品德校園核心推動小組學習工作坊等，藉以強化兩校參與人員專業知能與溝通互動能力。

(四) 倫理核心價值實踐的檢視反思

　　評鑑與反思對於品德校園乃不可或缺的環節，因而本研究案對於倫理核心價值在兩所學校的實踐結果，亦期藉由研究團隊 （筆者與研究生助理）的觀察、核心小組成員的自評與訪談，以及前述兩校各兩班學生的問卷調查得以瞭解。整體而言，兩校倫理核心價值是藉由校園全面民主參與而得，非上級指派或規定，學校特色與精神得以凸顯，摒棄以往標準制式推動，甚獲親師生肯定；其次，學校行政團隊與教師絕大多數均表示其品德教育專業知能，歷經培訓後有所增長；此外，倫理核心價值融入各類課程甚具可行性，且獲大多親師生肯定；最後則是廣納家長與學生參與品德校園推動，亦可謂樹立良好校園民主參與管道與方式。

　　然而，品德校園的成效仍有諸多值得省思之處。就學生對於倫理核心價值的熟悉度而言，研究團隊雖明顯感受到全校親師生幾乎琅琅上口，金國小學生更是表示樂當品德校園推動的「小尖兵」，但是對於銀國中而言，積極宣導倫理核心價值，卻意外地導致部分學生的反感，認為是「樣本」與「做作」；而且，從問卷結果得知，兩校學生對於行為準則較為陌生與缺乏深度瞭解。至於親師生是否確實執行倫理核心價值與行為準則，本案透過核心小組集會時自評，發現極大多數成員認為該校的行政人員與教師已「多數」實踐，但是該校學生與社區家長是否實踐則存有不同意見；而學生的問卷自評填答中顯示，金國小學生傾向認為自己「大多達到」（62.3%，69 位填答者中占 43 位）[4] 倫理核心

4　問卷施測對象為兩校參與密集式融入課程的班級學生。該問卷其中一題題目為：你覺得自己的言行是否達到倫理核心價值與行為準則？1 完全達到；2 大多達到；3 偶爾達到；4 沒有達到。金國小統計結果填寫完全達到者 2 位（2.9%），大多達到者 43 位（62.3%），偶爾達到者 16 位（23.2%），沒有達到者 2 位（2.9%），另有 6

價值與行為準則，銀國中學生則傾向認為自己是介於「大多達到」（33.3%，48 位填答者中占 16 位）與「偶爾達到」（29.2%，48 位填答者中占 14 位）[5]之間。因此，倫理核心價值及其行為準則的實踐仍有待強化，而且國中與國小學生或因其身心發展的不同，宜斟酌其運用策略的差異，方能達致較佳效果。

二、品德教育融入校園生活各類課程

品德校園以民主方式建立倫理核心價值外，乃強調將之融入各類課程中，尤其是要打破以往德育屬「道德」或「公民與道德」課，或僅是訓導處所屬業務的偏失。因而，本章研究強調品德教育融入正式課程、非正式課程與潛在課程，尤其正式課程是各科／領域均可透過不同教學方式及素材進行品德教育，藉以凸顯其可行性。

(一) 實踐可行性的條件

由整體專案推動歷程檢討，並訪談實驗學校教師後，推動品德教育融入各類課程確具可行性，但其相關條件配合如次：(1)行政單位的積極支持與倡導，尤其是校長與教務處（居於主要協調處室）的實質鼓勵與具體支援更為重要；(2)最好有現成教案／方案的提供，使得教師有所依循，又可在此基礎上有所轉化；(3)激發任課教師主動意願且增強其品德教育教學相關知能，才能開展與引導品德教育的精髓，否則只是形式與應付；(4)各領域／學科或是各類正式、非正式或潛在課程，納入品德教育的方式與素材均有不同點，找出品德教育與各該課程的連結處，就能順利接軌；(5)增進各類課程的教師認同品德教育的重要性，且認知德育並非外加，而是其本屬教育的目標與環節，此由檢視九年一貫課程的精神，以及各科／領域能力指標即可明證，所以推動與實踐品德教育應是每一位老師的專業職責。

位未填寫或寫不知道（8.7%）。

5　同前註題目，銀國中統計結果填寫完全達到者 2 位（4.2%），大多達到者 16 位（33.3%），偶爾達到者 14 位（29.2%），沒有達到者 2 位（4.2%），另有 14 位未填寫或寫不知道（29.2%）。

(二) 品德校園融入各科／活動的做法

　　本章研究發展的品德校園融入各科／活動，所強調的是有計畫且有系統的規劃，非隨機或臨時性的教學。譬如在正式課程中，國語／國文課針對教科書中與品德教育及實驗學校倫理核心價值相關課文，採用文學／故事閱讀及討論方式融入品德教育；社會領域（或國中的公民科）針對教科書中可能產生的道德兩難困境，融入品德教育的判斷與反思；藝術領域藉由音樂為媒介，融入品德教育所強調的合作與欣賞等副學習與輔學習；體育／綜合領域亦是藉由各種課程與活動的規劃，並加入活動後的反思歷程，強化學生合作、互助、欣賞等品德。此外，在非正式課程與潛在課程，本研究所規劃的多元班會，期以民主參與的方式，凝聚班級認同感與形塑道德氣氛，兩所實驗學校彼此之間的跨校服務學習，亦彰顯了品德校園的延展及其與社區的連結。

(三) 師生對於品德教育融入課程的反應與回饋

　　經由訪談與觀察，實驗學校的參與教師，幾乎都對於將品德教育融入課程持有正面與肯定看法，有的甚至自豪地認為其原本就已如此實施；此外，有的老師認為本研究在既有課程中融入新的品德教育方式與內涵，可對於該科／領域或是各類課程有更多啟發。至於學生，極大多數國小學生均樂於品德教育的融入課程與生活，也幾乎所有國中小學生對於跨校活動與多元班會印象深刻且積極參與，另部分國中生提及喜歡道德兩難的論辯討論；不過，有少數學生代表始終質疑品德教育融入課程的效果，其認為此不僅影響其「正常上課」，而且也一直認為「品德不需要也無法在課堂上教導」，另有一位家長也從頭至尾針對本研究提出強烈質疑，甚且認為本研究是在「污染校園」，而教務主任多次與其溝通似均無效[6]，當然這也可視為多元社會的自然現象。

6　由於該家長的堅持，所以其孩子並未參與本案中的校外參訪活動，但該名學生卻十分積極地參與校內的各個相關課程。筆者詢問該名學生感受時，他尚且表示很高興參與該些課程。

三、品德校園實驗參與者的知能與感受

(一) 行政人員與教師的品德教育知能

　　根據行政人員與教師自評問卷與訪談結果，絕大多數參與人員均表示收穫良多，且對於他／她們的品德教育知能和關注有所提升。譬如金國小導師兼國文老師之一的老師即表示：

> 「以往在準備國文課時，只須考慮語文內容的重點，如何將作文妥適安排，以及校內外有無大活動等納入，以利教學順序的調整，但加入專案後，開始會將品德教育也納入備課的過程。」

又如金國小教務主任亦為該校品德教育聯絡人表示：

> 「雖然國小的行政業務多如牛毛，但無論多忙，現在與教師或學生溝通時，總會提醒自己要有耐心且採民主的方式，而且我發現在溝通時所費時間雖多，但是達成的效果很好，我想這是專案給予我的影響。」

而金國小校長亦表肯定，她說：

> 「以往本校的專案研究多半是教授起頭後，其餘均由學校執行即可，但本次專案教授的全程陪伴與指導使我們收穫良多。尤其是這整個過程貫徹了民主的精神，彰顯品德教育的重點，包括先是徵詢行政主管的參與意願，接著是各年級與各班教師參與的意願，還要向小朋友們徵詢他／她們的意願以及其家長的意願等。……另外就是每次的會議與工作坊，教授都是極有效能地準備與執行，並且都有檢討與評鑑，這也都是我們有待學習之處。」

此外，銀國中任教體育也是自行研發教案的老師表達：

「就體育科而言，我覺得融入品德教育是非常可行的，其就像學習有所謂的主學習、副學習與輔學習，體育的知能是主學習，但是品德教育可以說是副學習或是輔學習，所以我在體育課中將如何合作與競爭、如何讚賞與肯定他人，以及如何在體育活動中幫助同學等很自然地納入，而且成效不錯。」

銀國中的教務主任，也是該校品德教育總協調者指出：

「我向來強調任何事盡心盡力完成，對於本案我也是盡量將其結合於我的教務業務與教學中，除了任教的閱讀課結合資訊教育，將品德教育以多元數位方式提供學生學習的平台；另外，我也鼓勵各領域教師的教學展示能將該科與品德教育結合，這些展示出來後自然也對本校產生正向的影響。」

不過，仍有兩位教師在自評中表示，其品德教育知能並未有明顯增長，原因是其認為他／她們原本就是秉持此一理念與原則教學。此外，根據筆者與研究團隊的觀察，少數行政人員與教師在一年半的參與過程中，其品德教育知能並未有明顯改變與調整，這也說明即使一年半的時間以及多次會議與工作坊，對於個人特質因素或累積多年教學與行政經驗的學校師長的觀念甚或信念，尤其對於品德教育可能既存的定見甚或偏見等，要加以調整或吸取新知仍是困難度甚高的挑戰。

(二) 家長感受與知能以及學生的角色定位

1. 家長參與

家長參與本章研究包括三個層面：一是全校家長參加學校倫理核心價值的票選活動，且在學校網頁與行事曆中得知品德教育推動的訊息；二是參加實驗

班級的服務學習活動,其中以家長陪伴參加跨校活動為主,以及班級分享時的共同參與;三是家長會代表與實驗班級家長代表參加每月的核心小組會議與工作坊等。整體而言,家長表現支持態度,國小尤重於國中,但論及實際參與則以少數家長頻率較高,而且家長會的整體功能未見發揮。針對參與的家長訪談,均表示讚許本案的推動,金國小家長會代表表示:

> 「我覺得很幸運本校能推動品德教育,這是家長一向所看重的,只是以往一直找不到焦點;而今我們選出了學校本位的倫理核心價值,可說讓我們有了具體的著力點。」

另銀國中其中一位家長亦表示:

> 「我原本以為推動品德教育不過就是形式化的事,因為以往太多政策或活動的宣導了。不過,當我一再地接到相關資料與訊息後,我發現這個專案是用心地在規劃與執行,所以讓我很感動,也因此願意參與。」

2. 學生參與

至於學生參與本研究包括四個層面:一是全校學生參加學校倫理核心價值的討論與票選活動,且在學校網頁與行事曆以及學校各類集會中得知品德教育推動的訊息,亦可選擇參加倫理核心價值圖文競賽,入選後可印製成筆記本插圖;二是學校自治會學生代表於週會時,輪流講述學校倫理核心價值小故事,並在自治會議時加以檢討改進與籌劃;三是實驗班學生參加各類品德教育相關課程與活動;四是自治會代表與實驗班代表參加核心小組會議以及工作坊。

本章研究原意是希望能將正義社群中有關學生被賦權發聲的精神加以凸顯,然而在現行台灣中小學教育的氣氛困難重重,因而筆者只得以不斷激勵的方式加以推動。其中的困難點包括:一為學生能力不受肯定,學生本身亦無自信,因為以往甚少學生與老師一起開會,而且意見較不會受到重視;二為學生

因參加活動或會議，會相對剝奪其時間的運用與分配，有些老師或家長甚至認為會影響其課業而加以阻止；三為學生本身亦受到同儕間的壓力，身為代表的發言與表現似乎被要求標準提升，且花費的時間就更多。筆者僅能盡量改善如此困境，既增強學生與會的信心與知能，且讓他／她們感覺到受重視，因而一年半以來可見其成長，學生大多表示很喜歡多元班會以及跨校活動。金國小教務處組長也是協助聯絡的社會科老師提及：

> 「剛開始的時候，我滿擔心學生在會議中是否敢發言或是有無建設性的意見，雖然本校的小朋友很不錯，但在這麼多師長們面前發言並非容易的事。但是，他／她們做到了，而且有明顯的進步，表現得太棒了。」

金國小的學生代表之一也表示：

> 「我起先覺得很緊張而且學習單很多，但是後來就不會有那種感覺了。我現在覺得很有成就感，因為我已經有了一整本的學習檔案，可以記錄我走過的點點滴滴。」

另一位學生代表也說：

> 「我現在都覺得自己對學校的品德教育有一份責任，所以當我看到有同學不守規矩的時候，我就會提醒他／她們有關學校倫理核心價值。」

同樣地，在銀國中也觀察到學生代表的成長，實驗班學生多半表示跨校活動讓他／她們印象深刻且有收穫。只是，銀國中的學生代表中自治會因學校未運作，所以並未發揮影響力；實驗班的第一學期代表也因為受到班級氣氛影響與自身理念之故而更換。此外，實驗班中始終有部分同學仍無法認同專案的推

動，他／她們質疑為何選擇該班為實驗對象，也認為錄影會干擾他／她們，更認為這是「樣板」與「做作」，筆者與銀國中師長雖然在歷程中一直向他／她們說明與解釋，但是由訪談中所透露出校園師生之間，尤其是部分學生對於校長存在著的不信任感，可謂影響了專案的推動。

整體而言，金國小與銀國中的部分家長與學生，確因本案之推動而得以學習及參與學校品德教育推動，這是一個好的開端。但是，如何充分發揮教師會與學生自治組織的功能，且將品德教育推動至全校所有班級，更重要的是建立學校正向的氣氛與文化，都將是重要的關鍵，亦與品德校園的推動互為因果關係。因此，兩個實驗學校的家長代表均同樣表示：

> 「我們希望品德教育的推動能拓展至全校，而且希望這是連續性且長期的推動，一年半還是太短了。而且，更希望不因人事的更選，而中斷了對品德教育的重視。」

四、系統且密集的品德校園案推動成果

(一) 訪談與觀察結果

就訪談與觀察師生的反應觀之，系統且密集的品德校園推動的確有其必要，行政人員、教師及家長多表肯定，因為隨機教育很容易將之忽略。以學生的反應而言，系統且密集的各類課程與活動安排，也較為具體明確，國小學生們對於跨校服務學習與多元班會反應甚佳，國中學生則是對於跨校服務學習與公民科道德兩難討論表示歡迎。而且，學生們表示班上同學較以往和善多了，爭吵或說髒話也減少很多。不過，仍有受訪國中學生代表表示：

> 「我覺得品德教育就是潛移默化在生活中自然養成就好了，我們來學校是要學知識，這樣的品德課程安排會讓我們覺得很牽強與樣板。」

(二) 問卷調查結果與剖析

前述採用質性訪談方法，整體而言可證其有效性。接續乃採用實驗組與對照組學生問卷調查前後測結果加以分析，結果發現本章研究在校園氣氛本已良好的金國小不易凸顯其成效，但在銀國中則能達到有效性，茲剖析如次：

1. 合作夥伴學校中實驗班

基於品德校園的實驗研究須有所聚焦，乃針對兩校四個班級，進行有系統且為期近一年的品德教育融入，以具體掌握推動歷程與結果，並期彰顯各學科均與品德相關之價值與可行性。為進行準實驗研究，除原兩校四班為實驗組外，另各有同校二班為對照組一，至於對照組二之學校選擇，乃分別邀約與兩實驗學校校風、規模與特點相近者。國小部分甲國小與金國小性質十分雷同，該校則提供五年級兩班學生為對照組；國中部分，與銀國中同屬小規模與面臨減班雷同處境者為乙國中（對照組二.1），與銀國中同屬小規模與自由校風相近者為丙國中（對照組二.2），由於此兩個面向均屬重要，故均邀請其提供八年級各兩班加以對照（表9.8）。

2. 研究工具與資料處理

本章量化研究所使用工具乃採筆者改編的「品德校園生活問卷」，就架構而言，包括基本資料、兩則道德兩難假設故事、學校氣氛感受及其他等四大部分。以量化部分而言，採用五點量表，並分為五個分量表：其中道德氣氛感受區分為：(1)a：學生對尊重的感受；(2)b：學生對友誼與歸屬感的感受；(3)c：學生對環境形塑的感受；(4)d：學生對正向紀律的感受；(5)s：學生對道德故事判斷。分量表a、b、c原採美國學者 T. Lickona 及 M. Davidson 發展的「學校為關懷社群概貌」[7]，擷取其「學生版」中譯而成；分量表s係摘取改編自荷蘭學者 D. Brugman 等所發展的「學校道德氣氛問卷——簡要版」[8] 中兩則故事；另

7　同第六章研究工具。

8　可參考：李琪明（2004）。我國國中小校園道德氣氛之調查研究。**師大學報——教育類**，**49**（1），1-20。

表 9.8　本研究實驗組與對照組說明

		實驗組	對照組一	對照組二
實驗處理		有系統有組織地接受本研究班級與全校實施的完整品德校園方案	隨機地參與本研究全校性方案以及實驗學校既有品德教育實施	未實施本研究品德校園規劃，但會接受該校既有品德教育實施
學校	國小	Group 01：金國小五年級兩班實驗班共 69 人	Group 02：金國小五年級兩班共 67 人	Group 03：甲國小五年級兩班共 67 人
	國中	Group 04：銀國中八年級兩班實驗班共 48 人	Group 05：銀國中八年級兩班共 54 人	Group 06：對照組二.1 乙國中八年級兩班共 49 人 Group 07：對照組二.2 丙國中八年級兩班共 56 人

分量表 d 則係筆者參考正向紀律相關理論發展而成。

　　該問卷信效度的實徵性檢驗，首先在 2006 年 8 月 18 日召開針對研究方法的專家諮詢會議討論；接著在 2006 年 9 月邀請不同於實驗對象的兩所國中國小學生共 70 人實施問卷預試並修改；並於同月針對實驗組與對照組施行問卷前測，以及於 2007 年 4 月施行問卷後測。三次問卷施測之內部一致性考驗位於 0.62-0.94 之間（$\alpha = 0.05$）。資料統計方面乃運用 SPSS-PC 15.0 統計軟體，並為免除起點行為之差異，乃將前測視為共變項目，採用統計上的共變數分析（analysis of covariance，簡稱 ANCOVA）與雪菲（Scheffe）事後比較。

3. 統計結果與剖析

　　(1) 顯示兩群分數且有明顯落差

　　就後測分數而言，以描述統計針對實驗與對照共七個群體分析，以 a 分量表平均分數為例，可得知國小實驗組（3.6582）、國小對照組一（3.6111）、國小對照組二（3.5135）及國中實驗組（3.7037）四者，基本上可視為分數呈現相近的一群；另國中對照組一（3.2063）、二.1（3.0386）及二.2（3.3965）三者

可視為另一群，且分數明顯低於前一群體，其他四個分量表也顯現雷同結果。

(2) 國小整體道德氣氛感受高於中數，但環境形塑感及道德判斷分數略低

就國小實驗組而言，後測五個分量表所得分數依高至低為：a 學生對尊重的感受（M=3.6582，SD=.5799）、d 學生對正向紀律的感受（M =3.6347，SD=.6257）、b 學生對友誼與歸屬感的感受（M=3.5455，SD=.5917）、c 學生對環境形塑的感受（M=3.4545，SD=.7291）、s 學生對道德困境的判斷（M=2.9890，SD=.3233）。其中，前三者分數甚高，對於環境形塑稍低，道德困境的判斷則偏低。

(3) 國中整體道德氣氛感受高於中數，但道德判斷分數略低

就國中實驗組而言，後測五個分量表所得分數順序與國小相同：a 學生對尊重的感受（M=3.7037，SD=.5735）、d 學生對正向紀律的感受（M=3.5901，SD=.7730）、b 學生對友誼與歸屬感的感受（M=3.5284，SD=.6718）、c 學生對環境形塑的感受（M=3.5222，SD=.6925）、s 學生對道德困境的判斷（M=2.9266，SD=.4404）。其中，前四者分數均高，對道德困境判斷偏低。

(4) 國小實驗前後未達顯著差異

就國小實驗組與對照組而言，五個分量表經共變數分析均未達顯著差異。換言之，本研究在國小部分的推動與執行，其學生感受校園道德氣氛方面未產生明顯效果，推測其原因可能有四：一是金國小與甲國小皆為聲譽良好且素有重視品德教育風氣的學校，由前後測分數得知其分數均高，是否因此產生統計上的「天花板效應」值得深究；二是分量表a、b、c、d測量學生的感受，金國小學生是否因推動品德教育而自我要求提升，導致分數下降，亦為可能原因之一；三是對照組為金國小兩班以及甲國小兩班，其平時的教育過程中是否因各種因素而重視品德教育的推動，所以雖然未接受本研究品德校園的執行，仍可能有實質的品德教育施行，此由學生填寫的問卷中亦可得知；四是金國小實驗班是否準確地施行本研究品德校園的精神與策略亦值商榷，尤其是本研究無法控制所有變數或正負面影響因素，均為推動品德教育的最大限制。

(5) 國中實驗前後有達顯著差異且屬進步

就國中實驗組與對照組而言，五個分量表中有三個達顯著差異，包括分量

表 a（F=4.077，sig=.008<0.01**）、d（F=4.438，sig=.005<0.01**）與 s
（F=3.490，sig=.017<0.05*），而且實驗組的分數明顯高於對照組一與
二，表示國中階段有系統地推動品德校園可達明顯成效，而這個研究發
現，對於國中教育階段須有系統且積極地推動道德教育甚具意義。

品德校園之反思與展望

一、品德校園的成效

　　值此台灣品德教育轉型，難以再恢復以往單一制式的道德課程與教學，而
須朝向學校整體文化營造的趨勢邁進之際，品德校園的實施雖非解決教育問題
的萬靈丹，卻是當前教育中兼具理念與實務的創新推動模式。整體而言，兩所
實驗學校歷經一年半推動品德校園後，就歷程與結果觀之，確有其成效且獲大
多親師生肯定；不過，國小學生的品德學習成效，在問卷的前後測與對照組比
較時未達顯著，因而品德校園的實施仍有待精進。至於其展現之成果如次：

(一) 民主歷程發聲共塑學校願景

　　品德校園強調全校參與且凸顯學校特色為主要精神，除以學生為學習主體
外，亦強調家長、教師與行政人員的參與及自覺，期以共為學校成員的認同及
積極參與，以共塑學校願景且身體力行。其中，有關核心小組的成立、學校倫
理核心價值的討論與票選，以及全校性品德校園活動的創發等，均已達品德校
園中正義、關懷與正向紀律精神，而且學生代表被增權賦能且逐步建立自信，
又讓師長肯定其成長與能力，亦是極大突破。

(二) 跨校與跨教育階段合作與銜接

　　品德校園案嘗試以筆者所任職師資培育大學，連結金國小與銀國中兩所不
同教育階段學校進行互動溝通與進而合作，以凸顯九年一貫精神及其銜接的可

能性，並將服務學習模式納入其中。尤其國中著重如何突破升學壓力的外在結構，並注入小學彈性多元課程的精神，以求德、智、體、群、美兼顧的全人教育理想達成。此在兩校師生的交流分享可見成效，而在跨校活動中亦備受親師生肯定。

(三) 品德教育具體且有系統融入各類課程

品德校園案主張打破以往德育屬單一課程，或僅是訓導處（學務處）所屬業務的偏失，而強調有系統且具體深入，並以多元策略地融入正式課程、非正式課程與潛在課程。本章研究案在此規劃執行與評鑑歷程中彰顯其可行性，且經由訪談與觀察，參與教師幾乎都對於將品德教育融入課程持有正面與肯定看法，而且極大多數國小學生均樂於品德教育的融入課程與生活，也幾乎所有國中小學生對於跨校活動與多元班會印象深刻且積極參與，另部分國中生提及甚為喜歡道德兩難的辯論討論。

(四) 品德校園促進親師生品德知能增長

根據參與者之自評、問卷調查與訪談結果等，絕大多數行政人員與教師均表示收穫良多，且對於他／她們的品德教育知能和關注有所提升；參與的家長亦表達對於本章研究案的深度肯定，且認為並非虛應、形式或傳統說教；而學生代表及實驗班學生大多喜歡相關課程，國小學生尤其表現積極，在問卷調查方面，銀國中學生相較於其他對照班級與他校，顯現其進步達顯著水準，也凸顯國中階段推動品德教育的效果。

(五) 理論與實務的辯證與反思

本章研究案雖由筆者由研究角度催生，卻似與兩所實驗學校共為夥伴的類似行動研究。筆者在其中扮演觀察、引領、部分參與及理念反思的角色，而學校則是扮演理念轉化及實踐的角色，藉由理論與實務間的討論與修正，使得本案掌握基本精神且具體深化地執行。此外，筆者於執行過程中，引導研究生與大學部學生投入與協助，既增加本案研究資源，亦讓師資生或在職教師得以學

習連結理念與實踐的示範。

(六) 品德校園案獲取鼓勵與表揚

　　本章研究案之執行使得筆者對於品德教育促進方案政策的推行，更具踏實感與說服力，且得以在諸多發表與演說中加以分享與推廣。此外，本案曾獲《天下雜誌》2007 年 4 月《親子天下》專刊「教出品格力」中加以報導；亦獲教育部友善校園人權教育案補助，以及發現校園人權小檔案入圍獎鼓勵；並參加台北市 96 年度國民中學人權、法治、品德及公民教育實踐等議題「融入式教案」徵件榮獲入選；獲台北市教育局推薦為 96 年教育部獎勵「品德教育績優學校」；以及獲得「教育部 97 年師資培育典範」等鼓勵與表揚等。

　　總之，品德校園彰顯了倫理核心價值藉由校園全面民主參與而得，非上級指派或規定；品德教育融入各類課程具可行性，且獲大多親師生肯定；品德校園的學校特色與精神得以凸顯，摒棄以往標準制式推動；行政人員與教師的品德教育專業知能，歷經培訓後有所增長；家長與學生參與品德校園推動，樹立良好參與管道與方式；大學與國中小品德校園合作方式，甚具可行性與前瞻性；以及系統且密集品德校園方案，對照隨機或零散的品德教育實施較具成效。

二、品德校園的反思

　　筆者執行該研究雖收穫豐碩且得極大啟發，但其中困難度與花費心力遠超原本預估，故將重要心得與歷程反思分享如次：

(一) 品德校園文化營造彰顯之特點與推動時須掌握的原則

　　根據前述研究結果與討論，品德校園在理論與實踐辯證中，可彰顯十個特點，此可作為其他學校有意實行品德校園所須掌握的原則與強化要項：

　　1. 奠基於正義、關懷、正向紀律與公民社會等理論基礎。

　　2. 連結理論研究與教育實踐，並時時加以反思其間的連結。

　　3. 強調學校本位的校園文化營造。

　　4. 以多元、創意與民主方式及策略實施品德教育。

5. 強調校長道德領導以及學校行政部門彼此合作。

6. 強調教師在品德教育方面專業成長。

7. 著重學生家長積極參與推動品德教育。

8. 彰顯對於學生信任且賦權。

9. 增進學生結合服務學習以及社區關聯性。

10. 具備有系統且有步驟的品德教育計畫、執行與評鑑。

(二) 品德校園由理念原則與策略發展至套裝課程／活動方案

品德校園之提出及原先理念構想，乃是一種著重發展歷程且以學校為主體的校園營造方案，所以原本「方案」所預設的僅是基本原則與運用策略，而非套裝課程或活動提供學校直接採用。豈料無論是焦點座談或是實驗學校，咸認為參與者對於品德校園概念尚稱模糊，且學校業務繁忙，邀請教師參與實驗已屬困難，更遑論主動發展創新研究，所以決定由本案研發課程教案／活動方案，再提供實驗學校進行。不過，因諸多因素限制，研發的數量並未擴及所有科目。對此，以目前我國中小學現況而言，將來品德校園之推廣，仍須兼顧歷程與提供更精緻且全面的套裝方案，以使學校有所具體依循，但仍要保留學校特色發展的空間。

(三) 品德校園推動須建立參與人員的支持與良性互動

教育研究的焦點是人，其雖為最困難之處，但也是印象最深刻與最感動的來源。首先是兩位實驗學校校長的鼎力支持與排除萬難，為本研究推動的最大助力，所以筆者常須當面或以電話與兩位校長保持良好溝通；其次，兩校當時推動者均為教務主任，負責盡職且主動積極地協調及執行本研究，其中屢遭困難之際，均與筆者相互商議且彼此激勵；再者，兩校參與的主任與教師，大多按本研究推動要項執行甚而創發，但整體而言在積極度方面略有差異，極少數教師始終存有疑慮或是以較為消極方式表達，歷經研究後其知能的改變亦不明顯，而且原期盼的教師會功能似未發揮；此外，家長會與家長代表由原先的疑慮觀察至支持，是對本研究的一大激勵，然而家長會發揮的功能未加擴展甚為

可惜；最後，國小學生始終支持本研究，僅有少數學生表示學習單過多以及壓力有些大，但在國中學生而言，則分為兩個極端，一是感覺由此歷程得到成長所以極為支持本研究，二是有少數學生始終消極與抗拒本研究，且認為這是樣板，錄影亦對其產生干擾等，此些反應似與該校相關措施以及師生互動文化有關，令筆者無法使力且略感遺憾。不過，若由當前民主社會角度觀之，該校學生與家長有此多元的聲音，未嘗不是社會的縮影與批判精神的展現，也可謂品德發展的正向反應。

(四) 研究者在品德校園中須扮演多重角色並引進各方資源

筆者在品德校園推動中扮演的角色兼具理念建構者、實踐推動者與觀察調查者等多重角色。在核心小組會議以及各類溝通會議與工作坊中，筆者審慎規劃並親自主持與推動，以掌握本案精神且避免增加學校的負擔。然而，其中有兩點必須思量：一是筆者何時及如何「放手」讓實驗學校推動，此一適切拿捏有賴歷程中建立信任與溝通，筆者除以誠意建立良好關係且適切建言外，盡力形成書面文字完整傳達訊息與內涵，以利推動者確實掌握本研究精神與原則；二是如何由「教授的專案」變成學校親師生認為「我們學校的專案」，筆者一方面盡量發掘實驗學校的特色且鼓勵其研發外，另則藉由鼓勵申請相關獎勵，使得實驗學校由被動變成主動角色。不過，金國小的校長隨著本研究結束功成身退，銀國中的重要推手教務主任也離開其崗位，品德校園能否在兩校永續發展仍待觀察[9]。

9　金國小雖然原任校長退休，但其他行政主管均大多在任，其中教務與學務兩處室主任均由本案執行時的總協調師長擔任，她們表示品德教育仍在持續推動，但其積極度仍以校長為關鍵；銀國中教務主任於方案結束一年後又返回該職務，她亦強調在她任課過程中，仍時時將品德教育融入課程，但99學年度亦卸下該職務。

三、品德校園發展的建議

(一) 對於中小學有意願推動品德校園之建議

1. 掌握精髓

　　有意願推動品德教育固然是好事，但並非掛上「品德教育」即為正確的推動，尤其是若不能掌握品德校園模式的精髓與原則，極易造成名實不副的反效果或虛應其事的做白工，而且在推動任何方案之前可先行檢討學校中既有品德教育實施的特點與盲點。

2. 民主精神

　　學校願意推動品德校園的前提，必先在籌備與執行歷程中即體現民主精神，亦即需要全校的共識，包括校長與行政主管、教師會與家長會、學生自治會代表，以及若干班級的導師與任課教師及其家長等。

3. 建構特色

　　有意願推動品德校園的學校，宜建構具有學校特色的倫理核心價值與行為準則，而且學校宜掌握民主多元方式加以形塑的歷程，並成立品德校園推動小組將倫理核心價值推廣，且就既有課程與活動如何加以統整創新，提出策略與方式。

4. 全校推動

　　學校宜考量品德教育融入各類課程的可行性，以形塑整體校園富有正義、關懷與正向紀律的道德氣氛，所以非僅單科或某些處室的職責。其中，正式課程方面，學校可藉由各科／領域教師研究會或教師會，針對課程綱要加以分析其品德教育目標與內涵，進而分析各版本教科書可納入品德教育的連結與內容，並進一步可協同合作發展教案並加以實踐分享等。

5. 增權賦能

　　家長與學生的參與須被強化與肯定，教師會與家長會等組織須與學校行政

形成良性互動，並且推動歷程中亟需重視學生代表的實質參與及其自治自律功能。此外，宜舉辦工作坊以增強行政人員、教師與家長對於品德教育的瞭解、支持與相關知能，執行期間並要藉由不斷舉辦會議，以深度密集地檢討執行過程與規劃接續推動。

6. 納入常態

學校推動品德校園宜將其視為納入學校行事的常態，亦即其為教育的必須環節而非外加，但因應當代社會變遷而須以創新多元方式加以轉化與實踐。因此，學校可統整品德校園資料檔、資料庫或網站資料，並能定期予以歷程與總結式的質量兼顧的自我與外部評鑑，以期品德校園文化推動的永續發展。

(二) 對教育主管行政機構的建議

1. 實質推動

教育行政機構對於品德教育的重視，將是品德校園推動的最大後盾。因此，除有公開宣示外，亦宜以實際行動表達，包括訂定實施方案、經費支援、活動舉辦或委辦、進行選拔與評鑑等，都可促使學校主動或被動地關注品德教育。不過，獎勵宜多於懲處，分享重於比較；鼓勵多元與學校特色，避免成為統一化且由上而下的命令要求；激勵實質深度的推動，避免嘉年華會或表淺的形式。

2. 人才培訓

教育行政機構宜提供人員培訓以提升品德教育相關知能，有關教師職前教育學程中宜納入相關科目，在職後亦應定期要求進修品德教育相關知能，且可作為教師甄試與考評項目之一；其次，對於校長與主任的養成過程與甄選標準，宜將品德教育相關知能以及道德領導能力等納入考量；再者，對於家長與社區人士，要成為品德教育推動夥伴者，亦宜提供相關知能培訓。

3. 獎勵研究

教育行政機構宜鼓勵品德教育兼具理論與實務的研究，以強化與深化其科

學與專業，避免以個別經驗或民間團體目標，甚或是蘊含偏見與意識型態者進入校園，導致諸多負面潛在課程。因而，宜鼓勵學者進行長期的品德教育研究，對於中小學則鼓勵其行動研究，方能使品德教育發展得以永續經營並深耕推廣。

(三) 對後續研究的建議

1. 強化對於研究對象之瞭解與溝通

進行研究前可藉由各方資訊先行瞭解實驗／推動學校的校風、特點及其既有的品德教育推動現況，據以瞭解助力及阻力並增加合作的順暢性；而且須以民主尊重且資訊充分告知的態度與方式對待所有參與者，包括教師家長與學生。研究歷程中可藉由觀察或訪談親師生的反應與建議，適度溝通與強化其對研究案的瞭解與認同。此外，實驗期間同時兩所學校進行固然花費雙倍心力，但其自然會產生合作分享與良性競爭關係，有利於實驗的推動與反思比較。

2. 深化研究方案之設計與內容

本章研究案在研究歷程中，提供完整詳盡的推動手冊，並經由工作坊與各種會議的培訓增強其知能，確實有利於參與學校精準確實掌握品德校園的精髓與原則。不過，在推動各類課程的教案設計與活動方案尚嫌粗糙，且在量化部分僅發展學生的道德氣氛知覺量表，故針對個別課程與活動的規劃，及其對全校親師生之成效評量可再予以深化。

3. 延伸研究期間促進文化形塑

本章研究案之期程進入校園一年半似仍為不足，建議可再增加至少一個循環。其中，多元班會與跨校服務學習頗受好評，可深化強化，另須增強道德討論與論辯的機會，尤其在國中階段既受學生歡迎也有其教育價值。此外，亦可鼓勵參與學校進行學校整體或教師個別的行動研究，以逐步形塑品德校園文化。

總之，品德校園之模式仍在發展與創新中，將來若應用在各校推動時，除奠基於重要精神與理念外，亦須適度彈性地再次詮釋與發展。在此「發展—詮釋—再發展」歷程中，自不免有著理想與實際之差距，以及各地區／各校之社會文化脈絡與校風規範之異同。然而，其共通的方向是處在當前多元開放社會

中，倫理價值的灌輸已然不合時宜，價值的混淆與虛無亦非教育的目的，因而
教室與校園不能再褊狹地僅關注智育而忽視道德教育（包括知、情、意、行）
的重要性。期望校長與行政主管的道德領導、教師的品德教育自覺與專業知能，
以及家長品德教育的支持及身教等支援日漸強化，以培養具品德的現代優質公
民，並營造當代公民社會理想。

第十章　品德教育之評鑑與未來展望

　　本章以品德教育的評鑑作為全書的總結，希望藉此建立其專業與可行性，並凸顯評鑑是檢驗教育歷程與成果良窳的必要策略。本章之品德教育評鑑是指針對學校層級及教育行政機關層級，在推動與實施品德教育的過程中，宜掌握的原則與要項，並由重要指標中顯現其結果與成效，以作為改進與精進的依據。因此，唯有藉由評鑑才能展望品德教育達到永續發展的目標。

第一節　品德教育評鑑之國內外趨勢
　　　　一、學校層級品德教育自我評鑑指標
　　　　二、教育行政機關層級品德教育統計指標
第二節　我國品德教育評鑑之嘗試建構
　　　　一、品德教育評鑑背景與規劃
　　　　二、品德教育評鑑建構結果
第三節　品德教育評鑑之展望
　　　　一、對中小學的建議
　　　　二、對教育行政主管機關的建議
　　　　三、對後續研究的建議

品德教育評鑑之國內外趨勢

提升教育品質乃當今世界各國教育改革之重要課題與趨勢，然欲確切瞭解教育之施行狀況、發展趨勢及其品質良窳等，則須有套精良工具加以測評，此即「教育指標」（educational indicator）產生之激因。至於評鑑係教育的重要環節，其目的除了瞭解現況與掌握品質外，更應藉由其變化趨勢提供前瞻性的規劃與目標。因而，本章品德教育評鑑指標之建構[1]，亦基於瞭解品德教育之推動趨勢，以及提升品德教育之實踐品質為目的，並彰顯教育指標與評鑑的精神，將分為學校層級的自我評鑑指標，及教育行政機關層級的統計指標。

一、學校層級品德教育自我評鑑指標

(一) 國內教育評鑑指標相關文獻

國內有關學校層級的自我評鑑指標（或名為評鑑指標、教育指標、指標等）並不乏其例，譬如優質學校指標、國民中小學校務評鑑指標、資訊教育評鑑指標、教科書評鑑指標及友善校園人權環境指標等，其中以友善校園人權指標性質與內容與本章之品德教育指標構想最為接近。其次，筆者曾於 1999 年建構我國國中小學校層次德育課程評鑑指標系統[2]，其雖著眼於課程角度出發，且係九年一貫課程整體實施前，但仍有其參考價值。再者，教育部於 2007 年開始獎勵品德教育績優學校，其設有若干規準亦可參酌。因此，本章就前述三者加以簡介如次：

---

1 該研究案係筆者主持（2008）。**學校品德教育推動策略及評鑑指標研究報告**。教育部訓委會委託專案，2007.5.31-2007.11.31。

2 可參考李琪明（1999）。我國國民中小學學校層次德育課程評鑑指標之建構。**公民訓育學報**，8，197-230。另亦可參考李琪明（2000）。**德育課程之理想與建構**。台北：師大書苑。

1. 友善校園人權環境指標

教育部為提升校園人權文化，保障維護受教權益，委託國立政治大學馮朝霖教授及「教育部人權教育諮詢小組」校園人權環境組共同研訂「各級學校友善校園人權環境指標及評估量表」，並於 2006 年 4 月公布，以提供範本作為各校檢視學校內相關法規及深入瞭解問題之參考依據，並加強改進校園人權環境措施 3。該指標及評估量表計歸類十種指標項目，量表內容配合教育階段別區分為國小、國中、高中職、國小學生及教育人員等五種版本。該十項指標為：(1)校園安全環境的建構；(2)校園人性氛圍的關注；(3)學生學習權的維護；(4)平等與公正的對待；(5)權利的維護與申訴；(6)多元與差異的珍視；(7)民主的參與及學習；(8)人權教育的實施；(9)教師專業自主權的發展；(10)被愛與幸福的體驗。至於評估量表則是各教育階段略有差異，例如國小階段針對「校園安全環境的建構」指標的量表題目有六題：

(1) 學校能確保校內各項設備與器材使用的安全性（如校車、課桌椅，及運動、遊戲、實驗器材等）。

(2) 學校有充足安全便利的「無障礙空間」設施。

(3) 學校能在校園適當地點設立安全維護系統（如照明設施、巡邏網、警鈴等）。

(4) 學校平時積極實施校園環境教育，使師生瞭解校園，當有危機發生時，學校能有立即妥善處理機制與能力。

(5) 學校能定期檢視校園整體安全，繪製及公告危險地圖，在現場張貼警告標示。

(6) 學校能與社區建立友善關係，共同維護學生安全。

2. 德育課程評鑑指標

筆者於 1999 年曾針對德育課程進行評鑑指標系統的建構，該系統原則上採取 CIPP 模式，但經調整為輸入（I-Input）、過程（P-Process）、輸出（P-Prod-

---

3　2007 年 3 月 20 日取自 http://computer.lotes.ilc.edu.tw/plog/index.php? blogId=32

uct or Output)三類指標。背景因素（C-Context）視為指標的環境變項。對應於
德育課程「輸入指標」指德育課程外部因素評鑑，主要包括學生、教師與資源；
「過程指標」是指德育課程設計與實施評鑑，包括正式課程、非正式課程與潛
在課程；「輸出指標」則為德育課程實施成果評鑑，強調的是學生的整體表現、
優良行為、偏差行為，以及各方（教師、學生、家長、社區等）對德育課程的
滿意度；「背景因素」則強調的是整體的德育課程環境脈絡，故以學校教育基
本資料及其特性表示，見圖 10.1 架構圖（李琪明，1999b）。

輸入指標（Input）	過程指標（Process）	輸出指標（Output）
德育課程 外部因素評鑑	德育課程 設計與實施評鑑	德育課程 實施成果評鑑
I1 學生 I2 教師 I3 行政 I4 資源	P1 正式課程 P2 非正式課程 P3 潛在課程	O1 學生整體表現 O2 學生優良行為 O3 學生偏差行為 O4 各方滿意度

背景因素（Context）
CS 學校教育基本資料及其特性 CL 地方教育基本資料及其特性 CN 全國教育基本資料及其特性

圖 10.1　我國國民中小學學校層次德育課程評鑑指標系統架構圖

德育課程評鑑指標系統中，計有背景因素 22 個重點因素；輸入、過程與輸
出指標共有 46 個指標。茲以「輸出指標」為例，見表 10.1（李琪明，1999b）。

表 10.1 德育課程評鑑指標系統輸出指標舉隅

O 輸出指標 （德育課程實施成果）	定義	方式	相關單位 或人員
O1 學生整體表現			
Indicator 26 學生德育正式課程成績	指國小生活與倫理、道德，或國中公民與道德課成績分布比率	普查	教務處
Indicator 27 學生道德認知發展層次	道德認知發展情形分析	抽樣	問卷調查學生
Indicator 28 學生綜合表現或操行成績	學生綜合表現或操行成績分布比率	普查	訓導處
Indicator 29 學生德行表現	學生在德行方面的表現分析	抽樣	問卷調查學生與教師
O2 學生優良行為			
Indicator 30 學生因德育獎勵之比率	（德育記功嘉獎學生人次／學生總數）×100%	普查	訓導處
Indicator 31 學生當選校內外德育相關楷模人次	學生當選校內外德育相關楷模之人次	普查	訓導處
O3 學生偏差行為			
Indicator 32 學生因德育懲處之比率	（德育記過懲處學生人次／學生總數）×100%	普查	訓導處
Indicator 33 中輟生比率	（非因出國或生理因素而常不到校並因此輟學的學生數／學生總數）×100%	普查	訓導處
Indicator 34 逃學逃家比率	（常逃學逃家學生人數／學生總數）×100%	普查	訓導處
Indicator 35 考試作弊比率	（考試作弊學生人次／學生總數）×100%	普查	訓導處
Indicator 36 公物破壞比率	校園公物因學生破壞修繕比率	普查	總務處
Indicator 37 校園暴力比率	（學生打架、鬥毆或恐嚇勒索人次／學生總數）×100%	普查	訓導處
Indicator 38 吸菸比率	（吸菸學生數／學生總數）×100%	普查	訓導處
Indicator 39 吸食藥物比率	（吸食藥物學生數／學生總數）×100%	普查	訓導處

（續上表）

O 輸出指標 （德育課程實施成果）	定義	方式	相關單位 或人員
Indicator 40 德育相關個案輔導人數	德育相關因素受校內外輔導個案人數	普查	輔導室
Indicator 41 犯罪比率	（觸犯法律之犯罪學生數／學生總數）×100%	普查	訓導處
O4 滿意度			
Indicator 42 學生對德育課程滿意度	學生對德育課程滿意度調查	抽樣	問卷調查
Indicator 43 教師對德育課程滿意度	教師對德育課程滿意度調查	抽樣	問卷調查
Indicator 44 家長對德育課程滿意度	家長對德育課程滿意度調查	抽樣	問卷調查
Indicator 45 社區對德育課程滿意度	社區對德育課程滿意度調查	抽樣	問卷調查
Indicator 46 教育視導人員對德育課程之滿意度	教育視導人員對德育課程滿意度調查	抽樣	問卷調查

3. 獎勵品德教育績優學校

　　教育部自 2004 年公布「品德教育促進方案」以來，各縣市教育局與學校層級均或有程度不一地加以推動與強化品德教育，然其實施概況或其成效卻失之統整，推動品質亦良莠不齊。教育部乃於 2007 年起推動「教育部獎勵品德教育績優學校實施計畫」[4]，其目的為：

> 「教育部為獎勵品德推動績優學校，激勵學校親師生全面參與品德校園文化之塑造，並分享交流各績優學校之推動經驗，以形塑優質之校園道德文化，特訂定本工作計畫。」

4 　該計畫原包括大中小學各教育階段，本研究僅擷取有關中小學部分。該計畫與相關資料手冊係由教育部訓育委員會提供，未公開出版。

該計畫列有遴選品德教育績優學校之概略指標，包括：依據「由下而上」、「多元參與」之原則，訂定品德教育之核心價值與具體行為準則；將品德教育融入相關課程或活動，使學生透過實踐、體驗與省思，建構內化的意義，引導學生思辨、澄清、接納，進而願意實踐；以及透過親師生共同營造具品德氣氛之優質校園文化，並結合社區資源以發揮境教之功能。然而，因其係由教育部中部辦公室，以及直轄市及縣（市）政府，遴選薦送函報教育部公開表揚，所以鼓勵性質多於評鑑作用。

(二) 國外學校品德教育評鑑指標相關文獻

1. 品德教育夥伴之品質標準

有關學校品德教育評鑑的做法，以美國「品德教育夥伴」為著，其亦屬綜合型品德教育取向。CEP 是美國以品德教育品質促進為宗旨的非營利與非黨派民間組織，其自許為美國品德教育的領導機構，除推出有效品德教育原則及其評鑑外，每年會舉辦盛大年會並選出全美品德學校。該組織最著名者乃推動「有效品德教育的 11 個原則」，作為學校推動品德教育重要指標（既為推動努力目標亦為評鑑要項），另逐一對應其原則列出其細項且較具體概念，並以五點量表方式，訂定「品德教育品質標準」，以作為學校或學區的自評工具，茲簡列其 11 原則如次[5]：

(1) 品德教育是促進核心倫理價值（例如關懷、誠實、公平、責任、自尊尊人等），以成為良好品德之重要基礎。

(2) 品德乃包含認知、情感與行動等多元面向，以使學生能理解核心價值、關心核心價值，並將之付諸行動。

(3) 有效品德教育須有意的、主動的及全面的在學校各層面（包括正式課程與非正式課程）加以規劃與推動，而非被動地等待機會教育。

(4) 要有效推動品德教育，學校本身必須是一個蘊含公民、關懷與正義之

5　引自 CEP 網站，2006 年 11 月 10 日取自 http://www.character.org/site/c.gwKUJhNYJrF/b.993263/k.72EC/The_Eleven_Principles.htm

社群。

(5) 學生必須時有機會進行道德行動以發展品德，其並被視為一個在不斷經驗累積中之主動建構之學習者，透過日常生活的挑戰與練習，使其品德在與他人合作及共識中得以健全發展。

(6) 有效品德教育亦須配合有意義與挑戰性之學術課程，以教導其道德認知層面，另也須配合多元教學方法（如合作學習、問題解決、經驗為主之方案等）以促進道德思考。

(7) 品德教育須引發學生由遵守外在的規則，而轉化為發展成內在的動機與潛能，並對核心價值有所認同。

(8) 學校所有成員（包括教職員與學生）均應形成學習與道德兼具的社群，並藉由共同參與及決定，以共享並共同實踐其核心價值。

(9) 品德教育須學校具有道德領導（包括校長、行政人員、教師以及學生自治組織），在共識中擬訂長程發展計畫並持續推動，且建立反省與檢討機制。

(10) 學校須與家長結合，使家長成為品德教育之夥伴，以納入家庭之力量，並進而擴展至社會各界或媒體。

(11) 品德教育之評量將側重整體學校之品德教育實施成效，包括學校本身之道德教育氣氛、學校教職員是否成為品德教育模範與教導者，以及學生之品德（認知、情感、行動）表現。

至於品德教育評鑑標準則針對 11 個原則分列細項與題目，例如原則(1)品**德教育是促進核心倫理價值（例如關懷、誠實、公平、責任、自尊尊人等），以成為良好品德之重要基礎**。其由學校自評五點量表分又為三點（1.1 至 1.3），每點均列有若干具體概念或意涵，以 1.1 為例[6]：

1.1 學校教職員與家長團體均同意其所希望促進的倫理核心價值納入品德教育活動中。

其具體概念為：

6　僅列 1.1 之具體概念，1.2 及 1.3 省略。

a. 倫理核心價值包括道德生活的重要層面。

b. 價值的選擇禁得起當代時空證成。

c. 推動計畫乃持續反思與討論。

d. 教師納入認同並同意此些價值。

e. 相當數量的家長納入認同與同意此些價值的行列。

f. 職員亦以某些民主方式納入。

g. 學生亦以一種發展性的適切方式投入。

2. 第四及第五 R 中心之 12 要素評鑑與規劃

前曾述美國「第四及第五 R 中心」除提出品德教育推動策略外,在品德教育實踐評鑑方面,亦針對 12 點綜合取向品德教育,每一點均列有重要概念及具體策略,且發展出對應的「12 要素之評鑑與規劃」,可作為自評或他評的問卷,茲舉第一要素的題目為例:

針對「**教師是否為提供關懷者、模範與指導者**」,列有八個問題並以五點量表圈選(完全同意、有些同意、既非同意亦非不同意、有些不同意、完全不同意)[7]:

(1) 在學校(或教室裡)學生有安全感(包括身體與情緒方面)。

(2) 在學校(或教室裡)學生是受到尊重的。

(3) 在學校(或教室裡)教師會公平地對待學生。

(4) 在學校(或教室裡)教師與學生互動中,教師會表現出學校所欲教給學生的品德。

(5) 在學校(或教室裡)教師會撥出時間討論校內外的道德重要事件。

(6) 在學校(或教室裡)教師會與學生討論品德的重要性。

(7) 在學校(或教室裡)教師會願意原諒學生的過錯。

(8) 在學校(或教室裡)教師會特地協助需要額外幫忙的學生。

基於前述國內外學校層級品德教育相關自我檢核評鑑指標探討,本研究將

---

7 引自第四及第五 R 中心網站,2006 年 11 月 10 日取自 http://www.cortland.edu/character/12pts.html

在此基礎上參酌美國相關組織之品德教育指標與自評量表，並參考我國既有指標，適度轉化為學校層級品德教育自評指標。

二、教育行政機關層級品德教育統計指標

(一) 國內教育統計指標相關文獻

因應世界教育思潮與教育改革呼聲，我國近三十年來有關教育或學力指標之研究不乏其數：如馬信行於 1988 年之「國家發展指標之探索」，以教育與經濟發展指標為主；王保進 1993 年「高等教育表現指標之研究」；王文科於 1994 年之「台灣地區國民中小學特殊教育發展指標之研究」；張鈿富於 1995 年之「台灣地區教育指標建構之研究」；黃政傑等 1996 年之「中小學基本學力指標之綜合規劃」；與 1998 年黃政傑主持之「文教人權指標調查報告」；簡茂發與李琪明主持之「教育指標系統整合型研究」（1998.1-2000.12 國科會專案）等。此外，教育部亦定期出版《教育統計》等資訊或報告 [8]。不過，有關品德教育性質相關者僅有「教育類性別統計指標」可資參考，如表 10.2 所列舉隅。

(二) 國外教育統計指標相關文獻

至於國外亦有諸多關於評鑑研究或統計指標的專業團體與部門，以美國為例，即有「美國評鑑學會」（American Evaluation Association，簡稱 AEA）、「國家教育統計中心之教育評量」（Educational Assessment at the National Center for Education Statistics），以及「評鑑、標準與學生測驗之國家研究中心」（National Center for Research on Evaluation, Standards and Student Testing，簡稱 CRESST）等政府或民間單位，另則有美國教育部定期出版的教育統計指標手冊，稱為《教育概況》（*The Condition of Education*）。而在國際性的研究組織方面亦有「經濟合作暨發展組織」（Organization for Economic Cooperation and

---

8　內文所列相關研究可參考簡茂發、李琪明主編（2001）。當代教育指標。台北：學富。

表 10.2　教育類性別統計指標舉隅

【一、促進教育機會均等，引導社會正向流動】		
【二、發揮教育公平正義，關懷弱勢學生就學權益】		
【三、拓展教職專業取向，加強生師互動關係】		
【四、建構校園為無性別發展障礙之友善環境機制】		
【五、其他】		
【六、附錄】		
一、促進教育機會均等，引導社會正向流動		
100 各級學校學生人數		
100-1 各級學校學生人數——按年別及性別分	100-2 各級學校學生性別比率——按年別分	
101 幼稚園學生數		
101-1 幼稚園學生數——按隸屬別及性別分	101-2 幼稚園學生數——按學校所在地別及性別分	101-3 幼稚園學生數——按年齡別及性別分
102 國小學生數		
102-1 國小學生數、畢業生數—按隸屬別及性別分	102-2 國小學生數、畢業生數——按學校所在地別及性別分	102-3 國小學生數——按年齡別及性別分
（以下從略）		

資料來源：http://www.edu.tw/EDU_WEB/EDU_MGT/STATISTICS/EDU7220001/gender/index1.htm

Development，簡稱 OECD）所設立的「教育研究與革新中心」（Center for Educational Research and Innovation，簡稱CERI），並出版《教育概覽》（*Education at a Glance*），以及原屬聯合國教科文組織（UNESCO）而後獨立的「國際教育成就評鑑學會」（International Association for the Evaluation of Educational Achievement，簡稱 IEA）等。

　　綜觀而言，這些評鑑的專業組織及部門，或是致力於測驗與評量的研究，或是戮力於教育統計與教育指標的發展，或是努力於學生能力與成就指標的建構，率皆試圖尋求教育品質的客觀化衡量標準，作為比較與提升教育品質的具體依據。雖然其中與品德教育評鑑直接有關的統計指標仍闕如，但美國的《會

計年度方案執行報告》、《青少年指標》，以及《學校犯罪與安全指標》等，
均可作為甚佳參考並可予以轉化為我國教育行政機關品德教育統計指標的建立，
茲將前述三者近年版本略述如次：

1. 美國 2006 會計年度《會計年度方案執行報告》

該報告中所提的品德教育方案執行目標是「促進全國學生品德教育的健全
發展」，其中目標之一則是支持發展與推動高品質的品德教育方案，且強調評
鑑與科學研究的重要性，故本章研究可嘗試將品德教育方案之評鑑作為一重要
指標（表 10.3）。

表 10.3　美國 2006 年會計年度《會計年度方案執行報告》

ESEA: Character Education（品德教育） FY 2006 Program Performance Report（方案實施報告）
Strategic Goal3 Discretionary ESEA, Title V, Part D-3 Document Year 2006 Appropriation: $24,248 CFDA 84.215S: Partnerships in Character Education Program 　　　 84.215V: Partnerships in Character Education
Program Goal: To help promote the development of strong character among the nation's students.（方案目標是促進全國學生發展良好品德）
Objective1of1: *Support the development and implementation of high-quality character education programs.*（目的是支持高品質品德教育方案的發展與推動）

資料來源：http://www.ed.gov/about/reports/annual/2006report/g3eseacharacter.doc

2. 美國《青少年指標》

《青少年指標》（*Youth Indicator*）是由美國國家教育統計中心出版，以
2005 年版而言，共有數十個指標，其中大約有五個指標與品德教育相關，分別
為指標 36「社區事務與志願工作」、指標 43「暴力犯罪的受害者」、指標 48
「菸毒與酒精濫用」、指標 50「愛滋帶原與性行為」、指標 51「死亡及其原

因」，茲以指標 36 的呈現為例 [9]（表 10.4），其指標名稱為「社區事務與志願

表 10.4　美國《青少年指標》

Indicator 36. Community Affairs and Volunteer Work

Table 36. Percentage of high school seniors who participated in community affairs or volunteer work, by sex, race, and frequency of participation: Various years, 1980 to 2001

Participation	1980	1984	1988	1992	1994	1996	1997	1998	1999	2000	2001
All students											
At least once or twice a month	23.9	24.1	22.3	26.7	28.0	29.2	32.3	30.5	31.0	32.7	33.9
Almost every day	2.5	2.6	2.6	2.8	3.2	2.8	3.3	3.1	3.0	3.2	3.3
At least once a week	7.4	7.4	6.3	7.4	7.6	8.1	9.4	8.4	8.4	10.3	10.4
Once or twice a month	14.0	14.1	13.4	16.5	17.2	18.3	19.6	19.0	19.6	19.2	20.2
A few times a year	45.2	44.9	45.4	41.7	44.8	45.0	43.3	45.4	44.3	44.9	42.7
Never	30.9	31.0	32.3	31.6	27.2	25.7	24.3	24.2	24.6	22.4	23.3
Males											
At least once or twice a month	23.3	22.8	19.5	24.1	25.2	21.6	28.3	23.7	28.3	24.3	28.2
Almost every day	2.4	3.1	1.9	2.6	2.7	2.7	2.6	2.2	1.5	1.9	2.7
At least once a week	7.3	6.5	5.3	7.3	6.9	5.7	6.4	6.3	7.5	6.7	7.7
Once or twice a month	13.6	13.2	12.3	14.2	15.6	13.2	19.3	15.2	19.3	15.7	17.8
A few times a year	44.2	40.1	43.9	41.4	43.3	47.4	42.4	46.1	43.1	46.8	42.6
Never	32.6	37.2	36.5	34.5	31.4	31.0	29.3	30.2	28.6	28.9	29.2
Females											
At least once or twice a month	24.9	25.7	24.7	29.7	30.7	36.4	37.2	37.1	33.6	41.0	38.8
Almost every day	2.6	2.0	3.1	3.0	3.4	2.7	4.2	3.7	4.0	4.5	4.2
At least once a week	7.3	8.3	7.2	7.5	8.5	10.3	12.1	10.1	9.7	13.9	12.5
Once or twice a month	15.0	15.4	14.4	19.2	18.8	23.4	20.9	23.3	19.9	22.6	22.1
A few times a year	46.6	49.8	47.4	42.4	46.3	43.2	44.2	44.7	46.5	43.1	44.5
Never	28.6	24.4	27.9	27.9	23.0	20.4	18.7	18.1	19.9	15.8	16.7
White, non-Hispanic											
At least once or twice a month	24.0	23.6	22.0	28.1	27.6	30.1	33.1	30.0	32.1	33.3	34.7
Almost every day	2.2	2.3	2.6	2.6	2.9	2.7	3.3	2.8	2.4	2.5	3.5
At least once a week	7.0	6.5	5.6	7.9	7.5	7.8	8.8	7.3	7.7	10.0	10.4
Once or twice a month	14.8	14.8	13.8	17.6	17.2	19.6	21.0	19.9	22.0	20.8	20.8
A few times a year	47.3	46.1	46.5	42.6	47.5	45.8	45.0	45.2	45.6	45.6	44.8
Never	28.7	30.3	31.5	29.4	24.9	24.1	21.8	24.7	22.2	21.0	20.5
Black, non-Hispanic											
At least once or twice a month	26.0	26.7	26.4	26.2	30.8	29.4	34.4	30.1	30.9	26.9	36.1
Almost every day	3.9	4.1	3.0	3.5	4.9	2.8	3.7	2.6	5.8	5.6	2.8
At least once a week	8.9	10.1	8.9	5.9	8.7	8.5	13.9	9.9	9.4	9.6	11.7
Once or twice a month	13.2	12.5	14.5	16.8	17.2	18.1	16.8	17.6	15.7	11.7	21.6
A few times a year	37.4	43.0	41.6	37.0	35.7	41.0	41.0	49.2	42.6	47.5	36.5
Never	36.5	30.3	32.0	36.8	33.6	29.6	24.5	20.7	26.6	25.6	27.4

NOTE: The response rate for this survey does not meet NCES statistical standards. Detail may not sum to totals because of rournding.
SOURCE: University of Michigan. Institute for Social Research, Monitoring the Future, various years.

9　http://www.edu.tw/EDU_WEB/EDU_MGT/STATISTICS/EDU7220001/gender/index1.htm

工作」（Community Affairs and Volunteer Work），其顯示的是美國高中生由1980 至 2001 年間（每隔四年），整體學生以及區分不同性別及族群學生，參與社區事務或志願工作的比例。

3. 美國《學校犯罪與安全指標》

《學校犯罪與安全指標》（*Indicator of School Crime and Safety*）是由美國教育部與司法部共同出版，共有 20 個指標，幾乎全與品德教育相關，共分為七大類，其分別為：學生因暴力死亡；非致命性的學生受害情形；對教師的威脅與攻擊；校園環境中的暴力、紀律、藥物濫用、語言暴力與霸凌問題；學校中的鬥毆、武器與非法物質持有；校園中易滋生恐懼且應避免的空間與活動；校園紀律、安全與防禦措施。茲舉其指標 11 之呈現為例 [10]（表 10.5），其指標關注的是「學校中的霸凌」，其調查結果摘要顯示：在 2005 年調查約有 28%的12 至 18 歲學生表示，他／她們在過去的六個月中，曾在學校中遭受過霸凌。

本章基於前述國內外教育行政機關層級之品德教育相關統計指標探討，並在此基礎上參酌美國多類品德教育相關統計指標，且參考我國教育類性別統計指標等，將適度轉化為我國品德教育評鑑的量化統計指標，以供中央或地方層級教育行政主管機關加以運用。

---

10 http://nces.ed.gov/programs/crimeindicators/foreword.asp

表 10.5　美國學校犯罪與安全指標

Violent Deaths..

    1. Violent Deaths at School and Away From School...

Nofatal Student Victimization...

    2. Incidence of Victimization at School and Away From School ....

    3. Prevalence of Victimization at School..

    4. Threats and Injuries With Weapons on School Property ....

Threats and Attacks on Teachers ....

    5. Teachers Threatened With Injury or Attacked by Students ....

School Environment...

    6. Violent and Other Incidents at Public Schools and Those Reported to the
       Police ....

    7. Discipline Problems Reported by Public Schools ....

    8. Students' Reports of Gangs at School..

    9. Students' Reports of Drug Availability on School Property ....

  10. Students' Reports of Being Called Hate-Related Words and Seeing
       Hate-Related Graffiti ....

  11. Bullying at School..

Fights, Weapons, and Illegal Substances ....

  12. Physical Fights on School Property and Anywhere..

  13. Students Carrying Weapons on School Property and Anywhere............................

  14. Students' Use of Alcohol on School Property and Anywhere ....

  15. Students' Use of Marijuana on School Property and Anywhere............................

Fear and Avoidance...

  16. Students' Perceptions of Personal Safety at School and Away From School ......

  17. Students' Reports of Avoiding School Activities or Specific Places in School...

Discipline, Safety, and Security Measures..

  18. Serious Disciplinary Actions Taken by Public Schools..

  19. Safety and Security Measures Taken by Public Schools ....

  20. Students' Reports of Safety and Security Measures Observed at School ....

Indicator 11

BULLYING AT SCHOOL

（續上表）

In 2005, about 28 percent of 12- to 18-year-old students reported having been bullied at school during the last 6 months.

Both bullying and being bullied at school are associated with key violence-related behaviors, including carring weapons, fighting, and sustaining injuries from fighting (Nansel et al.2003). In the 2005 School Crime Supplement[18] to the National Crime Victimization Survey, students ages 12-18 were asked if they had been bullied at school during the previous 6 months.[19]

In 2005, about 28 percent of students reported having been bullied at school during the last 6 months (figure 11.1 and table 11.1). Nineteen percent of students said that they had experienced bullying that consisted of being made fun of; 15 percent reported being the subject of rumors; and 9 percent said that they were pushed, shoved, tripped, or spit on (figure 11.2 and table 11.1). Of those students who had been bullied, 79 percent said that they were bullied inside the school, and 28 percent said that they were bullied outside on school grounds (figure 11.2 and table 11.2). Of the students in 2005 who reported being bullied during the previous 6 months, 53 percent said that they had been bullied once or twice during that period, 25 percent had experienced bullying once or twice a month, 11 percent reported being bullied once or twice a week, and 8 percent said that they had been bullied almost daily (table 11.3).

White and Black students (30 and 29 percent) were more likely than Hispanic students to report being bullied in 2005 (22 percent; table 11.1). White students were also more likely than students of Other racial/ethnic groups to report being bullied (30 vs.25 percent), and to report that they were the subject of rumors than were Hispanic students and students of Other racial/ ethnic groups (16 vs.12 percent).

In general, grade level was inversely related to students' likelihood of being bullied: as grade level increased, students' likelihood of being bullied decreased (table 11.1). In 2005, about 37 percent of 6th-graders, 28 percent of 9th-graders, and 20 percent of 12th-graders reported that they had been bullied at school. Students in public schools were more likely to report bullying incidents than were their private school counterparts (29 vs 23 percent).

Of those students who reported bullying incidents that involved being pushed, shoved, tripped, or spit on (9 percent), 24 percent reported that they had sustained an injury[20] as a result (table 11.2). While no measurable differences were found by sex in students' likelihood of reporting a bullying incident in 2005, among students who reported being bullied, males were more likely than females to report being injured during such an incident (31 vs.18 percent).

This indicator has been updated with 2005 data

•••

For more information:

Tables 11.1, 11.2 & 11.3

DeVoe and Kaffenberger 2005

[18] In 2005, the unit response rate for this survey did not meet NCES statistical standards; therefore, interpret the data with caution. For more information, please see appendix A.
[19] In 2005, the questionnaire wording for the School Crime Supplement to the National Crime Victimization Survey was modified with regard to bullying. In the 1999, 2001, and 2003 surveys, students were simply asked whether they had been bullied in the previous 6 months, while the 2005 iteration posed a series of questions on bullying and provided respondents with more examples of bullying behavior. Bullying includes being made fun of; subject of rumors; threatened with harm; pushed, shoved, tripped, or spit on; pressured into doing things did not want to do; excluded; or property destroyed on purpose.
[20] Injury includes bruises or swelling; cuts, scratches, or scrapes; black eye or bloody nose; teeth chipped or knocked out; broken bones or internal injuries; knocked unconscious; or other injuries.

我國品德教育評鑑之嘗試建構

一、品德教育評鑑背景與規劃

(一) 評鑑背景與目的

　　基於我國當前品德教育的重要性與時代性，以及推動策略亟需以多元統整取代以往單一訓誡方式，且須建立永續發展的評鑑機制，以確保品德教育品質與作為推動的目標。因而，筆者接受教育部委託，於 2008 年完成「學校品德教育推動策略及評鑑指標研究」，其目的有四：一是研擬我國中小學品德教育創新推動策略，以利校園品德教育實施兼具效能與品質；二是建立我國中小學校園品德教育自我檢核指標（評鑑指標之一），以利學校自評與接受地方政府視導，並促進品德教育改善與精進；三是建立我國教育行政主管機關有關品德教育評鑑之統計指標（評鑑指標之二），作為全國或地方資料庫蒐集要項，並利政府、民眾與教育人士，瞭解我國品德教育實施狀況及其變化；四是建構品德教育推動策略與評鑑指標的運用要項，以提供學校與教育行政主管機關之參考。

　　本節所建構的對象係針對我國中小學階段的學校品德教育，之所以將重點置於中小學，並非否定大學甚而成人教育亦須品德教育的重要性，係因前後兩者的學生特性與學校性質均有所差異，故而在品德教育推動上亦會有所不同之處，因而乃先聚焦在較為基礎性的中小學階段。其次，推動策略包括各種人事時地物的配合，以達目標有效達成與成果品質提升。在教育場域中包括正式課程中教學方法、非正式課程中各種活動方案，以及與潛在課程中各種環境規劃與文化營造等。再者，評鑑指標可說是一個教育系統品質與功能的指示者，藉由其量化數據或質性描述的呈現，能作為分析重要教育資訊、瞭解教育狀況、導引教育發展，及顯示教育趨勢等功用，以作為學校自我評鑑與教育評鑑的規準與要項，並可發揮診斷、修正、比較、預測等功能。本章將其分為學校層級

品德教育自我檢核評鑑指標，以及全國或地方層級或謂教育行政主管機關層級的品德教育評鑑統計指標兩大類。

(二) 評鑑建構之規劃

　　本研究首先以國內外品德教育相關理論以及實徵研究之文獻等進行分析統整與轉化；繼之，於研究案建立雛形階段，邀請四位專家學者徵求諮詢以形成問卷架構與重要內涵；再者，邀請 30 位專家學者與中小學校長、主任、教師等，進行兩次德懷術問卷評定，並將其量化統計與質性建議予以彙整；繼而，針對統計與建議修改本案擬訂的草案後，再行召開兩次共計 25 人之專家學者與教育各界代表的焦點座談；最後，歷經多次增刪與修正後終得定稿。期以此多元歷程及其結果，除具體達成研究目的外，並能凸顯本章研究案所建構之我國中小學品德教育創新推動策略與評鑑指標，乃兼具國際與本土，以及專業與可行等特性。

二、品德教育評鑑建構結果

(一) 我國中小學品德教育創新推動策略及其參考做法

1. 目的：提供我國中小學品德教育創新推動策略，以利校園品德教育實施兼具效能與品質。
2. 特點與運用原則：
   (1) 本策略旨在提供我國中小學推動品德教育的方針與原則，其兼具學理基礎、國內外實徵經驗以及兼顧品德教育的多元面向，並能凸顯學校本位的精神，且強調品質與永續的重要。
   (2) 本策略列有依據品德教育十大推動面向之策略十項（圖 10.2）（各個面向是彼此影響與互相關聯），及其各項具體參考做法（表 10.6 至 10.7），但仍預留各校多元方式推動的彈性與創意，以期因應且能展現各校品德教育的需求及特色。

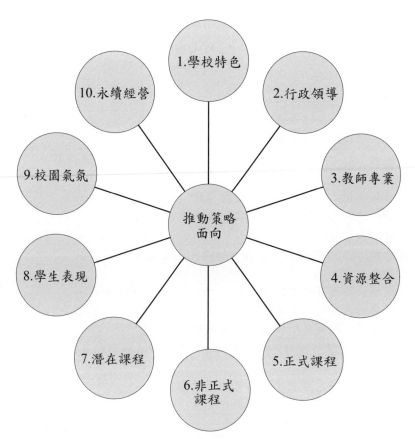

圖 10.2　品德教育創新推動策略十大面向

表 10.6　品德教育創新推動十大策略及參考做法（簡表）

• 學校特色：S1.建立具民主參與及學理基礎，且有學校多元特色的品德教育方案 • 參考做法： S1.1 組成校園品德教育推動小組 S1.2 民主參與方式選取倫理核心價值 S1.3 納入學校教育計畫加以多元實施
• 行政領導：S2.發揮校長與行政團隊的道德領導理念與具體行動 • 參考做法： S2.1 積極參與品德教育知能研習與進修 S2.2 將品德教育知能連結於學校行政領導 S2.3 發揮品德教育的多元功能
• 教師專業：S3.增進教師品德教育知能及其言教與身教功能 • 參考做法： S3.1 增進品德教育專業知能 S3.2 將品德教育視為教育職責 S3.3 成為學生楷模且形塑良好師生關係
• 資源整合：S4.統整校內外人力、物力與財力，有效推動品德教育 • 參考做法： S4.1 結合校內外人力並善盡品質把關職責 S4.2 統整校內外物力、財力與地方資源
品德融入各類課程 • 正式課程：S5.將品德教育有計畫且多元地納入各學科／領域教學之中 • 參考做法： S5.1 探討各科目如何與品德教育連結 S5.2 品德教育納入各類正式課程規劃與實施 S5.3 教師運用多元品德教育教學方法 • 非正式課程：S6.將品德教育具體彰顯於校園規章與各類活動之中 • 參考做法： S6.1 強化班級層次學生班會與公約 S6.2 強化學校層次之學生自治組織及其活動 S6.3 強化學生參與及代表的權利 S6.4 增加學生服務學習的機會

（續上表）

● 潛在課程：S7.將品德教育有系統地融入校園環境及親師生互動之中 ● 參考做法： 　S7.1 營造友善校園優質環境 　S7.2 發揮品德教育境教功效 　S7.3 彰顯民主參與及理性論辯的精神
● 學生表現：S8.以多元方式促進學生品德認知、情意與行動的提升 ● 參考做法： 　S8.1 促進學生品德認知與思辨能力 　S8.2 強化學生道德敏感度與同情心 　S8.3 增強學生道德意志與道德勇氣
● 校園氣氛：S9.積極營造具正義、關懷與自主自律等精神的校園文化 ● 參考做法： 　S9.1 營造兼顧公平差異及民主多元校園文化 　S9.2 營造誠懇認同及對話分享的校園文化 　S9.3 營造批判反省及自主自律的校園文化
● 永續經營：S10.建構學校反省與檢核機制，促進品德教育永續實施且提升效能 ● 參考做法： 　S10.1 品德教育推動小組檢核與反省 　S10.2 教師與行政人員進行行動研究 　S10.3 學生及其家長自我檢視及反思分享 　S10.4 理論與實務的交流與反思 　S10.5 學校經驗傳承並永續發展

表 10.7　品德教育十大推動策略及其參考做法（詳述）

推動策略	推動策略之參考做法
S1.建立具民主參與及學理基礎，且有學校多元特色的品德教育方案	• S1.1 組成校園品德教育推動小組：學校宜組成校園品德教育推動小組（可結合既有校內組織，或與其他學校共同組成），由校長主持，跨處室且納入教師、家長與學生代表，共同體檢本校品德教育實施現況與挑戰，並研商推動品德教育的方向、具體目標與成員角色。 • S1.2 民主參與方式選取倫理核心價值：學校宜每隔數年，透過全校親師生以民主參與方式，選取本校之倫理核心價值且訂定具體行為準則，並採取具有學理基礎或國內外實施成功經驗的品德教育推動重點與方式。 • S1.3 納入學校教育計畫加以多元實施：基於學校願景、親師生需求及教育政策等因素，學校宜彰顯品德教育的普遍性，並適度發揮學校實施的多元特色，且納入學校近中遠程教育計畫之中。
S2.發揮校長與行政團隊的道德領導理念與具體行動	• S2.1 積極參與品德教育知能研習與進修：校長與行政團隊宜積極參加或主動籌辦校內外具有學理基礎的品德教育知能研習與進修。 • S2.2 將品德教育知能連結於學校行政領導：校長與行政團隊宜將品德教育知能連結於學校行政領導中，關注校內外品德議題與原則，以溝通及對話和全校師生相處，並成為學校品德教育的主要推手與倡導者。 • S2.3 發揮品德教育的多元功能：校長與行政團隊在校園生活中宜積極發揮品德教育的境教、制教、言教與身教功能，期能以德服人。
S3.增進教師品德教育知能及其言教與身教功能	• S3.1 增進品德教育專業知能：教師宜積極參加校內外具有學理基礎的品德教育知能研習與進修，增進品德教育專業知能，且進行專業對話與分享，並可適度作為教師甄選和考評的參考。 • S3.2 將品德教育視為教育職責：教師宜將品德教育視為教育的職責，期以各種方式融入課程與教學活動中，且可研發品德教育教案或教材，並作為學生品德認知、情感與行動的引導者。

（續上表）

推動策略	推動策略之參考做法
	• S3.3 成為學生楷模且形塑良好師生關係：教師宜在校園生活與師生互動中成為學生的楷模，並以愛和尊重對待與鼓勵學生，且形塑良好的師生關係。
S4.統整校內外人力、物力與財力，有效推動品德教育	• S4.1 結合校內外人力並善盡品質把關職責：學校宜適度結合校內外人力，將家長、校友、志工、公益團體與社區人士視為夥伴，經培訓且經學校相關單位審核後，協助學校推動品德教育；學校並應善盡品質把關的職責，避免校外人力進入校園可能產生的負面影響，或是喧賓奪主取代學校教師專業的現象。 • S4.2 統整校內外物力、財力與地方資源：學校宜統整校內外物力、財力與地方資源，融合學校原有或新創相關計畫、課程與活動，以有效推動並深化品德教育。
S5.將品德教育有計畫且多元地納入各學科／領域教學之中	• S5.1 探討各科目如何與品德教育連結：各學科／領域教師宜藉教學相關組織，共同探討所任科目如何與品德教育連結，並從所任教科目之課程綱要與教科書中，探究該學科／領域可凸顯的道德價值與原則，或將學校倫理核心價值與品德教育推動重點融入課程中。 • S5.2 品德教育納入各類正式課程規劃與實施：學校宜運用彈性時數或某些學科／領域時間，針對品德教育進行有系統且完整的課程規劃與實施。 • S5.3 教師運用多元品德教育教學方法：各學科／領域教師宜運用各種教學方法（如閱讀、寫作、討論、辯論、道德兩難、道德議題、合作學習、問題解決、體驗活動等），促進學生品德的認知、情感與行動，但亦須時時留意學生的品德表現，以進行隨機教育。
S6.將品德教育具體彰顯於校園規章與各類活動之中	• S6.1 強化班級層次之學生班會與公約：教師宜運用班會等自治活動，透過班規制定與多元型態的班會活動，使學生學習如何做決定與負責任，以及促進良性互動與彼此關懷，並進而建立民主教室環境，使得學生由遵守外在規則，轉化為發展成內在動機

（續上表）

推動策略	推動策略之參考做法
	與潛能，並對學校倫理核心價值或品德教育推動重點有所認同及承諾。（班級層次） • S6.2 強化學校層次之學生自治組織及其活動：學校宜設立年級或全校學生自治組織，訂立定期聚會時間，可共同討論或檢討學校校規與重要措施，並進一步對學校提出具體建議；其參與者包括學生自治代表與品德教育推動小組成員。（全年級／全校層次） • S6.3 強化學生參與及代表的權利：學校校務會議出列席成員宜適度納入較高年級學生自治組織代表，使得學生的意見及建議得以表達，有關申訴與獎懲等重要措施，亦宜有學生代表參與。學生代表須於會前針對某些議題凝聚學生共識，會後確實傳達相關訊息與結論。（全年級／全校層次） • S6.4 增加學生服務學習的機會：學校宜設立服務性社團，或提供各種適宜學生參與的校內外服務學習機會，使學生藉由利社會知能培養、詳實規劃與實際體驗，以及實踐後反思與分享等歷程，增進其品德的知能和行動，並培養協助與關懷他人的意願與能力。（班級／全年級／全校／社區層次）
S7.將品德教育有系統地融入校園環境及親師生互動之中	• S7.1 營造友善校園優質環境：學校宜精心規劃與營造班級／校園的優質環境，彰顯關懷弱勢（例如關懷身心障礙者）、不存偏見（例如不存性別歧視）、有空間美感、良性互動與生命力展現等品德教育精神。 • S7.2 發揮品德教育境教功效：班級／校園環境的布置宜納入師生的討論與意見，甚而提供參與布置的機會，使其對於該環境產生認同與社群感，並達到潛移默化的品德教育境教功效。 • S7.3 彰顯民主參與及理性論辯的精神：學校宜營造班級／校園中親師生良好互動與和諧溝通的相輔相成關係，建立表達意見的暢通管道，彰顯民主參與及理性論辯的品德教育精神。民主參與及理性論辯的品德教育精神。

（續上表）

推動策略	推動策略之參考做法
S8.以多元方式促進學生品德認知、情意與行動的提升	• S8.1 促進學生品德認知與思辨能力：學校宜藉由閱讀、思考、辯論、反思等課程與活動，促進學生品德認知與思辨能力，使學生依其年齡與道德發展，瞭解倫理核心價值具體內涵與重要性，並對道德論證與思辨的邏輯有所瞭解，且能進一步針對道德議題進行分析、討論與批判。（認知層面） • S8.2 強化學生道德敏感度與同情心：學校宜藉由戲劇賞析、角色扮演、經驗分享等課程與活動，促進學生品德的情意面向，使學生依其年齡與道德發展，強化道德敏感度與同情心，並發展其認同感與責任心，進而懂得欣賞倫理核心價值，且自主自願地承諾履行。（情意層面） • S8.3 增強學生道德意志與道德勇氣：學校宜藉由實地參觀與體驗活動等經驗學習方式，促進學生的品德行為，使學生依其年齡與道德發展，在品德的認知、情感與行動三方面產生一致，並藉由道德參與技能、道德意志與道德勇氣的增強，逐步形塑成良好的品德素養。（行動層面）
S9.積極營造具正義、關懷與自主自律等精神的校園文化	• S9.1 營造兼顧公平差異及民主多元校園文化：學校宜透過制度建立、課程發展與氣氛營造等多元途徑，使親師生共享彼此尊重、講求公平、注重差異，及民主多元的校園文化。（正義精神） • S9.2 營造誠懇認同及對話分享的校園文化：學校宜透過制度建立、課程發展與氣氛營造等多元途徑，使親師生共享具有彼此肯定、誠懇相待、對話分享，及認同學校等校園文化。（關懷精神） • S9.3 營造批判反省及自主自律的校園文化：學校宜透過制度建立、課程發展與氣氛營造等多元途徑，形塑全校親師生共享積極參與、溝通論辯、共訂規則、自我規範，及形塑具批判反省之校園文化。（自主自律精神）
S10.建構學校反省與檢核機制，促進品德教育永續實施且提升效能	• S10.1 品德教育推動小組檢核與反省：學校宜藉由校園品德教育推動小組，定期召開會議以瞭解品德校園實施品質與歷程，並廣徵校園成員對品德教育

（續上表）

推動策略	推動策略之參考做法
	之看法與意見，加以研商與修正推動策略與方式；此外每學期／學年結束之際，亦可嘗試藉由質性或量化方式進行學校品德教育的自我檢核與具體反省。 • S10.2 教師與行政人員進行行動研究：學校宜鼓勵教師與行政人員進行個別或群體的行動研究，以深入瞭解品德教育在各學科／領域／行政推動情況，及其在校園實施的可行性、困境、限制與有待協助之處。 • S10.3 學生及其家長自我檢視及反思分享：學校宜鼓勵學生及其家長積極參與校內外各類品德教育課程與活動，並針對參與歷程與結果彙集相關紀錄，以進行自我檢視及與他人分享。 • S10.4 理論與實務的交流與反思：學校宜結合大學校園品德教育相關領域學者與研究，進行理論與實務的交流與反思，以深化校園品德教育的推動。 • S10.5 學校經驗傳承並永續發展：學校宜將品德教育推動視為教育目標與本質，每年納入學校教育計畫中，以多元策略與方法，以求永續發展；另可將品德教育推動歷程、結果及其成效與反省，製作書面或數位資料檔、資料庫或網站資料，以供學校經驗傳承並進而與他校交流。

(二) 我國中小學品德教育評鑑指標及其自我檢核項目

1. 目的：建立我國中小學學校層級之品德教育自我檢核指標（評鑑指標之一），以利學校自評與接受地方政府視導，並促進品德教育改善與精進。

2. 特點與運用原則：

   (1) 本評鑑指標旨在提供與協助中小學校，於推動品德教育之際的自我檢核層面與具體項目，作為各校促進與提升品德教育實踐的參考依據。

   (2) 本評鑑指標共計十大項（表 10.8），其對應的學校自我檢核項目共有 27 項（表 10.9），各校可將項目增修或拆解，製作為「符合度」量

表 10.8　品德教育十大推動策略與十大評鑑指標

- 學校特色：
  S1.建立具民主參與及學理基礎，且有學校多元特色的品德教育方案
  E1 建構品德校園目標與計畫方案

- 行政領導：
  S2.發揮校長與行政團隊的道德領導理念與具體行動
  E2 發揮學校行政的道德領導

- 教師專業：
  S3.增進教師品德教育知能及其言教與身教功能
  E3 發展教師之品德教育專業角色與知能

- 資源整合：
  S4.統整校內外人力、物力與財力，有效推動品德教育
  E4 整合校內外品德教育相關資源

品德融入各類課程

- 正式課程：
  S5.將品德教育有計畫且多元地納入各學科／領域教學之中
  E5 品德教育納入正式課程

- 非正式課程：
  S6.將品德教育具體彰顯於校園規章與各類活動之中
  E6 品德教育納入校園規章與活動中

- 潛在課程：
  S7.將品德教有系統地融入校園環境及親師生互動之中
  E7 品德教育納入校園設施與環境

- 學生表現：
  S8.以多元方式促進學生品德認知、情意與行動的提升
  E8 提升學生品德表現

- 校園氣氛：
  S9.積極營造具正義、關懷與自主自律等精神的校園文化
  E9 營造校園整體之道德氣氛

- 永續經營：
  S10.建構學校反省與檢核機制，促進品德教育永續實施且提升效能
  E10 促進品德教育之永續發展

※ S 為策略，E 為指標。

表，分別請學校行政人員、教師、學生、家長或外部人員針對學校品德教育進行評定，並分別輔以文字描述與資料佐證其要點。

(3) 學校每年可依本評鑑指標與自我檢核項目加以反省檢視，就學校內部而言可作為逐年比較的參考，另則可在學校校務評鑑時作為凸顯品德教育的具體依據。

(4) 就教育行政主管機關而言，可作為鼓勵與獎勵學校推動品德教育的參考，切勿流於形式化填報資料，亦避免作為標準化的統一要求。

表 10.9　品德教育評鑑指標與自我檢核參考項目

評鑑指標	自我檢核參考項目
學校特色 E1 建構品德校園目標與計畫方案	• C1.學校藉由民主參與方式，訂定品德教育的推動目標，並針對全校親師生廣為宣導。 • C2.學校所推動的品德教育，參考國內外學理基礎或是他校實施成功經驗。 • C3.學校所推動的品德教育，具有校園特色且能彰顯親師生的需求、願景與社會的期望。 • C4.學校推動品德教育列有完備實施規劃與具體可行執行步驟。
行政領導 E2 發揮學校行政的道德領導	• C5.校長在學校中發揮道德領導知能，關注校內外品德議題與原則，積極倡導品德教育，且以德服人。 • C6.學校行政團隊發揮道德領導與協同合作的精神，並以溝通及對話的和諧理性方式，和全校親師生相處。 • C7.校長與行政團隊積極參與校內外具有學理基礎的品德教育相關研習與進修。 • C8.校長與行政團隊規劃與推動本校或跨校性質的品德教育研習與進修活動。
教師專業 E3 發展教師之品德教育專業角色與知能	• C9.教師藉由各種管道的研習與進修機會，提升品德教育專業知能，且與其他教師進行專業對話與分享。 • C10.教師將品德教育以各種方式融入課程與教學活動中，或研發品德教育教案或教材，並作為學生品德認知、情感與行動的引導者。

（續上表）

評鑑指標	自我檢核參考項目
	• C11.教師在校園生活與師生互動中成為學生的楷模，並以愛和尊重對待學生與鼓勵學生，形成良好的師生關係。 • C12.學校進行教師甄選或考評時，會考量其品德表現及其品德教育專業知能。
資源整合 E4 整合校內外品德教育相關資源	• C13.學校結合校內外人力，並將家長、校友、志工、公益團體與社區人士視為夥伴，經研習培訓或經學校相關單位審核後，與教師共同推動有品質的品德教育。 • C14.學校統整校內外物力、財力與地方資源，融合學校原有或新創相關計畫、課程與活動，以推動品德教育。
品德融入各類課程 正式課程 E5 品德教育納入正式課程 非正式課程 E6 品德教育納入校園規章與活動中 潛在課程 E7 品德教育納入校園設施與環境	• C15.學校將品德教育有計畫且明確納入正式課程之中，並進行品德教育教學與引導。 • C16.學校以多元創新方式將品德教育納入學校非正式課程、規章、活動之中。 • C17.學校教師與行政人員有計畫地將校園設施與環境營造為有利品德教育之推動，並時時留意學生的品德表現，並掌握時機進行品德教育。 ※學校可自 E5、E6、E7 三項指標中有所選擇或逐步統整實施，因而自我評估項目 C15 至 C17 三者，可由學校自行增刪，以適應與彰顯各校的可能差異及其多元性。
學生表現 E8 提升學生品德表現	• C18.學生在品德認知能力，例如理解、分析、思辨與批判等有所提升。 • C19.學生在品德情意面向，例如同情、認同、欣賞與承諾等有所強化。 • C20.學生在品德的正向行為表現有所增多且負向行為有所減少，並能表現自我統整與知行合一。 ※此處 C18 至 C20 僅著重評定者之整體感受與知覺；各校亦可提供相關具體資料以為佐證。

（續上表）

評鑑指標	自我檢核參考項目
校園氣氛 E9 營造校園整體之道德氣氛	• C21.學校親師生共享彼此尊重、講求公平、注重差異，以及民主多元的校園文化。 • C22.學校親師生共享具有彼此肯定、誠懇相待、對話分享，及認同學校等校園文化。 • C23.學校親師生共享積極參與、溝通論辯、共訂規則、自我規範，及形塑具批判反省之校園文化。
永續經營 E10促進品德教育永續發展	• C24.學校對於品德教育實施歷程，設有定期自我反省與檢核機制，且納入親師生的意見與感受，並隨時修正與調整品德教育的推動。 • C25.學校將品德教育推動歷程、結果及其成效與反省，製作為各類型資料檔案並善加運用。 • C26.教師、學生或其家長將所參與校內外各類品德教育課程與活動，針對參與歷程與結果彙集相關紀錄，進行自我檢視及與他人分享。 • C27.學校結合大學校園或研究機構之品德教育相關領域學者與研究，或擷取他校實施成功經驗，進行理論與實務的交流與反思，以深化校園品德教育的推動。

(三) 我國中小學品德教育評鑑統計指標

1. 目的：建立我國教育行政機關有關品德教育評鑑之統計指標（評鑑指標之二），作為全國或地方資料庫蒐集要項，並利政府、民眾與教育人士，瞭解我國品德教育實施狀況及其變化的客觀資訊。

2. 特點與運用原則：

   (1) 本統計指標乃期建立全國或地方層級的品德教育統計資料庫，希望藉由指標的建立與日後長期的資料蒐集，建立評估與研究我國整體品德教育變化以及與國際比較的具體客觀依據。

   (2) 本統計指標列有四項，並分別列有界定與資料蒐集管道（表10.10）。原則上可透過教育部統計處、各縣市教育局以及現有的「台灣教育長期追蹤資料庫」等資料蒐集管道與方式取得，每年定期由學

表 10.10　品德教育評鑑統計指標及其界定與資料蒐集管道

全國或地方教育行政層級品德教育評鑑統計指標	統計指標界定	資料蒐集管道
G1.品德教育之知能培訓	• G1.1 中央與地方主管教育行政機關，舉辦或委辦有關中小學校長與主任道德領導知能，以及各學科／領域教師品德教學知能的培訓內容、次數、參與人次及成效評估。 • G1.2 師資培育機構為師資生開設品德教育相關課程的名稱、學分數、開課頻率、開課班數、選修人數及其比率，以及成效評估。	中央與地方主管教育行政機關，以及師資培育機構定期蒐集資料與彙整。
G2.品德教育之經費支出	• G2.1 中央主管教育行政機關，支出中小學有關品德教育經費之項目與所占其中小學教育總經費比率。 • G2.2 地方主管教育行政機關，支出與獲補助中小學有關品德教育經費之項目及所占其中小學教育總經費比率。	中央與地方主管教育行政機關定期蒐集資料與彙整，並可與美國或他國既有統計資料比較，但須留意正確理解數字及其適切文化脈絡的解讀詮釋。
G3.校園道德氣氛之感受	• G3.1 中小學學生對其校園道德氣氛的感受。 • G3.2 中小學教師對其校園道德氣氛的感受。 • G3.3 中小學校長及行政人員對其校園道德氣氛的感受。 • G3.4 中小學家長與社區對其校園道德氣氛的感受。	• 依據不同對象編製各類量表或若干要項題目，針對中小學定期抽樣調查，並可與美國或他國既有統計資料比較，但須留意正確理解數字及其適切文化脈絡的解讀詮釋。 • 有關中學生對於校園道德氣氛感受可取自台灣教育長期追蹤資料庫相關資料。

（續上表）

全國或地方教育行政層級品德教育評鑑統計指標	統計指標界定	資料蒐集管道
G4.學生之利社會行為表現	• G4.1 中小學學生參與校內志願服務項目、時數與人次。 • G4.2 中小學學生參與校外志願服務項目、時數與人次。 • G4.3 中小學學生在校內外具有品德優良事蹟之項目與人次。	• 編製問卷定期普查中小學並資料彙整，並可與美國或他國既有統計資料比較，但須留意正確理解數字及其適切文化脈絡的解讀詮釋。 • 蒐集左列資料之際，須重視實質成效勿流於表面虛應，尤應提醒學校與學生注意各種人身安全，對於國中小學生的利社會行為表現的性質與場所，宜有合理規範與限制。

　　者專家加以分析與研究，且可進一步發表與出版。

(3) 本章研究案之品德教育統計指標因目前尚未建立型模，以致教育各界疑慮甚多，待日後雛形建立後，可酌予增加指標數量。

第三節　品德教育評鑑之展望

　　品德教育評鑑並非易事亦無法追求速效，係必須長期發展的教育重要課題。因而，本節乃針對三方面提出長期規劃與建議，作為形塑我國品德校園的共同努力願景與方向。

一、對中小學的建議

(一) 中小學宜掌握品德教育創新推動策略精髓

1. 學校推動品德教育須立基學理基礎,且重民主參與歷程。
2. 學校宜強化校長道德領導,以及行政人員與教師之品德教育知能。
3. 學校宜統整校內外資源以推動品德教育,且須善盡品質把關職責。
4. 學校推動品德教育宜有系統且有計畫地運用各類課程以達其目的。
5. 學校推動品德教育宜運用多元策略,且兼顧學生知情意行各面向。
6. 學校推動品德教育的目的在營造正義、關懷與自主自律的校園文化。
7. 學校對於品德教育的推動宜有檢討反省機制,且須有永續經營決心。

(二) 中小學宜發展學校本位且具創意的品德教育重點與特色

1. 學校宜針對品德教育推動各方條件與資源,進行自我檢討與規劃。
2. 學校宜在學校既有優良基礎上發展自我學校特色。
3. 學校宜鼓勵行政人員與教師,積極研發品德教育各類課程與活動。
4. 學校宜將品德教育推動的歷程與結果加以記錄、反思與分享。

(三) 中小學宜將品德教育評鑑指標視為自我體檢與精進的激勵

1. 學校宜將品德教育自我檢核評鑑指標,視為反省與檢討的最佳機制。
2. 學校宜妥善運用評鑑指標中之自我檢核項目,加以確實反省與精進。
3. 學校可運用自我檢核之歷程與結果,以形塑學校品德教育的特色。
4. 學校宜建立全校親師生以正面積極觀點,善用品德教育評鑑功能。

二、對教育行政主管機關的建議

(一) 督導與鼓勵中小學推動與評鑑品德教育

1. 可將品德教育創新推動策略編列成冊或置網頁,鼓勵中小學推廣。

2. 可將學校自我檢核評鑑指標編列成冊或置網頁，鼓勵中小學試辦。

3. 督導與鼓勵中小學執行品德教育創新推動策略。

4. 督導與鼓勵中小學運用檢核項目，執行品德教育自我評鑑。

5. 獎勵中小學推動具有理念且具特色的品德校園。

6. 鼓勵品德教育績優中小學記錄保存，並持續發展且與他校經驗交流。

7. 鼓勵中小學將品德教育納入教育與校務重要環節，並加以長期推動。

(二) 增強教育行政主管機關本身對於品德教育之關注

1. 加強舉辦中小學校長、行政人員與教師之品德教育知能培訓。

2. 舉辦校長職前或在職之長期品德教育知能培訓，以發揮道德領導的精神。

3. 協調師資培育機構，針對師資培育課程將品德教育列為必修。

4. 每年針對品德教育投注推動與研究相關經費以及具體年度規劃。

5. 每年定期委託學者進行品德教育評鑑指標之現況調查與分析研究。

6. 針對大學階段進行品德教育推動策略與評鑑指標之研究，以建構完整的教育指標系統。

三、對後續研究的建議

(一) 針對中小學品德教育推動創新策略之持續研究

1. 關注國際發展趨勢與我國實徵經驗，以使品德教育推動策略不斷更新，並兼具國際與本土的學理與實踐基礎。

2. 針對中小學品德教育推動創新策略及其參考做法，經持續推動後逐步累積相關實例，再加以檢證與修正，或可進而執行個案研究以凸顯各校特色。

(二) 針對中小學品德教育自我檢核評鑑指標之持續研究

1. 關注國際發展趨勢與我國實徵經驗，以使品德教育自我檢核評鑑指標不

斷更新，並兼具國際與本土的學理與實踐基礎。

2. 針對中小學品德教育自我檢核評鑑指標及其參考項目，經持續推動後逐步累積相關實例，再加以檢證與修正，或可形成具信效度之量表供學校選擇使用。

(三) 針對中小學品德教育統計評鑑指標之持續研究

1. 關注國際發展趨勢與我國實徵經驗，以使品德教育統計評鑑指標不斷更新或酌增，並兼具國際與本土的學理與實踐基礎。

2. 針對中小學品德教育統計評鑑指標，經持續推動後逐步累積相關統計資料，可加以檢證與修正指標項目，亦可進一步對於統計資料加以分析詮釋與運用，以促進我國品德教育成效的提升。

　　總之，道德／品德教育（或其他類似名稱）在人類古今時空中從未缺席，而今我們共享的脈絡是一個紛繁複雜且優劣好壞兼具的異質社會，因而當代教育不可或缺的課題，乃須在道德範疇的禁絕、容忍或讚揚間，加以釐清、判斷、選擇與行動，以彰顯其自由自律精神。筆者處在我國由解嚴後逐步轉型的開放多元環境，基於道德教育理論與實踐之志趣，又值「教育部品德教育促進方案」（2004 至 2008 年為第一期，2009 至 2013 年為第二期）第二期展開，以及第八次全國教育會議[11] 於 2010 年 8 月甫召開之後，希藉本書針對我國近年道德教育推動與研究，進行階段性的反思，並能提出接續的前瞻方向以供各界參考。最後，謹藉本書結語提出道德／品德教育十大建言，或可供志同道合者酌參（李琪明，2009）：

1. 品德教育理念宜奠基民主與多元，以體現自由正義與關懷精神。

11　第八次全國教育會議於 2010 年 8 月 28 至 29 日召開，大會列有十個中心議題，其中第一個中心議題為「現代公民素養培育」，子議題 1 為生命與品德教育。筆者同時擔任大會議題形塑小組成員之一，以及中心議題一的研析召集人，且兼任子議題 1「生命與品德教育」負責人。全國教育會議的決議，期作為未來教育政策的重要發展依據。

2. 品德教育目標宜建立思辨溝通與批判，藉以彰顯積極公民資質。

3. 品德教育內容宜兼顧公私領域，並促進認知情感與行動之一致。

4. 品德教育方法宜採科際整合方式，以充分發揮效能美感與創意。

5. 品德教育評鑑宜質量方式與歷程結果兼重，以促進品質卓越化。

6. 品德教育實施宜全方位各類課程統整，得以形塑優質校園文化。

7. 品德教育師資宜於職前與在職階段，以培育其專業認同與知能。

8. 品德教育夥伴宜於校園內外適切定位，以發揮輔助與合作功能。

9. 品德教育研究宜深耕本土接軌國際，以提供理論實踐活水泉源。

10. 品德教育政策宜設立明確願景與積極推動步驟，以達永續經營。

參考文獻

中文部分

方志華（2000）。諾丁關懷倫理學之理論發展與教育實踐。國立台灣師範大學教育研究所博士論文，未出版，台北市。

方能御（譯）（1993）。M. Brabeck 著。道德導向：對於男人和女人的另一種看法。載於 G. F. McLean & R. T. Knowles（主編），道德發展心理學（Psychological foundation of moral education and character development: An integrated theory of moral development）（頁 77-109）。台北市：台灣商務印書館。

但昭偉（2004）。最低限度的道德要求。教育資料與研究，61，2-6。

李奉儒（2004）。九年一貫課程中實施道德教育的困境與突破。學生輔導季刊，92，38-55。

李奉儒（2005）。尊重與關懷作為學校品格教育的核心。國教天地，1月號，20-29。

李琪明（1999a）。學校總體營造——新時代校園倫理之願景。人文及社會學科教學通訊，10（20），55-66。

李琪明（1999b）。我國國民中小學學校層次德育課程評鑑指標之建構。公民訓育學報，8，197-230。

李琪明（2003）。德行取向之品德教育理論與實踐。哲學與文化，30（8），153-174。

李琪明（2009）。台灣品德教育之反思與前瞻。學生輔導季刊，107，3-20。

林火旺（1999）。倫理學。台北市：五南。

林火旺（2006）。道德——幸福的必要條件。台北市：寶瓶。

林清江（1999）。與教師在一起進行教育改革（87年度中華民國教育學術團體聯合年會演講詞）。**教育資料文摘，43**（1），3-6。

俞筱鈞等（譯）（1993）。L. Kuhmerker 等著。**道德發展──柯爾堡的薪傳**（The Kohlberg legacy for the helping professions）。台北市：洪葉。

張福建（1997）。多元主義與合理的政治秩序──羅爾斯政治自由主義評釋。**政治科學論叢，8**，111-132。

張鳳燕（1995a）。教師道德推理測驗之發展。**教育與心理研究，18**，103-138。

張鳳燕（1995b）。國小教師的教學道德推理能力與自我實現之關係研究。載於**「84 學年度師範學院教育學術論文發表會」論文集**（第一輯）（頁181-214），屏東市：國立屏東教育大學。

單文經（譯）（1986）。L. Kohlberg 著。**道德發展的哲學**（The philosophy of moral development）。台北市：黎明。

單文經、汪履維（編譯）（1988）。R. H. Hersh 等著。**道德發展與教學**。台北市：五南。

溫明麗（2008）。**教育哲學──本土教育哲學的建構**。台北市：三民。

葉光輝（譯）（1993）。U. Gielen 著。柯爾堡的道德發展理論。載於 L. Kuhmerker 等著，俞筱鈞等（譯），**道德發展──柯爾堡的薪傳**（The Kohlberg legacy for the helping professions）（頁17-48）。台北市：洪葉。

盧政吉（2001）。**國小教師專業道德推理自我強度與專業道德行為關係之研究**。國立屏東師範學院教育心理與輔導研究所碩士論文，未出版，屏東市。

蕭巍（1999）。**女性主義關懷倫理學**。北京市：北京出版社。

簡成熙（2000）。正義倫理與關懷倫理的論辯：女性倫理學的積極意義。**教育資料集刊，25**，185-211。

簡成熙（2004）。「缺德」的道德教育如何實施？**教育研究月刊，121**，94-109。

簡成熙、侯雅齡（1997）。關懷倫理學與教育──姬莉根與諾丁思想初探。**屏東師院學報，10**，132-162。

羅耀宗等（譯）（2004）。F.-J. Richter & C. M. Mar著。企業全面品德管理——看見亞洲新利基（Asia's new crisis: Renewal through total ethical management）。台北市：天下文化。

蘇永明（1997）。郭爾堡的道德認知發展論評析。載於簡成熙（主編），**哲學和教育**（頁 175-196）。高雄市：復文。

蘇建文（譯）（1993）。L. Kuhmerker 著。學校道德文化的評鑑。載於 L. Kuhmerker 等著，俞筱鈞等（譯），**道德發展——柯爾堡的薪傳**（The Kohlberg legacy for the helping professions）（頁 225-238）。台北市：洪葉。

英文部分

Althof, W. (1990). *Teachers' moral judgment, professional responsibility and decision making in interpersonal conflicts.* Paper presented at a symposium on Research Effective and Responsible Teaching, Fribourg.

Bailey, D. A. (1985). *The relationship between stages of moral judgment and elementary classroom teachers' perceptions of disturbing students.* Ph. D. dissertation of University of Missouri-Columbia, MO.

Berkowitz, W., & Bier, M. (2004). *What works in character education: A research-driven guide for educators.* Technical report funded by a grant from the John Templeton Foundation to the Character Education Partnership.

Brown, R. D. (1985). Creating an ethical community. In H. J. Canon & R. D. Brown (Eds.), *Appliet ethics in student services* (pp. 67-81). San Francisco, CA: Jossey-Bass.

Campbell, E. (1997). Connecting the ethics of teaching and moral education. *Journal of Teacher Education, 48*(4), 255-263.

Conroy, B. J. C. (1986). *Teachers' moral reasoning and their attitudes and behaviors regarding discipline.* Ed. D. of the University of Tulsa, OK.

David, W. R. (1993). *Graduating student teachers' attitudes and perceptions relating to moral education*. Ed. D. dissertation of Boston University, Boston, MA.

DeVries, R., & Zan, B. (1994). *Moral classrooms, moral children: Creating a constructivist atmosphere in early education*. New York: Teachers College Press.

Diesser, R. (1991). *Teacher education for democratic classrooms:Moral reasoning and ideology critique*. Paper presented at the 16th annual meeting of the Association for Moral Education, Athens, GA.

Donovan, A. (1995). *The philosophy of moral education and the cultivation of virtue: An inquiry into teachers' perceptions of themselves as moral educators*. Ed. D. dissertation of the University of San Francisco, CA.

Durkheim, E. (1925). *Moral education: A study in the theory and application of the sociology of education*. In E. K. Wilson (Trans.), New York: The Free Press. (Original work published 1961)

Freiberg, H. J. (Ed.) (1999). *School climate: Measuring, improving and sustaining healthy learning environments*. London, Philadelphia: Falmer Press.

Gilligan, C. (1982). *In a different voice: Psychological theory and women's development*. MA: Harvard University Press.

Gilligan, C. (1985). In a different voice: Women's conceptions of self and of morality. In R. Lee & A. Phillips (Eds.), *Women's experience and education* (pp. 187-223). MA: Harvard Educational Review.

Goodlad, J. I. (1992). The moral dimensions of schooling and teacher education. *Journal of Moral Education, 21*(2), 87-97.

Greenhalgh, D. C. (1990). *Investigating moral atmosphere of schools*. Unpublished doctoral dissertation, Boston University, Boston, MA.

Held, V. (Ed.) (1995). *Justice and care: Essential readings in feminist ethics*. CO: Westview.

Held, V. (1998). Feminist transformation of moral theory. In. S. M. Cahn & P. Markie (Eds), *Ethics: History, theory and contempory issues* (pp. 682-698). London: Oxford University Press.

Higgins, A. (1995). Educating for justice and community: Lawrence Kohlberg's vision of moral education. In W. M. Kurtines & J. L. Gewirtz (Eds.), *Moral development: An introduction* (pp. 49-81). MA: Allyn & Bacon.

Hilton, J. B. (1989). *Teachers' moral reasoning and students' perception of teacher affect*. Ph. D. dissertation of University of South Carolina, SC.

Hinman, L. M. (2008). *Ethics: A pluralistic approach to moral education* (4th edition). FL: Harcourt Brace Jovanovich.

Host, K., Brugman, D., Tavecchio, L., & Beem, L. (1998). Students' perception of the moral atmosphere in secondary school and the relationship between moral competence and moral atmosphere. *Journal of Moral Education, 27*(1), 47-69.

Jackson, P. W., Boostrom, R. E., & Hansen, D. T. (1993). *The moral life of schools*. CA: Jossey-Bass.

Kohlberg, L. (1981). *The philosophy of moral development*. CA: Harper & Row.

Kohlberg, L. (1983). The moral atmosphere of the school. In H. Giroux & D. Purpel (Eds.), *The hidden curriculum and moral education* (pp. 61-81). CA: McCutchan.

Kohlberg, L. (1984). *The psychology of moral development: The nature and validity of moral stages*. CA: Harper & Row.

Kohlberg, L. (1986). A current state on some theoretical issues. In S. Modgil & C. Modgil (Eds.), *Lawrence Kohlberg: Consensus and controversy* (pp. 485-546). Philadelphia, PA: Falmer.

Kurtines, W. M., & Gewirtz, J. L. (Eds.). (1987). *Moral development through social interaction*. New York: John Wiley & Sons.

Lanckton, A. K. (1992). *How seventh and eighth-grade teachers perceive their roles as moral educators*. Ed. D. dissertation of Boston University, Boston, MA.

Leming, J. (2008). Research and practice in moral and character education: Loosely coupled phenomena. In L. P. Nucci & D. Narvaez (Eds.), *Handbook of moral and character education* (pp.134-157). New York: Routledge.

Lickona, T. (1991). *Educating for character: How our schools can teach respect and responsibility*. New York: Bantam.

Lind, G., Hartmann, H. A., & Wakenhut, R. (Eds.). (2000). *Moral development and the social environment: Studies in the philosophy and psychology of moral judgment and education*. Chicago, IL: Precedent.

Lukes, S. (1973). *Emile Durkheim, his life and work: A historical and critical study*. New York: Penguin.

McClellan, B. E. (1999). *Moral education in America: Schools and the shaping of character from colonial times to the present*. New York: Teachers College Press.

Narvaez, D. (2006). Integrative ethical education. In M. Killen & J. Smetana (Eds.), *Handbook of moral development* (pp. 703-732). NJ: Lawrence Erlbaum Associates.

Noddings, N. (1984). *Caring, a feminine approach to ethics & moral education*. CA: University of California Press.

Nucci, L. (Ed.) (1989). *Moral development and character education: A dialogue*. CA: McCutchan.

Owens, R. C. (1992). *Teacher perceptions concerning their roles and the efficacy of moral education in public elementary schools*. Ph. D. dissertation of Iowa State University, IA.

Peterson, R., & Skiba, R. (2001). Creating school climates that prevent school violence. *Social Studies, 92*(4), 167-175.

Pojman, L. P. (1990). *Ethics: Discovering right and wrong*. CA: A Division of Wadsworth.

Power, C. (1981). Moral education through the development of the moral atmosphere of the school. *Journal of Educational Thought, 15*(1), 4-19.

Power, C. (1988). The just community approach to moral education. *Journal of Moral Education, 17*(3), 195-208.

Power, C., & Higgins, A. (2008). The just community approach to moral education.

In L. Nuccy & D. Narvaez (Eds.), *Handbook of moral and character education* (pp. 230-247). New York: Routledge.

Power, C., & Makogon, T. (1995). The just community approach to care. *Journal for a Just and Caring Education, 2,* 9-24.

Power, C., & Reimer, J. (1978). Moral atmosphere: An educational bridge between moral judgment and action. In W. Damon (Ed.), *Moral development: New directions for child development* (pp. 104-116). CA: Jossey-Bass.

Power, C., Higgins, A., & Kohlberg, L. (1989). Assessing the moral culture of schools. In C. Power, A. Higgins, & L. Kohlberg (Eds.), *Lawrence Kohlberg's approach to moral education* (pp. 99-145). New York: Columbia University Press.

Power, J. P. (1992). *Student and teacher perceptions of moral education at boarding schools.* MA: Boston University.

Proctor, D. L., & Davis, J. K. (1975). *Perception of the high school environment as related to moral reasoning.* Paper presented at the annual meeting of the 83rd American Psychological Association, Chicago, IL.

Raths, L. E., Harmin, M., & Simon, S. B. (1978). V*alues and teaching: Working with values in the classroom.* Columbus, OH: C. E. Merrill.

Rawls, J. (1971). *A theory of justice.* MA: Harvard University Press.

Reimer, J. (1989). A week in the life of cluster. In C. Power, A. Higgins, & L. Kohlberg (Eds.), *Lawrence Kohlberg's approach to moral education* (pp. 63-98). New York: Columbia University Press.

Rest, J., Narvaez, D., Bebeau, M., & Thoma, S. (1999). *Postconventional moral thinking: A Neo-Kohlbergian approach.* NJ: Lawrence Erlbaum Associates.

Rodger, A. (1997). Developing moral community in a pluralist setting. *International Schools Journal, 17*(1), 32-43.

Roy, S. B. (1997). *The moral atmosphere of the elementary school and the question of gender principals.* Ph. D. dissertation of the Louisiana State University, LA.

Ryan, K. (1988). Teacher education and moral education. *Journal of Teacher Educa-*

tion, 39(5), 18-23.

Saha, L. J. (2001). Durkheim's sociology of education: A critical reassessment. *Education and Society, 19*(2), 21-23.

Sanders, N., & Wallace, J. (1975). *Teacher and parent opinion concerning moral/ethical education in the public schools:A report of an institute for survey research study.* Technical Report No. 2. Philadelphia, PA: Research for Better Schools, Inc. (ED178441)

Schulman, M. (1995). *Schools as moral communities: A framework and guide for school administrators, principals, and teachers.* New York: Anti-Defamation League. (ED413280)

Snarey, J., & Samuelson, P. (2008). Moral education in the cognitive developmental tradition: Lawrence Kohlberg's revolutionary ideas. In L. P. Nucci & D. Narvaez (Eds.), *Handbook of moral and character education* (pp. 53-79). New York: Routledge.

Starratt, R. J. (1994). *Building an ethical school.* London: The Falmer Press.

Thomas, B. R. (1900). The school as a moral learning community. In J. I. Goodlad et al. (Eds.), *The moral dimonsions of teaching* (pp. 266-295). CA: Jossey-Bass.

Watson, M. (2008). Developmental discipline and moral education. In L. P. Nucci & D. Narvaez (Eds.), *Handbook of moral and character education* (pp. 175-203). New York: Routledge.

Williams, E. C. (2000). *School professional learning environment characteristics and teacher self-efficacy beliefs: Linkages and measurement issues.* Ed. D. dissertation of the University of Georgia, GA.

Windmiller, M., Lambert, N., & Turiel, E. (Eds.) (1980). *Moral development and socialization.* MA: Allyn & Bacon.

Yang, S., & Wu, H. (2008). The features of moral judgment competence among Chinese adolescents. *Asia Pacific Education Review, 9*(3), 296-307.

附錄

本書奠基之專題研究與相關論文（筆者於 2000 至 2009 年間主持與發表），及發展為本書各章之對照。

主持之研究計畫	相關論文或研究成果發表	本書
89 年度（2000.8-2001.7）國科會專題研究：道德社群之營造——我國國民中小學校園道德氣氛之俗民誌研究。	1. 道德社群之檢視：一所國中校園生活與氣氛之俗民誌研究。《師大學報——教育類》，2002 年，47 卷 1 期，83-106 頁。 2. 正義、關懷與紀律——國小校園道德生活與氣氛之個案研究。《公民訓育學報》，2003 年，13 輯，21-46 頁。 3. *Justice, Caring and Discipline: An Ethnography Research on Moral Life and Atmosphere in Taiwan's Two Schools*. Paper presented at the 30th Annual Meeting of the AME. California: Los Angels, November 10-14, 2004.	第四章 第五章
90 年度（2001.8-2002.7）國科會專題研究：我國國民中小學校園道德氣氛之調查研究。	我國國中小校園道德氣氛之調查研究。《師大學報——教育類》，2004 年，49 卷 1 期，1-20 頁。	第六章
91 年度（2002.8-2003.7）國科會專題研究：教師道德發展與學校環境——職前與在職國中小教師之比較研究（I）。	社會價值重建中的教師道德觀反省——國中小教師道德發展與學校環境影響因素之質性探討。載於課程與教學學會主編：《社會價值重建理念與實踐》。2005 年，43-76 頁。高雄：復文。	第七章

（續上表）

主持之研究計畫	相關論文或研究成果發表	本書
92 年度（2003.8-2004.7）國科會專題研究：教師道德發展與學校環境——職前與在職國中小教師之比較研究（II）。	1. *Teachers' moral development and their perceptions of school environment: Pre-service and in-service teachers in taiwan's elementary and junior high schools*. Paper presented at the 31st Annual Meeting of the AME. Cambridge, MA, USA, November 3-5, 2005. 2. Student and teacher perception of moral atmosphere in Taiwan. In F. Oser and W. Veugelers (Eds.) *Getting involved: Global citizenship development and sources of moral values* (pp. 215-226). Rotterdam: Sense Publishers, 2008.	第七章
94 年度（2005.8-2006.7）國科會專題研究：建構道德社群——我國國中小品德本位校園文化營造之規劃、執行與評鑑（兩年計畫）（1/2）。 95 年度（2006.8-2007.7）國科會專題研究：建構道德社群——我國國中小品德本位校園文化營造之規劃、執行與評鑑（兩年計畫）（2/2）。	1. 德行取向之品德教育理論與實踐。《哲學與文化》，2003 年，351 期，153-174 頁。 2. 品德教育之課程設計理念及其教學模式。《學生輔導》（雙月刊），2004 年，92 期，8-23 頁。 3. 品德本位校園文化之營造——美國推動經驗與啟示。《台灣教育》，2004 年 2 月號，625 期，30-38 頁。 4. 新品德教育的興起與發展——美國經驗在台灣的反思與轉化。《課程與教學季刊》，2006 年，9 卷 2 期，55-74 頁。 5. 將品德帶進教室，把民主融入校園。《教師天地》，2006 年，142 期，22-30 頁。 6. 品德教育面臨轉型的解構與重建。《研習資訊雙月刊》，2007 年 2 月號，24 卷 1 期，33-41 頁。 7. 中小學品德校園之實施策略與評鑑方式探析。《教育研究月刊》，2007 年，159 期，33-45 頁。	第一章 第二章 第三章 第八章 第九章

（續上表）

主持之研究計畫	相關論文或研究成果發表	本書
	8. 國中小品德校園文化營造實徵研究。《師大學報——教育類》，2008 年，53 卷 3 期，153-178 頁。 9. 筆者與郭明雪、吳美金：大中小學共創品德校園理念之實踐。《學生輔導季刊》，107 期（全方位品德教育專刊），2009 年，83-109 頁。 10. The planning, implementation and evaluation of a character-based school culture project in Taiwan. *Journal of Moral Education*, 2009, Vol.38, No.2, pp.165-184.	
96 年度（2007.5-2007.11）教育部委託專題研究：學校品德教育推動策略及評鑑指標。	1. *Strategies and indicators for implementing and evaluating moral and character education in Taiwan's elementary and secondary schools.* Paper presented at the 34th annual conference of Association for Moral Education. South Bend: University of Notre Dame. Nov. 13-16, 2008. 2. *Evaluating moral and character education: An indicator framework and its application in Taiwan.* Paper presented at the 4th annual conference of the Asia Pacific Network for Moral Education (APNME), May 22-24, 2009.	第十章
96 年度（2007.8-2008.7）國科會專題研究：學術性專書補助計畫——品德校園：我國國民中小學道德氣氛探析與營造。	國科會補助專書寫作，研究結果即為本書成果。	全書

國家圖書館出版品預行編目（CIP）資料

品德教育與校園營造／李琪明著.--初版.
--臺北市：心理，2011.05
面；　公分.--（教育基礎系列；41212）
ISBN 978-986-191-429-9（平裝）

1.德育　　2.中小學教育

523.35   100006308

教育基礎系列 41212

品德教育與校園營造

作　　者：李琪明
執行編輯：高碧嶸
總 編 輯：林敬堯
發 行 人：洪有義
出 版 者：心理出版社股份有限公司
地　　址：台北市大安區和平東路一段 180 號 7 樓
電　　話：(02) 23671490
傳　　真：(02) 23671457
郵撥帳號：19293172 心理出版社股份有限公司
網　　址：http://www.psy.com.tw
電子信箱：psychoco@ms15.hinet.net
駐美代表：Lisa Wu（Tel: 973 546-5845）
排 版 者：龍虎排版有限公司
印 刷 者：正恒實業有限公司
初版一刷：2011 年 5 月
I S B N：978-986-191-429-9
定　　價：新台幣 350 元

【本書係經本公司匿名審查通過後出版】